U0601486

《山海经》注译

韩高年 著

中華書局

图书在版编目(CIP)数据

《山海经》注译/韩高年著. —北京:中华书局,2020.1(2022.4重印)
(国民阅读经典)
ISBN 978-7-101-13712-5

Ⅰ.山… Ⅱ.韩… Ⅲ.①历史地理-中国-古代②《山海经》-注释③《山海经》-译文 Ⅳ.K928.631

中国版本图书馆 CIP 数据核字(2019)第 004991 号

书　　名　《山海经》注译
著　　者　韩高年
丛 书 名　国民阅读经典
责任编辑　陈　虎
出版发行　中华书局
　　　　　(北京市丰台区太平桥西里 38 号　100073)
　　　　　http://www.zhbc.com.cn
　　　　　E-mail:zhbc@zhbc.com.cn
印　　刷　三河市航远印刷有限公司
版　　次　2020 年 1 月第 1 版
　　　　　2022 年 4 月第 2 次印刷
规　　格　开本/880×1230 毫米　1/32
　　　　　印张 15　插页 2　字数 240 千字
印　　数　8001-12000 册
国际书号　ISBN 978-7-101-13712-5
定　　价　39.00 元

出版说明

在二十一世纪的当代中国，国民的阅读生活中最迫切的事情是什么？我们的回答是：阅读经典！

在承担着国民基础知识体系构建的中国基础教育被功利和应试扭曲了的今天，我们要阅读经典；当数字化、网络化带来的“信息爆炸”占领人们的头脑、占用人们的时间时，我们要阅读经典；当中华民族迈向和平崛起、民族复兴的伟大征程时，我们更要阅读经典。

经典是我们知识体系的根基，是精神世界的家园，是走向未来的起点。这就是我们编选这套《国民阅读经典》丛书的缘起，也因此决定了这套丛书的几个特点：

首先，入选的经典是指古今中外人文社科领域的名著。世界的眼光、历史的观点和中国的根基，是我们编选这套丛书的三个基本的立足点。

第二，入选的经典，不是指某时某地某一专业领域之内的重要著作，而是指历经岁月的淘洗、汇聚人类最重要的精神创造和知识积累的基础名著，都是人人应读、必读和常读的名著。

第三，入选的经典，我们坚持优中选优的原则，尽量选择最好的版本，选择最好的注本或译本。

我们真诚地希望，这套经典丛书能够进入你的生活，相伴你的左右。

中华书局编辑部

二〇一八年五月

目录

Shanhaijing zhuyi

前　言

《山海经》一书号称难治，其中最难处理的有两个问题：一是其成书年代，二是其性质。关于成书时代，过去学者有“夏代说”“西周说”“春秋战国说”“秦汉说”“西晋说”等等。晚近以来，随着《山海经》研究的逐渐深入，学者们对于其产生时代有了比较一致的看法，认为此书各部分成书时代不一，非一时一人之作，全书是先秦至秦汉间逐渐附益而成。而对于其性质，有以下数种观点：鲁迅认为《山海经》是“古之巫书”(《中国小说史略》)，袁珂认为“《山海经》非特史地之权舆，乃亦神话之渊府”①。徐旭生认为：“《山海经》中之《山经》为我国最古地理书之一，并非如清代修《四库全书》诸臣所斥为小说家言，固无疑问。其‘海内’‘海外’‘大荒’各经，亦保存古代传说甚多。其真正价值绝不在《禹贡》诸篇之下。”②

① 袁珂《山海经校注》，巴蜀书社1993年版，第1页。

② 徐旭生《中国古史的传说时代》(增订本)，文物出版社1985年版，第291—302页。

著名的历史地理学家谭其骧先生也持此说[①]。新近一些学者又提出《山海经》是“方物书”“小说家书”“综合志书”等说法。总之对《山海经》性质的界定存在很大分歧。笔者认为，要解决这一争议，首先要从《山海经》书名称“经”问题入手。

古今大部分学者认为《山海经》书名之“经”等同于儒家“六经”之“经”，指典籍、经典而言。然而也有一些学者从大禹、伯益著《山海经》的旧说入手，认为书名“经”字非“书籍”之谓，而是指“经历”“推步”，意谓大禹治水，平定九州，推步、经历山海道里而述其所在之物产、风俗及神话[②]。笔者以为，《山海经》之“经”仍当作“典籍”“经典”解。今略陈已意如下。

一 《山海经》之“经”非“推步”

持《山海经》之“经”为“经历”“推步”说者，时间远者有清代学者郝懿行，后有现代神话研究专家袁珂先生，最近者有张春生先生。郝氏《山海经笺疏》云：“经，言禹所经过也。”袁珂也说“《山海经》之‘经’乃‘经历’之‘经’，意谓山海所经，初非为‘经典’之义”[③]。张春生进一步推衍其说，

① 谭其骧《论〈五藏山经〉的地域范围》,《〈山海经〉新探》，四川省社会科学院出版社1986年版，第13页。

② 张春生《山海经释名》,《学术月刊》，2000年11期。

③ 袁珂《山海经校注》，巴蜀书社1993年版，第222页。

谓“如上所说，‘天下名山’既为禹所经，其里数又为禹所步，因此，‘经’字除了‘经过’‘经历’之外，还应当包含‘推步’这层意思在内”。他还举《海外东经》中“帝命竖亥步”一段记述来说明“步”即是推步，并说其术具载于《淮南子·天文训》。末了又说刘歆《七略》将《山海经》列于“数术略”“形法家”之首，《汉书·艺文志》承之。也可证明其说。其实仔细推敲起来，上述证据均不能成立。

第一，谓《山海经》所记山川为禹所经历，前提是肯定《山海经》为记禹治水敷土之旧说。由其内容来看，《山海经》中的“五藏山经”的确有实地调查的数据为基础，但这和书名的“经”字并无直接关系。今经学者们考明，《山海经》中“海外”“海内”及“大荒”各经有明显的神话色彩，与山经部分不同。如此，则其说之不能成立，显而易见。

第二，《海外东经》“帝命竖亥步自东极，至于西极，五亿十选九千八百步。竖亥右手把算，左手指青丘北。一曰禹令竖亥”（按：此句为注误入正文）。此处之“步”为推步不假，然而与《山海经》称名并无直接关系。

第三，刘歆及《汉书·艺文志》将《山海经》列入“数术类”“形法家”之首，固然可以说明《山海经》与某种术数有关，但也不能成为《山海经》称名的直接证据。班固云：“形法者，大举九州之势以立城郭室舍形，人及六畜骨法之度数、器物之形容，以求其声气贵贱吉凶。”形法的核心是相术，即因形而求吉凶。有的学者认为将《山海经》与相人、相畜、相宫室之类的书并列在一起，殊为不类。章学诚《校雠通义·补校汉艺文志》："《山海经》与相人书为类，《汉志》之授人口实处也。"[①]顾实《汉书艺文志讲疏》亦云："此以形气言相，非专门名家难言之。然以《山海经》次其间，则其驳也。"[②]由此来看，前人已经意识到，将《山海经》视为"推步山、海道里远近"的术数之书是有问题的。既然如此，《山海经》书名之"经"亦不能理解为"经历""推步"。

二 《山海经》书名本意非"山海之经纪"

叶舒宪等学者所著《山海经的文化寻踪》一书，是近年《山海经》研究方面影响较大的著作。书中认为，将《山海经》之"经"解为"经历"这种说法不可信，并别求新解。该著引述清代学者章学诚《文史通义·内篇一·经解中》云：

> 地界言经，取经纪之意也。是以地理之书，多以经名。《汉志》有《山海经》，《隋志》乃有《水经》，后代州郡地理，多称图经，义皆本于经界；书亦自存掌故，不与著述同科，其于六艺之文，固无嫌也。

在此基础上，叶舒宪进一步推论认为："把'经纪'与山

① 章学诚撰，叶瑛校注《文史通义校注》，中华书局2014年版，第907页。
② 顾实《汉书艺文志讲疏》，上海古籍出版社2009年版，第236页。

川连用，大致可以看出《山海经》的本来意思是‘经纪山海’或‘山海之经纪’吧。‘山海之经纪’就是‘山海’之条理、秩序。”[①]其实这个推论也很有问题。

以《山海经》本身的内证即可证明，将《山海经》书名之“经”理解为“经纪”是不妥当的。如“五藏山经”各部分均作“某某经”，如《南山经》《西山经》《北山经》等，其下均分作“某次某经”如《南次二经》《北次二经》等，显而易见“经”字并非“经纪”。再如《山海经》卷五末云：“右五藏山经五篇，大凡一万五千五百三字。”此处之“经”皆以量词“篇”为单位，显见是指典籍而言。再如《海外南经》载：“地之所载，六合之间，四海之内，照之以日月，经之以星辰，纪之以四时，要之以太岁，神灵所生，其物异形，或夭或寿，唯圣人能通其道。”据毕沅校，此段文字中“四海之内”，《淮南子·地形训》“海作极”[②]。是《山海经》之言“四海”本意为“四极”，即四方边远之地，“海”字意为“极”，而非“江海”之“海”。叶舒宪先生显然是把《山海经》之“海”误解为后一义了，所以才说“经纪山海”。其次，上引《海外南经》中言“经”星辰，“纪”四时，“经”“纪”显然均为动词，如果依叶先生之说，则《山海经》书名应作“经山海”才是。显然，将《山海经》之“经”理解为“经纪”是说不通的。

---

① 叶舒宪、萧兵、郑在书《山海经的文化寻踪》，湖北人民出版社2004年版，第121页。

② 毕沅《山海经新校正》（影印本），上海古籍出版社1989年版，第79页。

陈连山《山海经学术史考论》一书系统地梳理了前人关于《山海经》研究的成果，对以往《山海经》研究中的一些难点提出了自己的看法。他指出《山海经》应是一部由上层统治者掌握的记载矿产资源的地理书，其产生时代当在西周（前此张步天亦认为《五藏山经》为西周王官之学的产物），即使到了汉代,《山海经》也属皇家专藏文献，不是一般人可以阅读的。这些观点都极富启发意义。但他又据上所述指出:“《山海经》一名的原始含义就是关于山川和远方各地的地理区划。”[①]这个解释却不能令人信服。且不说将《山海经》书名“经”字理解为“划界”，进而引申为“地理区划”不符合“经”字的本义。退一步讲，侧重于行政目的的“地理区划”和《山海经》记载矿产资源所在位置并不相符合，完全是两回事。更何况《山海经》本有图有文，是图文并行的，文字当是对图的解释和说明。考虑到这一事实，将《山海经》书名中的“经”字解释成“地理区划”显然也是不合适的。

三 《山海经》称“经”的两个取向

笔者认为,《山海经》是一部记录远古时期人们对当时中国境内及周边山川、矿物、动植物及风物的认识和想象，以及与这些地区有关的祀典和神话传说的地理书，这在其主体部分

① 陈连山《山海经学术史考论》，北京大学出版社2012年版，第12—28页。

“五藏山经”[①]中体现得尤其突出。书名中的“经”，仍当理解为“经典”之经，即指“典籍”“书籍”。西汉刘秀（原名歆）《上山海经表》曰：

侍中奉车都尉光禄大夫臣秀领校秘书言：校秘书太常属臣望所校《山海经》凡三十二篇，今定为一十八篇。已定。

《山海经》者，出于唐虞之际。昔洪水洋溢，漫衍中国，民人失据，崎岖于丘陵，巢于树木。鲧既无功，而帝尧使禹继之。禹乘四载，随山刊木，定高山大川。益与伯翳主驱禽兽，命山川，类草木，别水土。四岳佐之，以周四方。逮人迹之所希至，及舟舆之所罕到。内别五方之山，外分八方之海。纪其珍宝奇物异方之所生，水土草木禽兽昆虫麟凤之所止，祯祥之所隐，及四海之外，绝域之国，殊类之人。禹别九州，任土作贡。而益等类物善恶，著《山海经》。皆圣贤之遗事，古文之著明者也。其事质明有信。

孝武皇帝时，尝有献异鸟者，食之百物，所不肯食。东方朔见之，言其鸟名，又言其所当食。如朔言。问朔何以知之，即《山海经》所出也。孝宣皇帝时，击磻石于

① 日本学者小川琢治据日本版《山海经》（明版覆刻本）对其篇目的说明认为，刘歆所校进的《山海经》只有“五藏山经”而未收《大荒经》和《海内经》。其说见《山海经考》，收江侠庵编译《先秦经籍考》下册，商务印书馆1933年版，第24—26页。

上郡，陷，得石室。其中有反缚盗械人。时臣秀父向为谏议大夫，言此贰负之臣也。诏问何以知之，亦以《山海经》对。其文曰：“贰负杀窫窳，帝乃梏之疏属之山，桎其右足，反缚两手。”上大惊。朝士由是多奇《山海经》者。文学大儒，皆读学以为奇，可以考祯祥变怪之物，见远国异人之谣俗。故《易》曰：“言天下之至赜而不可乱也。”博物之君子，其可不惑焉。

臣秀昧死谨上

刘歆文中六次提到《山海经》，从其上下文语境来分析，都是指一部书而言。最重要者，刘歆以《山海经》与《尚书·禹贡》相提并论，并认为其书与大禹治水有关。很显然，《山海经》书名称“经”，在刘歆眼里，已与儒家经典、道家经典之称“经”大略相同。经秦火之后，天下篇籍散佚严重，故汉代人十分重视前代书籍。刘歆以为《山海经》也是前代经典，因为书中所述“皆圣贤之遗事，古文之著明者也。其事质明有信”。为了证明其观点，刘歆还举了两个例子，来说明其中的内容都是信而有征的。退一步讲，如果书名中“经”字做“经历”“推步”讲，书名应当是“经山海”才对，不然就不能成词了。

晋人郭璞为《山海经》作注，其《序》中云：“世之览《山海经》者，皆以其闳诞迂夸，多奇怪俶傥之言，莫不疑焉……若《竹书》不潜出于千载，以作征于今日者，则《山海经》之言其几乎废矣。……非天下之至通，难与言《山海》之义矣。呜呼！达观博物之客，其鉴之哉。”[①]郭氏之《序》，首言世人不解《山海经》，皆疑其所记虚妄，此非达观之论。他举出前人怀疑《左传》《国语》等书言周穆王西游会西王母之事为虚诞，但汲冢竹书有《穆天子传》言其事，表明学者们的怀疑无据；郭氏还以司马迁不轻疑《禹本纪》《山海经》怪物引以为戒，认为《山海经》为上古之书，所以疑之者，皆因疑者识见不及也。又两言《山海》，《山海》者，即《山海经》之简称，犹《诗经》可简称为《诗》、《书经》可简称为《书》。由此来看，郭璞亦以《山海经》之“经”视为上古以来的书籍、典籍，与解经的“传”相对，而非“经历”“推步”之意。

秦汉以来，随着思想界风气格局的变化，儒家典籍多经典化而称“经”，而《山海经》既非儒书，且颇多涉及“怪力乱神”之内容，为何也称“经”呢？这有几个原因：

第一，《山海经》称“经”是典籍流传整理的需要。先秦典籍的编辑生成和流传有一个共同的特点，凡同一学派或同类性质的文献，常常以类相从，按时间先后顺序编在一起。为区分师说与后学之说，常以“经”字冠师说。如《墨子》一书，既有墨翟的言论，也有其后学的言论；前者常称“经”，以示与后学之说的区别。再如《韩非子》的《储说》《说林》等也采取这种形式。《山海经》中的“五藏山经”产生最早，之后

① 郭璞《山海经序》，见《四库全书》本《山海经》，上海古籍出版社1991年影印“四库笔记小说丛书”本。

肯定有人为之作“传”，为与这类解释性文本相区分，故称前者为“经”。刘歆整理《山海经》，也存在原文同“传”的区分问题。今本《南山经》末云“右《南经》之山志，大小凡四十山，万六千三百八十里”。意谓“《南山经》中所记载的山……”，毕沅、郝懿行都认为此条非经文，也非刘歆所加，这显然是汉代以前学者整理经文所记。这说明汉代以前学者也曾校理过《南山经》，只不过其文字未全部保留下来而已。

第二，先秦以来“经”并非只是儒家典籍的专属，道家、墨家、法家的师说均可称“经”，《山海经》称“经”与此相类，也与西汉时代的政治文化有密切关系。西汉至武帝朝，国力达于鼎盛，出于朝廷四面开疆拓土的现实政治需要，使类似《山海经》这样的记载殊方异域之地理、物产、风俗的文献受到朝廷的充分重视，并被奉为经典；东方朔之识异鸟，刘向之说贰负，即其例也。其次，《山海经》中涉及物占和灾异的内容，从文献学的角度印证了汉代兴起的谶纬之学的合理性，因此《山海经》也被“经典化”。刘歆的上书中提到一个细节，即认为《山海经》之“奇可以考祯祥变怪之物”。据张步天统计：“《山海经》记载的占验凡62处，其对象大多是动物，而且是少见的野生动物，这与上古先民从事的狩猎生产不无关系。据统计，在62处占验记载中，59处出自‘五藏山经’，3处散见于海经。”[1]占验事象大体可分为两类：第一类是吉验。如“见则其国大穰”（《西次三经》玉山条）、“见则天下安宁”（《南次

① 张步天《山海经概论》，（香港）天马图书有限公司2003年版，第117页。

三经》凤凰条）等；第二类是凶象。如大量见于“五藏山经”的“见则天下大风”“大水”“大兵”“大旱”“多土功”“有火”等占验事象。这些事项因出自先秦旧籍而具备了天然的权威性，也符合当时人们迷信“古已有之”的好古文化心理。最重要的是，它也恰恰能与西汉谶言灾异理论意欲以谶言应验宣示天意民心的政治用心达成一种密合无间的关系，所以引起“朝士”及“文学大儒皆读学”《山海经》的风气。

到东汉，这种以《山海经》为“经典”的看法已经比较普遍。如王充《论衡·别通篇》就说：“禹主治水，益主记异物，海外山表，无远不至。以所闻见，作《山海经》。”[①]《山海经》的著作权已经归于儒家心目中的圣君大禹。赵晔《吴越春秋·越王无余外传》亦言：“（禹）遂巡行四渎，与益、夔共谋。行到名山大泽，召其神而问之山川脉理，金玉所有，鸟兽昆虫之类，及八方之民俗，殊国异域土地里数，使益疏而记之，故名之曰《山海经》。”[②]也是将《山海经》目之为记录大禹功业的“经典”了。

第三，《山海经》，尤其是“五藏山经”，在战国时代已经被屈原大量引用作为其诗歌创作的素材，到汉代也成为赋家辞赋创作取材的重要渊薮，这也是《山海经》“经典化”的一个重要原因。屈原《离骚》《天问》等作品引用《山海经》的情况，见于王逸《楚辞章句》的有关注解，吴仁杰《离骚草木疏》也

① 王充《论衡》，上海人民出版社1974年版，第206页。

② 周生春《吴越春秋辑校汇考》，上海古籍出版社1997年版，第105页。

说“三闾所称草木多出于《山海经》”[①]；不仅草木，即山川地理、民俗风物、人物典故等，出于《山海经》者亦复不少。仅《离骚》一篇，据今人张春生统计就有20例之多[②]。这个问题，笔者指导的硕士生马昕露的《〈山海经〉与〈楚辞〉名物互文性研究》一文也有详细讨论[③]。至于汉代辞赋，尤其是散体大赋，引用《山海经》的地方就更多了。笔者指导的硕士生李雨涵在其学位论文《〈山海经〉对汉赋创作的影响》中钩稽有关材料，对这个现象进行了讨论[④]，此处不再展开。这些已经足以说明，在以“润色鸿业”为创作目的的西汉辞赋家心目中，《山海经》也已是敛材聚事的文学“经典”了。

总而言之，《山海经》一书称“经”，并非如有的学者所说，是“经历”“推步”“疆理”的意思，其实原本只是标明此为载录山川地理、矿产资源、动物植物、风俗人情等的典籍。后来因为其书与战国以来文人创作，以及西汉以来社会政治文化现实需要的契合而有经典化的趋势，从而也带有“经典”的性质。虽然只是对《山海经》书名中“经”字的理解不同，却事关《山海经》的深入研究，因此不能忽略。“名正”而后“言顺”，

① 吴仁杰《离骚草木疏》，游国恩《离骚纂义》，中华书局1980年版，第37页。

② 张春生《山海经研究》，上海社会科学院出版社2007年版，第371–382页。

③ 马昕露《〈山海经〉与〈楚辞〉名物互文性研究》，西北师范大学2015年硕士学位论文。

④ 李雨涵《〈山海经〉对汉赋创作的影响》，西北师范大学2015年硕士学位论文。

明乎其本义，《山海经》的研究亦可循此理而渐趋深入。

四　关于《山海经》注译

《山海经》一书，旧题大禹或伯益所著，实则是春秋战国至汉初学者多次编辑而成。其材料来源比较复杂，有相当一部分当是来源于先秦时期人们的实地考察记录，也有一部分材料则是有关的口传资料。据近年来学者们的研究，“五藏山经”部分可能最早编成，而《海经》和《荒经》则后出。书中涉及内容十分丰富，以往有的学者认为是“地理书”，有的认为是“神话书”，也有的认为是“上古巫书”，异说纷呈，莫衷一是。从《山海经》文本来看，此书是以山川地理为纲，简要记录所涉之地地理状况、动物、植物、矿物，以及各地的风俗、神话、传说、祭祀、原始部族、原始宗教等内容。

因为其内容包罗万象，就给这部书的定性和归类带来了很大的困难。《汉书·艺文志》著录“《山海经》十三篇”，将其置于“数术略”中“形法类”之首。《隋书·经籍志》则将其归入“史部”，《四库全书总目提要》言《山海经》“侈谈神怪，百无一真，是直小说之祖耳。入之史部，未允也”，遂改列于“子部小说家”类。《山海经》内容十分丰富，产生时代又早，用后世的图书分类法很难对其进行归类。我们要读懂此书，就必须明白，其中山川地理大体上以编者所掌握的地理知识为依据，但也有据当时的传闻，甚至是凭想象的内容。涉及的神话传说、原始宗教、巫术等内容，则出自春秋战国以来的巫祝、方士的传承。今本《山海经》全书虽然只约三万二千字，但可以称得上是上古时期一部“百科全书”。今天我们要阅读《山海经》，须要关注《山海经》的多重价值：第一，地理学价值。第二，神话学价值。第三，历史学价值。第四，民族学价值。第五，宗教学价值。第六，民俗学价值。第七，文学价值。第八，语言学价值，等等。以上诸方面，也可以说是阅读《山海经》的多种角度，角度不同，阅读所得也有异。

《山海经》自经刘歆等人编定，东晋郭璞为之作注，之后历代学者，尤其是明、清两代学者都十分重视其文本校勘、注解、研究。近三十年以来，学者们对《山海经》的研究仍然热度不减，研究成果层出不穷。仅《山海经》的注本，就有数十种。然而由于整体上对《山海经》这部书的性质的认识存在偏差，这些注本大多各有侧重，不够全面。再加上语言和背景知识的障碍，普通读者阅读《山海经》仍有相当大的困难。

鉴于上述情况，尽可能立足对《山海经》的全面认识，充分吸收古今学者的研究成果，对其文本进行简明的注解和翻译，就显得十分必要。笔者关注《山海经》的研究有年，有感于近些年考古学、中西文化交流、神话学、语言学等研究领域产生的新成果对《山海经》研究的推进，故不揣谫陋，努力撰成这部《山海经注译》，为爱好《山海经》的读者提供一个简明的读本。本书体例如下：

第一，《山海经》文本以毕沅《山海经新校正》为底本，参考郝懿行《山海经笺疏》、袁珂《山海经校注》等校勘成果；

第二，《山海经》文本注释重点针对山名、水名、动物、植物、矿物，注释文字力求简明，一般不列详细考证，个别注释只列主要证据；

第三，对文本的翻译采取意译方式，涉及名物、地名等，如有今名，则取今名，如无对应今名，则保持原称。

第四，注释广参古今各家，择善而从。限于篇幅，注中首次引述举全称，之后用简称。如郭璞《山海经注》简称"郭璞《注》"，王崇庆《山海经释义》简称"王崇庆《释义》"，吴任臣《山海经广注》简称"吴任臣《广注》"，毕沅《山海经新校正》简称"毕沅《新校正》"，郝懿行《山海经笺疏》简称"郝懿行《笺疏》"，吴承志《山海经地理今释》简称"吴承志《今释》"，吕调阳《五藏山经传》简称"吕调阳《传》"，袁珂《山海经校注》简称"袁珂《校注》"，徐显之《山海经浅注》简称"徐显之《浅注》"，谭其骧《论〈五藏山经〉的地域范围》简称"谭其骧《论》"，郭郛《山海经注证》简称"郭郛《注证》"。其他征引次数不多者，举文献全称。征引各家著述版本于书末"参考文献"中详列。

当然，由于本人学养有限，书中肯定存在许多疏漏和错误，敬希识者通人予以指正。

韩高年

2019年7月

卷一　南山经

南山经之首

《南山经》之首曰䧿山[①]。其首曰招摇之山[②]，临于西海之上[③]，多桂[④]，多金玉。有草焉，其状如韭而青花[⑤]，其名曰祝余[⑥]，食之不饥。有木焉，其状如榖而黑理[⑦]，其花四照[⑧]，其名曰迷榖，佩之不迷。有兽焉，其状如禺而白耳[⑨]，伏行人走，其名曰狌狌[⑩]，食之善走。丽麐之水出焉[⑪]，而西流注于海，其中多育沛[⑫]，佩之无瘕疾。[⑬]

【注】

①䧿（què）山：鹊山山脉。任昉《述异记》作“雀山”，《文选·头陁寺碑》引作“鹊山”。这是《南山经》所述众山之总名，可解为鹊山山脉，或山系。　②招摇之山：即方山，在今广东连州市北湘、粤交界处。郝懿行《山海经笺疏》引《吕氏春秋·本味》高诱注谓此山“在桂阳”。以后文言此山多桂，可证高诱所说不错。谭其骧《论〈五藏山经〉的地域范围》以马王堆汉墓出土《汉初长沙国西南隅深平防区图》证实，

高诱所言桂阳即今湖南东南郴县附近及广东北江上游今韶关附近二十余县地，“方向都是自西而东”。　③临：临近。西海：今珠江三角洲一带海面。郭璞《山海经注》以为在蜀伏山，山南之西头滨临西海。　④桂：即桂树，桂叶似枇杷，长二尺，广数寸，味辛。白花，丛生山峰，冬夏常青。《吕氏春秋》载有“招摇之桂”。　⑤韭：野生韭菜。《尔雅》云：“霍山亦多之。”　⑥祝余：或作“桂荼”。　⑦穀（gǔ）：楮树，树皮可造纸。郭璞《注》引璨曰：“穀亦名构，名穀者，以其实如穀也。”　⑧四照：照耀四方，形容花朵艳丽夺目。郭璞《注》：“言有光焰也。若木华赤，其光照地，亦此类也。”　⑨禺（yù）：猴类动物，似猕猴而大，赤目长尾，今江南山中多有。郭璞《注》谓说者不了此物，名禺，作牛字，图亦作牛形；或作猴，皆失之也。　⑩狌（xīng）狌：即猩猩。形状如猿，伏行交足。　⑪丽麐（jǐ）之水：即连江，在两广一带。　⑫育沛：即琥珀，可入药。　⑬瘕（jiǎ）疾：一种寄生虫病。

【译】

《南山经》之首是鹊山山脉。第一座山叫招摇之山，靠近西海，山上有很多桂树，金和玉也很多。还有一种草，形状像韭菜而开着翠绿色的花，它的名字叫作祝余，人吃了感觉不到饿。山上还生长一种树，它的形状就像楮树但树皮有黑色的纹理，开花时光艳四射，它的名字叫迷穀，人佩戴这种树的树枝有醒脑的功效，不会迷惑。山上有一种野兽，它的形状像猕猴，但耳朵是白色的，爬着走路，跑起来像人，名字叫狌狌，人吃了它的肉跑得很快。丽麐河发源于此山，向西流注入西海中，水中有很多琥珀，人佩戴它不会得寄生虫病。

又东三百里，曰堂庭之山①，多棪木②，多白猿③，多水玉④，多黄金。

【注】

①堂庭之山：堂庭山，或以为在广西，具体方位不详。堂，一本作“常”。　②棪（yǎn）木：即野海棠，又名连木，子可食，分布于华南、华中一带。　③白猿：猿类，似猕猴，长臂长脚，行动敏捷，毛色有黑有黄，叫声凄厉。　④水玉：即水晶。郭璞《注》引司马相如《上林赋》曰：“水玉磊砢。”赤松子所服，见《列仙传》。

【译】

又向东三百里，是堂庭山，山上有很多棪树，还有很多白猿，山上多水晶和金矿。

又东三百八十里，曰猨翼之山①，其中多怪兽，水多怪鱼②，多白玉，多蝮虫③，多怪蛇，多怪木，不可以上。

【注】

①猨翼之山：猨翼山，在今广东省境，具体位置待考。　②怪鱼：奇怪的鱼。郭璞《注》：“凡言怪者，皆谓貌状倔奇不常也。《尸子》曰：‘徐偃王好怪，没深水而得怪鱼，入深山而得怪兽者，多列于庭。’”③蝮虫：一种巨形毒蛇，据郭璞《注》，这种蛇色如绶文，鼻上有针，大者百余斤，一名反鼻。郭郛《山海经注证》以为即蝮蛇，别名五步蛇，长达1.8米左右。

【译】

再向东三百八十里，是猨翼山，山上有很多怪兽，水里有很多怪鱼，多出产白玉，还有很多蝮蛇和奇怪的蛇，长满了不知名的树，人很难登上去。

又东三百七十里，曰杻阳之山①，其阳多赤金②，其阴多白金③。有兽焉，其状如马而白首，其文如虎而赤尾，其音如谣④，其名曰鹿蜀，佩之宜子孙⑤。怪水出焉，而东流注于宪翼之水。其中多玄龟，其状如龟而鸟首虺尾⑥，其名曰旋龟，其音如判木⑦，佩之不聋，可以为底⑧。

【注】

①杻（niǔ）阳之山：杻阳山，与方山一系的山。谭其骧《论》以为地在今广东连州市北，今称方山。　②赤金：即红铜。　③白金：即白银，非今之白金。　④如谣：如人的唱歌声。　⑤宜子孙：可增强人的生育能力。　⑥虺（huǐ）尾：毒蛇的尾巴，言其尖锐。　⑦判木：劈开木头。　⑧为：治疗。底：即底，脚上长的茧子。郭璞注：“《外传》曰：‘疾不可为。’一作疷，犹病愈也。”

【译】

再向东三百七十里，叫杻阳山，山南多红铜矿，山北多银矿。有野兽，形状像马而头是白的，身上的纹理像老虎而长着红色的尾巴，叫声像人唱歌，它的名字叫鹿蜀，人佩戴其皮毛会多子多孙。一条奇怪的河从山上流出，向东注入宪翼河。河中多玄龟，它的形状像龟而头似鸟，尾巴尖尖的，因此叫旋龟，它叫的声音像劈木头，佩戴它可以使人耳聪，还可以用它来治足底的病。

又东三百里柢山[①]，多水，无草木。有鱼焉，其状如牛，陵居，蛇尾有翼，其羽在魼下[②]，其音如留牛[③]，其名曰鯥[④]，冬死而夏生[⑤]，食之无肿疾。

【注】

①柢（dǐ）山：在今广东韶关以北，邸水发源于此山。　②魼（xié）下：魼亦作“胁”，即腋下。　③留牛：即犁牛。郭璞《注》引《庄子》曰：“执犁之狗”，即此牛。《穆天子传》曰：“天子之狗执虎豹。”　④鯥（lù）：一种两栖动物，郭郛《注证》以为即穿山甲。⑤冬死而夏生：冬天休眠夏天醒来。郭璞注言：“此亦蛰类也。谓之死者，言其蛰无所知，如死耳。”

【译】

再向东三百里是柢山，山上多水，却不生草木。有一种鱼，形状像牛，生活在山陵，有像蛇一样的尾巴而且长着翅膀，胁下生着羽毛，叫声像留牛，名叫鯥，冬天死去夏天再生，吃了它不生肿病。

又东四百里，曰亶爰之山[①]，多水，无草木，不可以上[②]。有兽焉，其状如狸而有髦，其名曰类[③]，自为牝牡[④]，食者不妒。

【注】

①亶爰之山：亶爰山，在今广东省境，具体位置不详。　②不可以上：言山势陡峭，不可攀登。　③类：或作“沛髦”。吴任臣《山海经广注》、郭郛《注证》以为即大灵猫，大小似猫，其色棕灰或灰白色，雌雄均有香囊，为香料动物。　④自为牝牡：雌雄同体。郭璞《注》

引《庄子》曰："类自为雌雄而化。"今貆猪亦自为雌雄。

【译】

再向东四百里是亶爰山，山上溪流很多，却不长草木，陡峭不能攀登。有一种野兽，形状像狸而长着毛发，它的名字叫类，雌雄同体，吃了它的肉使人不妒忌。

又东三百里，曰基山①，其阳多玉，其阴多金，多怪木。有兽焉，其状如羊，九尾四耳，其目在背，其名曰猼訑②，佩之不畏③。有鸟焉，其状如鸡而三首六目，六足三翼，其名曰鹇鸺④，食之无卧⑤。

【注】

①基山：山名，或以为即广东揭阳东附近之揭山。毕沅《山海经新校正》云："《吕氏春秋·本味》：'伊尹书云：箕山之东，青岛之所，有庐橘，夏熟。'基同箕，青岛即下文青邱是也。"　②猼訑（bó yí）：郭郛《注证》认为是南方的熊狸，又名熊灵猫、貉獾、冰突龙，体似羊，生活于热带或亚热带，为林栖类食肉动物，常在树上活动。　③佩之不畏：人佩戴其皮毛不知畏惧。　④鹇鸺（chǎng fū）：白腹锦鸡。郝懿行《笺疏》以为"鹇"当作"鷩"，郭郛《注证》认为即白腹锦鸡，分布于南部山地。　⑤无卧：使人兴奋而少睡眠。

【译】

再向东三百里，是基山，南面山坡多玉石，北面山坡多铜矿，生长着很多怪木。有一种野兽，形状像羊，长着九尾四耳，它的眼睛长在背上，名叫猼訑，人佩戴其皮毛不畏惧。有一种鸟，形状像鸡但长着三颗头六只眼睛，六只爪子三个翅膀，它的名字叫鹇鸺，人吃了它的肉可以提神醒脑。

又东三百里，曰青丘之山①，其阳多玉，其阴多青雘②。有兽焉，其状如狐而九尾③，其音如婴儿，能食人，食者不蛊④。有鸟焉，其状如鸠，其音若呵⑤，名曰灌灌⑥，佩之不惑。英水出焉，南流注于即翼之泽。其中多赤鱬⑦，其状如鱼而人面，其音如鸳鸯，食之不疥⑧。

【注】

①青丘之山：青丘山，泛指闽、粤一带海岛，因树木葱茏而得名。郭璞《注》："亦有青丘国在海外。《水经》云：'即《上林赋》云秋田于青丘。'" ②青雘（huò）：一种黑色的矿石，可以制颜料。 ③九尾：即九尾狐。 ④食者不蛊：郭璞注谓："啖其肉，令人不逢妖邪之气。或曰：蛊，蛊毒。" ⑤其音若呵：叫声如人相呵呼的声音。 ⑥灌灌：即鹳鸟，水禽又陆栖，郭璞《注》："或作濩濩。" ⑦赤鱬（rú）：袁珂《山海经校注》以为即人鱼。属哺乳纲，儒艮科，生活在海中或河口，以水中植物为食；体长1.5米至2.8米，前肢变成鳍状，后肢退化，成群活动。哺乳时前肢抱幼仔，头、胸露出水面，似人游泳，故滨海居民称之为人鱼。分布于沿海一带。 ⑧不疥（jiè）：没有不良反应。疥，一作"疾"，作疾是。

【译】

再向东三百里，是青丘之山，南面山坡多玉石，北面山坡多青雘。有一种野兽，形状像狐狸而长着九条尾巴，叫声像婴儿，凶猛能吃人，人吃了它的肉可以避免妖邪之气侵袭。有一种鸟，形状像鸠，叫声像人的呼喊声，名叫灌灌，人身上佩戴其羽毛不迷惑。英河发源于此山，向南流汇入即翼之泽，河水中有许多红色的鳙鱼，其形状像鱼而有像人一样的脸，叫声像鸳鸯，吃了这种鱼没有不良反应。

又东三百五十里，曰箕尾之山①，其尾踆于东海②，多沙石。汸水出焉③，而南流注于淯④，其中多白玉。

【注】

①箕尾之山：箕尾山，《玉篇》作箕山，汪绂《山海经存》以为："南海滨极东之山也。"谭其骧《论》以为此山可能在广东潮汕或福建厦门附近。张春生《山海经研究》以为即今福建平和县大峰（枋）山。　②踆（dūn）：蹲踞。踆，古蹲字，言临海上。　③汸（fāng）水：张春生《研究》以为即漳水。　④淯（yù）：海湾。

【译】

又向东三百五十里，是箕尾山，此山余脉一直到东海边，多沙石。漳水发源于箕尾山，向南流淌注入海湾，水中多白玉。

凡䧿山之首，自招摇之山，以至箕尾之山，凡十山，二千九百五十里。其神状皆鸟身而龙首①，其祠之礼：毛用一璋玉瘗②，糈用稌米③，一璧，稻米、白菅为席④。

【注】

①鸟身而龙首：鸟身龙头，非现实中的动物，可能是一种部族图腾。②毛：牺牲的毛色，言择牲取其毛色也。《周礼·地官·牧人》曰："阳

祀用骍牲之毛。”璋玉：即玉璋，一种形似圭的玉质礼器，半圭为璋。瘗(yì)：埋地以祭。瘗，埋。 ③糈(xǔ)：祀神之米。稌(tú)：糯稻。糈或作“疏”，非也。 ④菅(jiān)：一种茅草，祭祀时铺垫在祭品下面。

【译】

举凡鹊山山脉，从招摇山，延至箕尾山，共有十座山，绵延约二千九百五十里。山神的形象都是鸟身龙首。祭祀山神的礼仪：将毛物与玉璋埋于地下，献祭的稻米则用精米，并用白茅做垫席。

南次二经

《南次二经》之首，曰柜山[①]，西临流黄，北望诸毗，东望长右[②]。英水出焉，西南流注于赤水[③]，其中多白玉，多丹粟[④]。有兽焉，其状如豚，有距，其音如狗吠，其名曰狸力，见则其县多土功。有鸟焉，其状如鸱而人手[⑤]，其音如痺[⑥]，其名曰鴸[⑦]，其鸣自号也，见则其县多放士[⑧]。

【注】

①柜(jù)山：山名，谭其骧《论》认为是湖南西部常德、桃源西南某山。或以为浙江仙霞岭。 ②长右：本为猴子的一种，盖因山多猴，故名山为长右。郭郛《注证》以为即湖南雪峰山。 ③赤水：辰水，在辰溪入沅水。或以为即今乌江。 ④丹粟：细丹砂如粟也。 ⑤人手：其脚如人手。 ⑥痺(pí)：鸟名，郝懿行《笺疏》以为即雌鹌鹑。⑦鴸(zhū)：红脚鸮，属鸱鸮科，古人以为是一种不吉祥的鸟，形似猫头鹰，毛灰褐色，夜间活动。 ⑧放：放逐。一本作“效”。

【译】

《南山经》的第一座山，叫秬山，西面临近流黄山，北面遥对诸毗，东面与东望相对。英水发源于此处，向西南方向流注于赤水河，河中盛产白玉和丹砂。有一种野兽，形状像猪，却长着鸡爪子，叫声像狗，名字叫狸力，它出现预示着所在的县域内将要大兴土木之事。有一种鸟，形状像猫头鹰而足似人手，叫声像雌鹌鹑，名叫鴸，它叫起来像是“朱”，所以人们就叫它“鴸”，这种鸟出现在哪里，哪里就会出现被放逐的才士。

东南四百五十里，曰长右之山，无草木，多水。有兽焉，其状如禺而四耳，其名长右①，其音如吟②，见则郡县大水③。

【注】

①长右：猴子的一种，以山出此兽，因以名此山曰长右山。　②如吟：如人呻吟声。　③郡县：郝懿行《笺疏》谓：“郡县之制起于周，《周书·作雒篇》及《左氏传》具有其文。毕氏引《淮南·氾论训》云‘夏桀、殷纣之盛，人迹所至，舟车所通，莫不为郡县’，以此证郡县之名起于夏、商殷也。”今之学者多以郡县为秦制，以此证“五藏山经”曾经秦汉人润色。实际上郡县之称在春秋战国时期已经存在，至秦推行而已。

【译】

向东南四百五十里，是长右山，山上不长草木，但水源充足。有种野兽，形状像长尾猴，长着四个耳朵，它的名字也叫长右，叫声像是人在呻吟，它出现的地方会发生水灾。

又东三百四十里，曰尧光之山[①]，其阳多玉，其阴多金。有兽焉，其状如人而彘鬣，穴居而冬蛰，其名曰猾裹[②]，其音如斫木[③]，见则县有大繇[④]。

【注】

①尧光之山：尧光山，吕调阳《五藏山经传》卷一："尧光之山在今池州建德县西南，香口河所出也，东北有尧城镇，盖取山为名也。"张步天《山海经解》据方位推定即今江西莲花县西南湘赣边界的景阳山。②猾裹（huái）：貉的亚种，属犬科，体胖尾短，穴居冬眠。 ③斫木：砍木头的声音。 ④大繇：徭役。郭璞《注》谓："作役也，或曰其县乱。"

【译】

再向东三百四十里，是尧光山，山南面多玉石，山北面多铜矿。山里有一种野兽，形状像人却长着猪一样的鬃毛，住在洞穴中，冬天冬眠，名字叫猾裹，叫声像是砍树，它出现的地方必有繁重的徭役。

又东三百五十里，曰羽山[①]，其下多水，其上多雨，无草木，多蝮虫[②]。

【注】

①羽山：郭璞《注》谓："今东海祝其县西南有羽山，即鲧所殛处。计此道里不相应，似非也。"汪绂《山海经解》谓："此羽山当在南安、赣州之间也。"即今江西东北部玉山县一带之山。 ②蝮虫：毒蛇。郭璞《注》："蚖也。"

【译】

再向东三百五十里，是羽山，山下水源充足，山上多雨，不长草木，到处是毒蛇。

又东三百七十里，曰瞿父之山[①]，无草木，多金、玉。

【注】

①瞿父之山：瞿父山。瞿父为猴子的一种，因此山多瞿父，故名。汪绂《山海经解》谓："此殆三衢之间也。"张步天《山海经解》以为在今浙江衢州以北。

【译】

再向东三百七十里，是瞿父山，山上寸草不生，但多有铜矿和美玉。

又东四百里，曰句余之山[①]，无草木，多金、玉。

【注】

①句（gōu）余之山：句余山，在今浙江余姚市境内。郭璞《注》："今在会稽余姚县南、句章县北，故此二县因此为名云。见《张氏地理志》。"

【译】

再向东四百里，是句余山，山上不生草木，但多铜矿和美玉。

又东五百里，曰浮玉之山[①]，北望具区[②]，东望诸毗[③]。有兽焉，其状如虎而牛尾，其音如吠犬，其名曰彘，是食人。苕水出于其阴，北流注于具区。其中多鮆鱼[④]。

【注】

①浮玉之山：浮玉山，即浙江境内天目山。吴任臣《广注》云："《一统志》：浮玉山在湖州城南七里玉湖中，巨石如积波，不以水盈缩，故

名。" ②具区：古泽名，即太湖。郭璞《注》谓："今吴县西南太湖也，《尚书》谓之震泽。"所言极是。 ③诸毗（pí）：相连的一片水域，大约指今钱塘江口一带水域。 ④鮆（jì）鱼：一种鱼，头长体扁。郭璞《注》谓："狭薄而长头，大者尺余。太湖中今饶之。"

【译】

再向东五百里，是浮玉山，其北面对着具区，东面对着诸毗。山中有野兽，外形像老虎而长着牛尾巴，它的叫声如狗吠，名叫彘，凶猛吃人。苕河发源于羽山之北，向北流入具区。苕河中盛产鮆鱼。

又东五百里，曰成山[①]，四方而三坛[②]，其上多金、玉，其下多青雘。阌水出焉，而南流注于虖勺[③]，其中多黄金[④]。

【注】

①成山：即重山。毕沅《新校正》谓即会稽重山。 ②三坛：三坛山。因山有三层，形如人筑坛相重叠，故称。 ③注于：一本作"流注于西"。虖勺：水名，或以为即富春江。勺，一本作"多"。 ④多黄金：多产金砂。郭璞《注》谓："今永昌郡，水出金如糠，在沙中。《尸子》曰：'清水出黄金、玉英。'"

【译】

再向东五百里，是成山，山形极像四方三层的祭坛，山上多铜矿和玉石，山下盛产青雘。阌水发源于此山，向南流入虖勺河，阌水中多出黄金。

又东五百里，曰会稽之山[①]，四方，其上多金、玉，其下多砆石[②]。勺水出焉，而南流注于湨[③]。

【注】

①会稽之山：会稽山，在今浙江绍兴南，山上有禹冢及井。　②砆（fū）石：一种质地次于玉的石头。郭璞《注》以为是武夫石，似玉，今长沙、临湘出之。赤地白文，色茏葱不分明。　③湨（jú）：水名，或以为即今浙江绍兴南之曹娥江支流柯水。湨，《水经注》引作“湖”，汪绂《山海经解》以为当作湖。

【译】

再向东五百里，是会稽山，山形四方四正，山上多铜矿和玉石，山下多武夫石。勺水发源于此山，向南流入湨河。

又东五百里，曰夷山[①]，无草木，多沙石，湨水出焉，而南流注于列涂[②]。

【注】

①夷山：属会稽山系的一座山。　②列涂：江河入海口。郝懿行《笺疏》曰：“疑即涂山。”不确。徐显之《山海经探源》谓：“海潮携带泥沙，因而形成一些超出水面的陆地；或者列涂即列岛。”大体近是。

【译】

再向东五百里，是夷山，山上不生草木，土壤多含沙石，湨水发源于此山，向南流入列涂。

又东五百里，曰仆勾之山[①]，其上多金、玉，其下多草木，无鸟兽，无水。

【注】

①仆勾之山：仆勾山。勾，一作“夕”，郝懿行《笺疏》以为是“多”字之误，其说可从。

【译】

再向东五百里，是仆多山，山上多铜矿和玉石，山下草木茂盛，没有鸟兽，也没有河流。

又东五百里，曰咸阴之山[①]，无草木，无水。

【注】

①咸阴之山：白象山。郭郛《注证》以为在今浙江境内。

【译】

再向东五百里，是咸阴山，山上不生草木，也没有河水溪流。

又东五百里，曰洵山[①]，其阳多金，其阴多玉。有兽焉，其状如羊而无口，不可杀也[②]，其名曰䍺[③]。洵水出焉[④]，而南流注于阏之泽[⑤]，其中多芘蠃[⑥]。

【注】

①洵山：山名，或以为即浙江天台山。洵，毕沅《新校正》谓一本作“旬”。 ②不可杀：谓禀气自然，不能伤之。 ③䍺（huàn）：一种似羊的野兽，无口，或以为是羊图腾。 ④洵水：水名，或以为是宁海县白溪水。 ⑤阏之泽：沼泽名，吕调阳《传》以为即温州之玉环山大池。 ⑥芘蠃（zǐ luó）：即紫螺，一种贝类，壳楔形，顶端圆尖，可食。郭璞《注》以为紫色螺也。

【译】

再向东五百里，是洵山，山的南坡多铜矿，北坡多玉石。山里有一种野兽，形状像羊而没有嘴巴，不进食却不会被饿死，它的名字叫䍺。洵河发源于此山，向南流注入阏泽，河里有很多紫色的螺。

又东四百里，曰虖勺之山，其上多梓楠①，其下多荆杞②。滂水出焉③，而东流注于海。

【注】

①梓：山楸树，一种高大乔木。楠：楠树，常绿乔木，叶似桑，高二三十米，是优质的木材。　②荆杞：即枸杞，果实红色。　③滂水：水名，郭郛《注证》以为即浙江境内之瓯江。

【译】

再向东四百里，是虖勺山，山上梓树和楠树茂密，山下荆杞丛生。滂河发源于此山，向东流注入大海。

又东五百里，曰区吴之山①，无草木，多沙石。鹿水出焉②，而南流注于滂水。

【注】

①区吴之山：区吴山，或以为在浙江永康市境。　②鹿水：汪绂《山海经解》以为当作"丽水"，即今瓯江支流。

【译】

再向东五百里，是区吴山，山上不长草木，土壤沙石成分很高。鹿河发源于山中，向南流注入滂河中。

又东五百里，曰鹿吴之山[1]，上无草木，多金、石。泽更之水出焉[2]，而南流注于滂水。水有兽焉，名曰蛊雕[3]，其状如雕而有角[4]，其音如婴儿之音，是食人。

【注】

①鹿吴之山：鹿吴山，亦在今浙江境内。　②泽更之水：水名，亦为瓯江支流。　③蛊雕：鼬科食肉动物，大小似狗獾，性凶猛，善奔跑，会泅水，叫声似狐，臭腺浓骚。蛊或作"纂"。　④雕：似鹰，而大尾长翅。

【译】

再向东五百里，是鹿吴山，山上不长草木，多铜矿与玉石。泽更河发源于此，向南流注入滂河。滂河中有一种兽，名叫蛊雕，它的形状像雕而长着角，叫声像婴儿，凶狠吃人。

东五百里，曰漆吴之山，无草木，多博石[1]，无玉。处于东海，望丘山，其光载出载入[2]，是惟日次[3]。

【注】

①博石：一种石头，可用以制作博棋，故称。　②其光载出载入：神光之所潜耀。　③日次：太阳休息的地方，郭璞《注》曰："日景之所次舍。"

【译】

再向东五百里，是漆吴山，山上不生草木，多博石，没有玉。此山临近大海，东面是丘山，山中有光时明时暗，是太阳休息的地方。

凡《南次二经》之首，自柜山至于漆吴之山，凡十七山，七千二百里。其神状皆龙身而鸟首。其祠：毛用一璧瘗，糈用稌。

【译】

南方的第二个山脉，从柜山到漆吴山，共有十七座山，共计七千二百里。山中的山神形状都是龙身而鸟首。祭礼用祭品：鸡鸭及玉璧一块瘗埋于地，祭米用糯稻米。

南次三经

《南次三经》之首①，曰天虞之山②，其下多水，不可以上。

【注】

①谭其骧《论》谓："这一组山大致应西起黔东南，东径湘南、赣中，达于闽北或浙南。" ②天虞之山：天虞山，郝懿行《笺疏》以为即夫盧山，"在交广也"。

【译】

《南次三经》的第一座山脉，是天虞山，山下水源丰富，山高峻险不可攀登。

东五百里，曰祷过之山，其上多金、玉，其下多犀①、兕②，多象③。有鸟焉，其状如䴔④，而白首、三足⑤、人面，其名曰瞿如⑥，其鸣自号也。浪水出焉⑦，而南流注于海。其中有虎蛟[8]，其状鱼身而蛇尾，其首如鸳鸯，食者不肿，可以已痔。

【注】

①犀：即大犀牛。郭璞《注》谓其似水牛，猪头痹脚，脚似象，有三蹄，大腹，黑色，三角，一在顶上，一在额上，一在鼻上，在鼻上者小而不堕，食角也。喜食荆棘，口中常洒血沫。　②兕（sì）：亦似水牛，毛青色，体形硕大。　③象：即大象，古人以象为兽类中最大者。长鼻，大者牙长一丈。　④鵁（jiāo）：一种鸟，体形似野鸭而稍小，脚近尾。　⑤足：或作“手”。　⑥瞿如：水鸟，即鸬鹚，捕鱼为生，又称鱼鹰、水老鸦。此处言此鸟人面，也可能是人装扮成鸟的样子。　⑦泿（yín）水：水名，发源于广东韶关的银山，为北江上源之一。郝懿行《笺疏》引《水经》云：“泿水出武陵镡城县北界沅水谷。”　⑧虎蛟：马来鳄，形体似蛇，四足，体粗长，1米以上，长吻，牙齿锐利。生活在淡水或沼泽，常成群攻击其他动物。

【译】

向东五百里，是祷过山，山上蕴含丰富的铜矿和玉石，山下犀牛等成群结队，还有很多大象。山里有一种鸟，外形像鵁，但头是白的、长着三只脚，脸如人面，它的名字叫瞿如，是根据它的叫声取的名。泿水发源于此山，向南流注入大海。泿水中生活着虎蛟，它的形状是鱼身而蛇尾，叫声像鸳鸯，人吃了这种虎蛟的肉不得肿病，还可以治愈痔疮。

又东五百里，曰丹穴之山。其上多金、玉。丹水出焉，而南流注于渤海[1]。有鸟焉，其状如鸡，五采而文，名曰凤皇[②]。首文曰德，翼文曰义，背文曰礼，膺文曰仁，腹文曰信。是鸟也，饮食自然，自歌自舞，见则天下安宁。

【注】

①渤海：海旁出为渤，此渤海指汉代以前广州以南的南海。郭璞《注》："海岸曲崎头也。" ②凤皇：即凤凰，常被视为祥瑞。郭璞《注》："汉时凤鸟数出，高五六尺，五采。庄周说凤，文字与此有异。《广雅》云：'凤，鸡头、燕颔、蛇颈、龟背、鱼尾，雌曰皇，雄曰凤。'"

【译】

又向东五百里，是丹穴山，山上蕴含丰富的铜矿和玉石。丹水发源于此山，向南流注入渤海。有一种鸟，形状像鸡，长着五彩的羽毛，名叫凤凰，头上有纹叫德，双翼有纹叫义，背上有纹叫礼，胸口有纹叫仁，腹部有纹叫信。这种鸟，饮食悠闲，叫声如歌，飞翔如舞，它出现预示着天下安宁。

又东五百里，曰发爽之山[①]，无草木，多水，多白猿。泛水出焉[②]，而南流注于渤海。

【注】

①发爽之山：发爽山，或谓即广东惠州市辖龙门县天堂山、南昆山。爽，或作"器"。 ②泛水：即今广东中部的增江。

【译】

又向东五百里，是发爽山，山上草木不生，水源丰富，有很多白猿。泛水发源于此山，向南流注入渤海之中。

又东四百里，至于旄山之尾，其南有谷，曰育遗[①]，多怪鸟[②]，凯风自是出[③]。

【注】

①育遗：峡谷名，在罗浮山脉中。遗，或作“隧”。　②怪鸟：少见的鸟。《广雅》曰：“鵕离、鷵朋、爰居、鴟雀，皆怪鸟之属也。”　③凯风：南风。《诗经·邶风》有《凯风》，《毛传》：“南风谓之凯风，乐夏之长养者。”

【译】

又向东四百里，就到了旄山之尾，山南有一山谷，名叫育遗谷，谷中有很多奇怪的鸟，传说中的凯风出自此谷。

又东四百里，至于非山之首，其上多金、玉，无水，其下多蝮虫。又东五百里，曰阳夹之山，无草木，多水。

【译】

又向东四百里，就到了非山主峰，山上蕴含丰富的铜矿和玉石，没有水，山下生活着许多毒蛇。再向东五百里，是阳夹山，山上草木不生，水源丰富。

又东五百里，曰灌湘之山[①]，上多木，无草；多怪鸟，无兽。

【注】

①灌湘之山：灌湘山，一作灌湖射之山。

【译】

又向东五百里，是灌湘山，山上生长着很多树，但不长草，有很多怪鸟，但没有野兽。

又东五百里，曰鸡山，其上多金，其下多丹雘[①]。黑水出焉，而南流注于海。其中有鱄鱼[②]，其状如鲋而彘毛，其音如豚，见则天下大旱。

【注】

①雘（huò）：一种可作颜料的石头，有赤色者。　②鱄（tuán）鱼：生活在海边的哺乳动物，可能是海狮或海豹。

【译】

又向东五百里，是鸡山，山上蕴藏丰富的铜矿，山下多丹雘。黑水从此山发源，向南流注于大海。黑水中有一种鱄鱼，它的形状像鲋鱼却长着猪毛一样的体毛，它的叫声也像猪，一旦出现就预示着天下将要大旱。

又东四百里，曰令丘之山，无草木，多火。其南有谷焉，曰中谷，条风自是出[①]。有鸟焉，其状如枭，人面四目而有耳，其名曰颙[②]，其鸣自号也，见则天下大旱。

【注】

①条风：东北风。郭璞《注》曰："条风至，出轻系，督逋留。"吴任臣《广注》："《淮南子》云：'诸稽、摄提，条风之所出也。'"　②颙（yú）：猫头鹰的一种，灰褐色，眼睛圆而大，正视面似人脸，常昼伏夜

出。或指巫师作法时所戴面具。

【译】

又向东四百里，是令丘山，山上草木不生，炎热似火。山的南面有深谷，东北风出自那里。有一种鸟，形状像猫头鹰，人脸上生着四只眼睛和耳朵，它的名字叫颙，它叫起来像是在叫自己的名字“颙”，这种鸟出现的地方会有旱灾。

又东三百七十里，曰仑者之山①，其上多金、玉，其下多青雘。有木焉，其状如穀而赤理，其汗如漆②，其味如饴，食者不饥，可以释劳③，其名曰白䓘④，可以血玉⑤。

【注】

①仑者之山：仑者山。　②汗：郝懿行《笺疏》以为当作“汁”，其说是。　③劳：忧愁。　④白䓘（gāo）：一种草，人食之可以解除忧愁。或作“睪苏”。　⑤血玉：可以把玉浸成血色。

【译】

又向东三百七十里，是仑者山，山上蕴藏丰富的铜矿和玉石，山下多青雘。有一种树，形状似穀树而生着红色的纹理，树干里流出的汁液像漆，味道甘甜似糖，人吃了它不感到饥饿，也可以缓解疲劳，它的名字叫白䓘，其汁液可以浸染玉石。

又东五百八十里，曰禺稿之山①，多怪兽，多大蛇。

【注】

①禺稿之山：禺稿山。稿，吴任臣《广注》、毕沅《新校正》均

作“橐”。

【译】

又向东五百八十里，是禺稿山，山上有很多怪兽，还有很多大蛇。

东五百八十里，曰南禺之山，其上多金、玉，其下多水。有穴焉，水春辄入[1]，夏乃出，冬则闭。佐水出焉，而东南流注于海，有凤皇、鹓鸰[2]。

【注】

①水春辄入：水在春天时就流进来。“春”原作“出”，据吴任臣《广注》校改。　②鹓鸰（yuān chú）：凤凰类，饮食精洁，性情专贞。见于《庄子》等书记载。

【译】

又向东五百八十里，是南禺山，山上富藏铜矿和玉石，山下水源丰富。山下有洞穴，春天时里面全是水，夏季水流了出来，而当冬季来临此洞就闭塞了。佐水发源于此山，向东南流淌注入大海，附近有凤凰和鹓鸰。

凡《南次三经》之首，自天虞之山以至南禺之山，凡一十四山，六千五百三十里。其神皆龙身而人面。其祠：皆一白狗祈[1]，糈用稌。

【注】

①祈：祈请，祷告。

【译】

全部南次三经的山脉起始篇，从天虞山至南禺山，共有十四座山，距离六千五百三十里。这里的山神都是龙身人面。山神的祭礼都是献一只白狗祈祷，米则用稌。

右《南经》之山志[①]，大小凡四十山，万六千三百八十里。

【注】

①山志：关于山的记载。郝懿行《笺疏》认为此数语为校书者所题文字。

【译】

以上《南山经》的记载，大小共四十座山，距离一万六千三百八十里。

卷二　西山经

西山经之首

《西山经》华山之首[1]，曰钱来之山，其上多松，其下多洗石[2]。有兽焉，其状如羊而马尾，名曰羬羊[3]，其脂可以已腊[4]。

【注】

①张步天《山海经概论》认为“《西山经》底本是西周时调查记录，写成的时间不会晚于战国。《西山经》首经和《次二经》描述的地域主要在关中。”　②洗石：即洗澡石，可以磢体，去垢圿。　③羬（qián）羊：即捻角山羊。郭璞《注》谓：“今大月氏国有大羊如驴而马尾。”似是外来物种。《尔雅》云：“羊六尺为羬。”即谓此羊。　④已腊：治愈皮肤皴裂。

【译】

《西山经》华山之首，是钱来山，山上长着很多松树，山下多产洗澡石。山上有种野兽，它的形状像羊而长着马尾，名叫羬羊，羬羊的油脂可以治愈人皮肤的皴裂。

西四十五里，曰松果之山，灌水出焉，北流注于渭，其中多铜。有鸟焉，其名曰螐渠[①]，其状如山鸡，黑身赤足，可以已曝[②]。

【注】

①螐（tóng）渠：黑水鸡，山鸡的一种。　②曝（bào）：皮肤起皱。

【译】

向西四十五里，是松果山，灌水由此山发源，向北流淌注入于渭河中，山中蕴藏着丰富的铜矿。有一种鸟，名字叫螐渠，它的形状像山鸡，身子是黑色的，长着红色的足，可以治疗皮肤起皱的病。

又西六十里，曰太华之山[①]，削成而四方[②]，其高五千仞[③]，其广十里，鸟兽莫居。有蛇焉，名曰肥遗[④]，六足四翼，见则天下大旱。

【注】

①太华之山：即西岳华山，在今陕西华阴市西南。郭璞《注》：“上有明星玉女，持玉浆；得上，服之，即成仙。道险僻不通。《诗含神雾》云。”　②削成而四方：指山势峻峭。　③仞：古代长度单位，八尺为一仞。　④肥遗：一种大蛇，或以为是大型的图腾。郭璞《注》：“汤时，此蛇见于阳山下。”

【译】

再向西六十里，是太华山，山形四方形而陡峭，像是鬼斧神工削成的一样，山高达五千仞，宽达十里，鸟兽无法栖息在这里。有一种蛇，名叫肥遗，长着六只脚两对翅膀，肥遗出现的地方就会发生严重的旱灾。

又西八十里，曰小华之山①，其木多荆杞，其兽多㸲牛②，其阴多磬石③，其阳多㻬琈之玉④。鸟多赤鷩⑤，可以御火。其草有萆荔⑥，状如乌韭⑦，而生于石上，亦缘木而生，食之已心痛。

【注】

①小华之山：即少华山。毕沅《新校正》："山在今陕西华州南十里。" ②㸲（zuó）牛：即羚牛，体型硕大，生活在山区。郭璞《注》："今华阴山有野牛、山羊，肉皆千斤。"即此牛。 ③磬石：可以制作磬的石头。 ④㻬琈（tū fú）：玉名。《说文解字》玉部未收此二字。 ⑤赤鷩（bì）：红毛山鸡。郭璞《注》："胸腹洞赤，冠金，皆黄头绿尾，中有赤，毛彩鲜明。音作'蔽'，或作'鳖'。" ⑥萆荔（bì lì）：一种香草。《离骚》作"薜荔"。 ⑦乌韭：一种蕨类植物，附生于岩石或树干上，分布于西南和东南。郭璞《注》："在屋者曰昔邪，在墙者曰垣衣。"

【译】

再向西八十里，是少华山，山上的树木以荆棘和杞树最多，野兽则多见㸲牛，北面山上多可以制作磬的石材，南面山上多㻬琈之玉。鸟儿则多见一种红色的山鸡，可以躲避火灾。草类中多见薜荔，形状像乌韭，但生长在石壁上，也缘树干生长，人吃了它可以治疗心痛病。

又西八十里，曰符禺之山[①]，其阳多铜，其阴多铁。其上有木焉，名曰文茎，其实如枣，可以已聋。其草多条，其状如葵，而赤花黄实，如婴儿舌，食之使人不惑。符禺之水出焉，而北流注于渭。其兽多葱聋[②]，其状如羊而赤鬣。其鸟多鴖[③]，其状如翠而赤喙[④]，可以御火[⑤]。

【注】

①符禺之山：符禺山，可能是少华山余脉。 ②葱聋：即藏羚羊。 ③鴖（mín）：红腹锦鸡，属翠鸟科。 ④翠：翠鸟。赤喙：红色的嘴巴。 ⑤御火：避免火灾。可能是指祭祀这种鸟可以避免火灾。

【译】

再向西八十里，是符禺山，山的南面蕴藏丰富的铜矿，山的北面蕴藏丰富的铁矿。山上有一种树，名叫文茎，它的果实像枣，人吃了可以治疗耳聋。草类中多产条，形状像葵菜，但开着红色的花结黄色的果实，像婴儿的舌头，人吃了可以不迷惑。符禺河从山上发源，向北流淌注于渭河。山里有很多叫葱聋的野兽，它的样子像羊而长着红色的鬣毛。山上还栖息着很多鴖鸟，它的形状如翠鸟而有红色的嘴巴，人们祭祀这种鸟可以防御火灾。

又西六十里，曰石脆之山[①]，其木多棕、楠[②]，其草多条，其状如韭，而白华黑实，食之已疥[③]。其阳多㻬琈之玉，其阴多铜。灌水出焉，而北流注于禺水。其中有流赭[④]，以涂牛马无病[⑤]。

【注】

①石脆之山：石脃山，华山支脉，在今陕西省境内。毕沅《新校正》曰："旧本脆作'脃'，非。" ②棕：棕树。郭璞《注》言其树"高三丈许，无枝条，叶大而圆。枝生梢头，实皮相裹"。楠：即楠树。 ③疥：疥疮，一种皮肤病。 ④赭（zhě）：含有铁矿的赤土。 ⑤牛马：牛角。"马"当作"角"。意谓以赭涂于牛角以避邪，这是上古时代一种为牛驱病的巫术。

【译】

再向西六十里，是石脆山，山上长满了棕树和楠树，草类中有很多条草，草叶似韭，有白色的花和黑色的果实，人吃了可以治愈疥疮。山的南面有多彩的玉石，北面蕴藏丰富的铜矿。灌水发源于此山，向北流淌注入禺水。灌水河床多含赤铁矿，故而水流呈红色，将红色的河泥涂抹在牛角上可以防病。

又西七十里，曰英山，其上多杻、橿[①]，其阴多铁，其阳多赤金。禺水出焉，北流注于招水[②]，其中多鲜鱼[③]，其状如鳖，其音如羊。其阳多箭䉋[④]，其兽多㸲牛、羬羊。有鸟焉，其状如鹑，黄身而赤喙，其名曰肥遗，食之已疠[⑤]，可以杀虫。

【注】

①杻（niǔ）：似棣而细叶，一名土橿。橿（jiāng）：即橿树，木质细密坚硬，适合造车。 ②招水：河名，渭水支流。 ③鲜（bàng）鱼：毕沅《新校正》以为即蚌。 ④䉋（mèi）：竹子的一种。郭璞《注》："今汉中郡出䉋竹，厚里而长节，根深，笋冬生地中，人掘取食

之。” ⑤疠（lì）：一种疫病，或以为恶疾。

【译】

再向西七十里，是英山，山上生长着大片的杻树和橿树，山北面富藏铁矿，南面富藏红铜矿。禺水发源于此山，向北流淌注入招水，禺水中盛产鲜鱼，其形状像鳖，叫声像羊。禺水北岸生长着密密麻麻的箭竹，那儿有成群结队的野牛和野羊。有一种鸟，形状如鹑，黄色的身子红色的嘴，名字叫肥遗，人吃了可以治疗恶疾，还可以杀死寄生虫。

又西五十二里，曰竹山①，其上多乔木，其阴多铁。有草焉，其名曰黄雚，其状如樗，其叶如麻，白花而赤实，其状如赭②，浴之已疥，又可以已胕③。竹水出焉，北流注于渭，其阳多竹箭④，多苍玉。丹水出焉⑤，东南流注于洛水，其中多水玉，多人鱼⑥。有兽焉，其状如豚而白毛，大如笄而黑端⑦，以毛射物⑧，名曰豪彘⑨。

【注】

①竹山：大秦岭。郝懿行《笺疏》谓：“山在今陕西渭南县东南四十里，俗名大秦岭，亦曰箭谷岭，盖因多竹箭得名。” ②赭：紫赤色的石头。 ③胕（fú）：浮肿。 ④竹箭：即筱，细竹。 ⑤丹水：河名，流经今陕西境，汇入洛水。《水经注》：“上洛县，洛水东与丹水合；水出西北竹山，东南流，注于洛。” ⑥人鱼：如鳑鱼，四脚。⑦黑端：一头黑色。 ⑧以毛射物：用毛刺物。此句今本无，郭璞《注》有此句，《文选·长杨赋》李善注引有此句，郝懿行《笺疏》以为当补入。

今从之。　⑨豪彘：豪猪。郭璞《注》："貆猪也，夹髀，有粗豪，长数尺，能以脊上豪射物。亦自为牝牡。貆，或作'豭'，吴、楚呼为鸾猪，亦此类也。"

【译】

再向西五十二里，是竹山，山上生长着很多高大的乔木，山的北面富藏铁矿。有一种草，名字叫黄雚，形状像樗，叶子像麻，白色的花，红色的果实，形状像赭石，用它洗浴可以治疗疥疮，还可以治疗浮肿。竹水发源于竹山，向北流注入渭水，竹水北岸生长着茂密的竹箭，水中产青玉。丹水从此处发源，向东南方向汇入洛水，水中出产丰富的水玉，还有很多娃娃鱼。那里有一种野兽，样子像猪而长着白毛，毛像发笄般尖硬且一头是黑色的，它用毛作为防御的武器。这种野兽的名字叫豪猪。

又西百二十里，曰浮山，多盼木①，枳叶而无伤②，木虫居之③。有草焉，名曰熏草④，麻叶而方茎，赤华而黑实，臭如蘼芜⑤，佩之可以已疠。

【注】

①盼木：即梓木，可用以制做案盘。　②枳：枳树，叶子有刺，此句云盼木叶似枳树叶而无刺。　③木虫：寄生在树干之中的蛀虫。④熏草：即蕙草，绿叶紫茎，多生于低湿的洼地。常在七月间开花，香气浓郁。　⑤蘼芜：一种香草，一年生草本植物，开白色小花，有香气。主要分布在陕、甘、云、贵一带。可入药，亦可制香料。

【译】

再向西二十里，是浮山，山上生长着大片的梓木，叶子像枳树叶但没有刺，树干中有蛀虫。山上长着一种熏草，叶子如大麻而茎呈方形，开着红花，结的黑色果实，气味香如蘼芜，人佩戴这种香草可以防治传染病。

又西七十里，曰羭次之山①，漆水出焉②，北流注于渭。其上多棫、橿③，其下多竹箭，其阴多赤铜，其阳多婴垣之玉④。有兽焉，其状如禺而长臂，善投，其名曰嚻⑤。有鸟焉，其状如枭，人面而一足，名曰橐𩇯⑥，冬见夏蛰，服之不畏雷⑦。

【注】

①羭（yú）次之山：羭次山，或以为即岐山。羭，雄性的绵羊。 ②漆水：即今源出岐山的漆水。 ③棫（yù）：即白桜树，又名扁核木。丛生有刺，属落叶灌木，果实黑色球形。 ④婴垣之玉：郭璞《注》谓垣或作"短"，或作"根"，或作"埋"，传写谬误，未可得详。江绍原以为即婴脰之玉，即戴于颈项之上的玉饰。 ⑤嚻：母猴。郭璞《注》言："亦在畏兽画中，似猕猴投掷也。" ⑥橐𩇯：或以为是短耳猫头鹰，体长35—45厘米。 ⑦不畏雷：不惧怕打雷。谓人着其毛羽，不畏天雷。

【译】

再向西七十里，是羭次山，漆水发源于此山，向北流注入渭水。山上生长着许多白桜和橿树，山下长着茂密的竹箭，山的北面富含赤铜矿，南面盛产美丽的籽玉。那儿有一种野兽，形状如禺而长着长长的臂膀，擅长投物掷远，它的名字叫嚻。那儿有一种鸟，形状像猫头鹰，面似人脸而只生一足，名字叫橐𩇯，冬季出来活动，夏季就蛰伏了，人们穿了以这种鸟的羽毛制成的衣服不害怕打雷。

又西百五十里，曰时山[①]，无草木。逐水出焉[②]，北流注于渭，其中多水玉。

【注】

①时山：毕沅《新校正》以为因立畤在山，故又称畤山。畤为秦汉以来祭天的场所。 ②逐水：或作“遂水”，吴承志《山海经地理今释》认为即乾峪水。

【译】

再向西五十里，是畤山，不生草木。逐水发源于此山，向北流注入渭水，水中盛产水玉。

又西百七十里，曰南山[①]，上多丹粟。丹水出焉[②]，北流注于渭。兽多猛豹[③]，鸟多尸鸠[④]。

【注】

①南山：即终南山，亦即《诗经·秦风·终南》所谓“终南”。 ②丹水：或以为即赤水，或以为陕西周至县东的黑水河。 ③猛豹：猛兽，似熊而小，毛浅有光泽，能食蛇、食铜铁，出蜀中。有的学者认为猛豹就是大熊猫。豹或作“虎”。 ④尸鸠：鹰科大型猛禽，或以为是布谷一类的鸟。

【译】

再向西七十里是终南山，山上多丹砂。丹水发源于终南山，向北流注入渭河。山中有一种叫猛豹的野兽，还有一种叫尸鸠的猛禽。

又西百八十里，曰大时之山[①]，上多榖、柞[②]，下多杻、橿，阴多银，阳多白玉。涔水出焉[③]，北流注于渭，清水出焉[④]，南流注于汉水[⑤]。

【注】

①大时之山：太白山，因立畤，故又称太畤山。　②榖：又称谷浆树，桑科乔木，树皮可以造纸。　③涔（cén）水：即今斜水，又称太白河。　④清水：即今褒河。　⑤汉水：即今沔水，亦即东汉水。

【译】

再向西八十里是太畤山，山上生长着很多谷浆树和柞树，山下生长着许多杻树和橿树，山北坡富有银矿，山南坡富有白玉。涔水发源于此山，向北流汇入渭水，清水也发源于此山，向南流汇入东汉水。

又西三百二十里，曰嶓冢之山[①]，汉水出焉，而东南流注于沔[②]；嚣水出焉，北流注于汤水[③]。其上多桃枝、钩端[④]，兽多犀、兕、熊、罴[⑤]，鸟多白翰、赤鷩[⑥]。有草焉，其叶如蕙[⑦]，其本如桔梗[⑧]，黑华而不实，名曰骨容[⑨]，食之使人无子。

【注】

①嶓（bō）冢之山：嶓冢山，在今甘肃陇南，汉水发源于此山。郭璞《注》谓此山“在武都氐道县南”。毕沅《新校正》以为在甘肃秦州西南六十里。《地理志》云陇西《禹贡》嶓冢山在。毕说是。　②沔

(miǎn)：即沔水，毕沅《新校正》谓沔水首受西汉水，北承沮水，亦曰东汉水。《水经》云沔水出武都沮县东狼谷。其说是。 ③嚣（xiāo）水：水名，在今甘肃天水境，汇入渭河。汤水：或作“阳水”，所在与嚣水同，亦入渭水。 ④桃枝：桃枝竹，现名矮竹，一种毛竹，柔而细，可编竹席、竹器。钩端：今名刺竹，桃枝一类的竹子。 ⑤罴（pí）：即棕熊，似熊而黄白色，猛憨，能拔树。 ⑥白翰：即白鹎，亦名鹎雉。见《尔雅》。学名为白鹇，又名翰雉、白雉、银鸡等。这种鸟体长约1.1—1.4米，栖息于山林。 ⑦蕙：即兰蕙，兰科香草。 ⑧本：根也。桔梗：多年生草本植物，可入药。 ⑨骨容：或以为即肉苁蓉，属列当科寄生草本植物，又名肉松蓉、纵蓉、地精、金笋等，可入药，治男子阳萎、女子不育。《尔雅·释草》曰：“荣而不实谓之蓇。”

【译】

再向西三百二十里，是嶓冢山，汉水发源于此处，东南流入沔水。嚣水发源于山的北面，向北流汇入阳水。山上长满了叫作桃枝和钩端的矮竹子，山中有犀牛、黑熊、棕熊等野兽，还有白鹇、锦鸡。有一种香草，叶子如蕙，根如桔梗，开蓝色的花，不结果实，名字叫肉苁蓉，吃了使人不生育。

又西三百五十里，曰天帝之山，上多棕、楠，下多菅、蕙[①]。有兽焉，其状如狗，名曰溪边[②]，席其皮者不蛊。有鸟焉，其状如鹑，黑文而赤翁[③]，名曰栎[④]，食之已痔。有草焉，其状如葵，其臭如蘼芜，名曰杜衡[⑤]，可以走马[⑥]，食之已瘿[⑦]。

【注】

①菅：一种茅草。　②溪边：或作“谷遗”，是。郝懿行《笺疏》以为是一种狗。郭郛《注证》以为当是巨松鼠，筑巢生活在树上，以植物为食。　③赤翁：红色的颈毛。翁，指头下的毛。　④栎：郭郛《注证》以为即红腹鹰，是一种以捕食小动物为生的猛禽，主要分布在西北地区和北方。　⑤杜衡：即杜若，一种多年生草本植物，属马兜铃科，味辛微温，久服益气轻身。《离骚》：“采芳洲兮杜若。”　⑥走马：使马快跑。郭璞《注》曰：“马得之而健走。”得其意。　⑦瘿：即甲状腺肿大，俗称大脖子病。

【译】

再向西三百五十里，是天帝山，山上生长着很多棕树和楠树，山下有很多茅草和蕙兰。有一种野兽，外形像狗，名叫溪边，以其毛皮做垫子使用可以使人不迷惑。有一种鸟，它的形状如鹌鹑，浑身黑色的花纹而颈下是红色的，名叫栎，人吃了可以治疗痔疮。有一种草，它的形状像葵，它的气味像蘼芜，名字叫杜衡，马闻到这种草的气味就会快跑，人吃了可以治疗大脖子病。

西南三百八十里，曰皋涂之山[①]，蔷水出焉[②]，西流注于诸资之水[③]，涂水出焉[④]，南流注于集获之水[⑤]。其阳多丹粟，其阴多银、黄金，其上多桂木。有白石焉，其名曰礜[⑥]，可以毒鼠[⑦]。有草焉，其状如藁茇[⑧]，其叶如葵而赤背，名曰无条，可以毒鼠。有兽焉，其状如鹿而白尾，马足人手而四角[⑨]，名曰玃如[⑩]。有鸟焉，其状如鸱而人足，名曰数斯，食之已瘿。

【注】

①皋涂之山：毕沅《新校正》、郝懿行《笺疏》校作“鼻涂之山”，郭郛《注证》以为当即甘肃岷县的东山、梅川至申都间山岭。　②蔷水：河名，洮河的支流。蔷，郭璞《注》以为或作“蓍”，又作“菑”。皆形近而误。　③诸资之水：资水众支流的总称。据《水经注》：“西汉水又西南，资水注之。水北出资川，导源四壑，南至资峡，总为一水，出峡西南流注西汉水。”诸资水，或即众水汇集于资水，故称。　④涂水：郭郛《注证》以为白龙江上游向南流之水。　⑤集获之水：众水所集而成之江水，大约是指白龙江。　⑥礜（yù）：即礜石，一种硫化物类矿物质，主要成份有砷、铁、硫等，有毒，可以杀鼠。　⑦毒鼠：毒杀老鼠。　⑧藁茇（gǎo bá）：郭璞《注》：“香草。”毕沅《新校正》以为即藁本。是一种伞形科多年生草本植物，含有强烈气味挥发油，一般生长在山坡上。　⑨人手：前两脚似人手。　⑩玃（zhuó）如：旧本原作“玃如”，据郝懿行《笺疏》校改。玃如即四脚羚，偶蹄目，牛科，体态似羚或小鹿，头顶四只角，前后两排。生活于森林边缘或灌木丛中，以草为食。主要分布于甘青藏地区。

【译】

再向西南三百八十里，是皋涂山。蔷水发源于此山，向西南流注入于诸资河。涂水发源于此山，向南流注入集获之水。山的南坡多产一种丹砂，山北则富含银矿和金矿。山上生长着密密的桂树。还有一种白色的矿石，名叫礜石，可以用来毒杀老鼠。有种草，外形像藁本，叶子像葵叶，背面是红色的，名叫无条，也可以用来毒杀老鼠。有一种野兽，外形似鹿，长着白色的尾巴，马的蹄子，前面两只蹄子像人的手，头上长着四只角，名叫四角羚牛。有一种鸟，形状如鹞子，爪子却像人脚，名叫数斯，吃了这种鸟的肉可以治疗大脖子病。

又西百八十里，曰黄山①，无草木，多竹箭。盼水出焉②，西流注于赤水③，其中多玉。有兽焉，其状如牛，而苍黑大目，其名曰㸲④。有鸟焉，其状如鸮，青羽赤喙，人舌能言，名曰鹦䳇⑤。

【注】

①黄山：郭璞《注》以为即汉代始平槐里县之黄山，在今陕西兴平。或以为黄山为甘肃临洮之东山。　②盼水：或以为甘肃合作市、临夏市境内之大夏河。　③赤水：或以为即洮河。　④㸲：黄牛的一种。郝懿行《笺疏》："《周书·王会》云：'数楚每牛。'每牛者，牛之小者也。"袁珂《校注》以为即此。　⑤鹦䳇：即鹦鹉。

【译】

再向西八十里，是黄山，山上不生其他草木，生长着茂密的竹箭。盼水发源于此山，向西流注入赤水，其中多玉石。有一种野兽，形状如牛，毛色苍黑而长着大大的眼睛，名叫每牛。有一种鸟，形状如猫头鹰，青色的羽毛，红色的嘴巴，能模仿人说话，名叫鹦鹉。

又西二百里，曰翠山，其上多棕、楠，其下多竹箭，其阳多黄玉，其阴多旄牛、羚、麝①；其鸟多鸓②，其状如鹊，赤黑而两首四足③，可以御火④。

【注】

①羚：即羚羊，似羊而大角，生活在山崖间。麢：香獐，鹿科动物，郭璞《注》谓似獐而小，有香。这两种动物都见于西北高原。②鸓（lěi）：鼯鼠，因其在树枝间跳来跳云，古人误以为是鸟类。体长约四五十厘米，体毛褐色，尾长，四肢短，善爬树，粪便可入药，称五灵脂。　③两首四足：两只脑袋四只脚。　④御火：指这种鸟出现预示着虽有火灾，但可以防御。

【译】

再向西二百里，是翠山，山上生长着很多棕树和楠树，山下有茂密的竹箭，山的南面有许多黄色的玉石，山北面有成群的牦牛、羚羊和香獐。山间鸟类中鸓的数量最多，它的外形象喜鹊，红黑色的身子长着一种特别的飞膜，两头四足，人看到它会警惕火灾。

又西二百五十里，曰騩山[①]，是錞于西海[②]，无草木，多玉。凄水出焉[③]，西流注于海，其中多采石[④]、黄金，多丹粟。

【注】

①騩（guī）山：或以为即今青海之日月山。　②錞（chún）：矗立如堤防。郝懿行《笺疏》谓："盖埤障之义。"西海：即青海湖，先秦时称西海。　③凄水：谭其骧《论》以为即青海湖附近的倒淌河。郭璞《注》："凄，或作'浽'。"　④采石：彩色的石头。郭璞《注》："石有采色者，今雌黄、空青、绿碧之属。"

【译】

再向西二百五十里，是騩山，此山矗立于青海源畔，山上不生长草木，多玉石。倒淌河源于此山，向西流淌汇入青海湖，山上盛产彩色的石头和黄金，还多产丹砂。

凡《西经》之首①，自钱来之山至于騩山，凡十九山，二千九百五十七里。华山，冢也②，其祠之礼：太牢③。羭山，神也，祠之用烛④，斋百日以百牺⑤，瘗用百瑜⑥，汤其酒百尊⑦，婴以百珪、百璧⑧。其余十七山之属，皆毛牷用一羊祠之⑨。烛者，百草之未灰，白席采等纯之⑩。

【注】

①《西经》：此当为《西山经》。　②华山：华山为此山系中最高大的山，因而成为祭祀山神的所在。郭璞《注》："冢者，神鬼之所舍也。"　③太牢：祭品中最高级别的。牛、羊、豕为太牢。　④烛：郭璞《注》谓或作"炀"。作炀是，《说文》："炀，炙燥也。"此谓焚柴以祭山神。　⑤斋：斋戒。百牺：极言祭品之丰。郭璞注："牲纯色者为牺。"　⑥百瑜：许多美玉。百，言其多。　⑦汤：同烫，温酒。汤或作"温"，温酒令热。百尊：极言酒馔之丰盛。　⑧婴：环绕，把祭品摆成一圈。郭璞《注》谓："陈之以环祭也。"　⑨牷（quán）：指献祭所用的整个的羊或猪、牛。郭璞《注》："牷谓牲体全具也，《左传》曰：'牷牲肥腯'者也。"　⑩"烛者"三句：毕沅《新校正》以为是周秦旧注混入经文，其说可从。白席采等纯之：意谓祭祀用的席子用白茅织成，边缘饰以五彩之物。郭璞《注》："纯，缘也。五色纯之，等差其文采也。

《周礼》：'莞席，纷纯。'"

【译】

全部《西山经》山系的开端部分，从钱来山到騩山，共计十九山，距离二千九百五十七里。华山是众山之主，对山神的祭祀礼仪十分隆重，祭品用太牢。羭次山是山神所在之处，祭祀之礼用燎祭，祭前斋戒多日，用许多毛色纯粹的牺牲献祭，同时还要用许多美玉瘗祭，献上百樽美酒，将百圭百璧环绕陈列。其余十七山，都用一只整羊献祭。所谓烛，是点燃用百草扎成的火把燎祭，未烧成灰的火把叫烛。祭祀山神的席子用白茅织成，边缘用五彩之物加以装饰。

西次二经

《西次二经》之首，曰钤山[①]，其上多铜，其下多玉，其木多杻、橿。

【注】

①钤山：谭其骧《论》以为当即《水经注·河水》中黑水所出的西山，即今陕西延安东南汾川河发源处。

【译】

《西次二经》山系开首是钤山，山上富藏铜矿，山下有许多玉石，树木以杻树和橿树为多。

西二百里，曰泰冒之山[①]，其阳多金，其阴多铁。浴水出焉[②]，东流注于河，其中多藻玉[③]，多白蛇[④]。

【注】

①泰冒之山：泰冒山，在今陕西合阳一带。泰，或作“秦”。　②浴水：郝懿行《笺疏》以为是“洛水”之误。　③藻玉：带有彩色花纹的玉。　④白蛇：水蛇。

【译】

向西二百里，是泰冒山，山的南面富含金属矿石，山的北面蕴藏铁矿。洛水发源于此山，向东流汇入黄河，水中有许多五彩玉石，还有很多水蛇。

又西一百七十里，曰数历之山①，其上多黄金，其下多银，其木多杻、橿，其鸟多鹦䳇。楚水出焉②，而南流注于渭，其中多白珠③。

【注】

①数历之山：数历山，在今陕西铜川北。　②楚水：当是《山经注·沮水》之沮水支流铜官水。　③白珠：白玉珠。郭璞《注》谓：“今蜀郡平泽出青珠。《尸子》曰：‘水员折者有珠。’”

【译】

再向西一百七十里，是数历山，山上多金矿，山下多银矿，树木以杻树和橿树为多，鸟类以鹦鹉为多。楚水发源于此，向南流汇入渭水，水中盛产白玉珠。

又西百五十里曰高山①，其上多银，其下多青碧、雄黄②，其木多棕，其草多竹。泾水出焉③，而东流注于渭，其中多磬石[④]、青碧。

【注】

①高山：毕沅《新校正》以为即宁夏隆德附近之美高山，为六盘山主峰，其说近是。　②青碧：青玉和碧玉。郭璞《注》：“碧，亦玉类也，今越巂、会稽县东山出碧。”雄黄：鸡冠石，可为工业原料，用于制颜料、玻璃、烟火、农药，亦可入药，产于西南、西北各省。郭璞《注》：“晋太兴三年，高平都界有山崩，其中出数千斤雄黄。”　③泾水：水名，发源于宁夏泾源，东流至陕西高陵县入渭。　④磬石：可以制磬的石头。质地坚硬，敲击可发出乐音。郭璞《注》：“《书》曰：‘泗滨浮磬’是也。”

【译】

再向西一百五十里是高山，山上富藏银矿，山下富有碧玉、青玉和雄黄，树木以棕榈和竹子为多。泾河发源于此山，向东南流注入渭水，水中多有磬石、青玉和碧玉。

西南三百里，曰女床之山[①]，其阳多赤铜，其阴多石涅[②]，其兽多虎、豹、犀、兕。有鸟焉，其状如翟而五采文[③]，名曰鸾鸟[④]，见则天下安宁[⑤]。

【注】

①女床之山：女床山，毕沅《新校正》以为即岐山，其说可从。②石涅：即石墨。郭璞《注》谓：“即隽石也，楚人名为涅石，秦名为羽涅也。《本草经》亦名曰‘石涅’也。”　③翟：似雉而大，长尾。五采文：五彩花纹。文，通纹。　④鸾鸟：凤凰，古人以为瑞鸟。郭璞《注》：“旧说鸾似鸡，瑞鸟也。周成王时西戎献之。”　⑤见：同“现”，出现。

【译】

向西南三百里，是女床山，山阳面富有赤铜矿，山阴面富有石墨，山中多有虎、豹、犀牛。有一种鸟，它的形状像长尾雉而有五彩的斑纹，名字叫鸾鸟，它出现的时候天下太平安宁。

又西二百里，曰龙首之山[①]，其阳多黄金，其阴多铁。苕水出焉[②]，东南流注于泾水，其中多美玉。

【注】

①龙首之山：即陇山，在今甘肃天水清水县附近。班固《西征赋》云："右界褒斜，陇首之阴。"杜佑《通典》："陇城，大陇山亦曰陇首山。"即此。毕沅《新校正》亦以为即陕甘界上之陇山。　②苕（tiáo）水：毕沅《新校正》以"苕"为"芮"之误，芮水出陇山东麓，经华亭、崇信、泾川县南境，至陕西长武亭口镇入泾河。

【译】

再向西二百里，是龙首山，山的南面多金矿，北面多铁矿。苕水发源于此山，向东南流注入泾水，泾水中多有美玉。

又西二百里，曰鹿台之山[①]，其上多白玉，其下多银，其兽多㸲牛、羬羊、白豪[②]。有鸟焉，其状如雄鸡而人面，名曰凫徯[③]，其名自叫也，见则有兵。

【注】

①鹿台之山：鹿台山，谭其骧《论》以为即今宁夏固原南六盘山。或以为在今甘肃陇南、漳县西北一带。　②白豪：白色貆猪。郭璞

《注》："貕猪也。"　③鵸䳜（xī）：赤颈鸭。或以为是人面鸟身的图腾。

【译】

再向西二百里，是鹿台山，山上多产白玉，山下多有银矿；兽多㸲牛、羬羊、貆猪。山中有一种鸟，形状如雄鸡而脸面如人，名字叫鵸䳜，名字取自它的叫声，它出现则天下会有战乱。

西南二百里，曰鸟危之山[1]，其阳多磬石，其阴多檀、楮[2]，其中多女床[3]。鸟危之水出焉，西流注于赤水，其中多丹粟。

【注】

①鸟危之山：鸟危山，或以为即甘肃岷县之东山，今称分水岭。②楮：即榖木。　③女床：郝懿行《笺疏》以为即"女菀"，一种多年生草本植物。

【译】

向西南二百里，叫作鸟危山，山的南面多磬石，北面生长许多檀树和构树，山上有茂密的女床草。鸟危水发源于此山，向西流汇入赤水，水中多有丹砂。

又西四百里，曰小次之山[1]，其上多白玉，其下多赤铜。有兽焉，其状如猿而白首赤足，名曰朱厌[2]，见则大兵[3]。

【注】

①小次之山：小次山，或以为即今甘肃岷县东的旗堡寺山。　②朱

厌：白眉长臂猿。　③见则大兵：出现则天下大乱，兵祸连连。此句一作“见则有兵起焉”，一作“见则为兵”。

【译】

再向西四百里，叫小次山，山上多白玉，山下多铜矿。有一种野兽，它的外形如猿猴，但白头红足，名叫朱厌，它出现预示着天下将要兵连祸结。

又西三百里，曰大次之山①，其阳多垩②，其阴多碧，其兽多㸲牛、羬羊。

【注】

①大次之山：大次山，或以为其地在甘肃榆中县境内。　②垩：白垩，似土，色甚白。

【译】

再向西三百里，是大次山，山南面多白垩，山北面多碧玉，山中的野兽以㸲牛和羬羊为多。

又西四百里，曰薰吴之山①，无草木，多金、玉。

【注】

①薰吴之山：薰吴山，吴承志《今释》认为本当作“西胡之山”，其地在今甘肃永靖县附近。

【译】

再向西四百里，是薰吴山，山上寸草不生，但多铜矿和玉石。

又西四百里，曰底阳之山[1]，其木多稷[2]、柟、豫章[3]，其兽多犀、兕、虎、犳、㸲牛[4]。

【注】

①底（zhǐ）阳之山：底阳山，或以为即枝阳山，在今甘肃兰州附近。“底”原作底，据郝懿行《笺疏》校改。　②稷（jì）：即稷树，似松，有刺，木质细密。　③豫章：一种乔木。郭璞《注》谓：“大木，似楸，叶冬夏青，生七年而后复可知也。”　④犳（zhuó）：云豹，介于虎豹和猫之间的食肉动物。体侧有云状斑纹，故称。

【译】

再向西四百里，是枝阳山，山上多生稷树、柟木、豫章树，野兽则主要有犀牛、兕、老虎、云犳、㸲牛等。

又西二百五十里，曰众兽之山，其上多㻬琈之玉，其下多檀、楮，多黄金，其兽多犀、兕。

【译】

再向西二百五十里，是众兽山，山上多五彩玉石，山下生长着很多檀树与楮树，多产黄金，野兽则以犀牛为多。

又西五百里，曰皇人之山[1]，其上多金、玉，其下多青雄黄[2]。皇水出焉[3]，西流注于赤水[4]，其中多丹粟。

【注】

①皇人之山：皇人山，其地大约在青海乐都县附近。　②青雄黄：即雌黄也，或曰空青、曾青之类。　③皇水：即湟水，黄河支流，在

今青海境内。《水经注》谓湟水流域为小月氏居地。　④赤水：此指黄河，因其水携带泥沙而呈赤色。

【译】

再向西五百里，是皇人山，山上多铜矿和玉石，山下多雌黄。湟水发源于此山，向西流注入黄河，河中多丹砂。

又西三百里，曰中皇之山①，其上多黄金，其下多蕙、棠②。

【注】

①中皇之山：中皇山，或以为即今青海达坂山中段。　②蕙：即蕙兰。棠：赤棠。郭璞《注》："形棠之属也。'蕙'或作'羔'。"

【译】

再向西三百里，是中皇山，山上多金矿，山下生着很多蕙兰和赤棠。

又西三百五十里，曰西皇之山①，其阳多金，其阴多铁，其兽多麋鹿②、牸牛。

【注】

①西皇之山：西皇山，或以为即青海达坂山西端。　②麋鹿：鹿科动物，大如小牛。

【译】

再向西三百五十里，是西皇山，山的南面多铜矿，山北多铁矿，野兽则以麋鹿、牸牛为主。

又西三百五十里，曰莱山[①]，其木多檀、楮，其鸟多罗罗[②]，是食人。

【注】

①莱山：山名，谭其骧《论》认为应在河、湟之北，祁连山以南，可能是青海祁连县西北的托来山。 ②罗罗：即黑兀鹫或秃鹫，一种体大凶猛的食尸鸟，《海外北经》有兽曰罗罗，或是误解所致。

【译】

再向西三百五十里，是莱山，山上的树木以檀树和楮树为多，有好多的黑兀鹫，这种鸟专门吃人的尸体。

凡《西次二经》之首，自钤山至于莱山，凡十七山，四千一百四十里。其十神者，皆人面而马身[①]。其七神皆人面牛身，四足而一臂，操杖以行，是为飞兽之神[②]；其祠之，毛用少牢[③]，白菅为席。其十辈神者[④]，其祠之，毛一雄鸡，钤而不糈[⑤]；毛采[⑥]。

【注】

①人面而马身：汪绂《山海经存》以为即钤山以至大次十山的山神，其神状貌皆人面马身。或以为西北河湟地区产“河曲马”，此为马图腾崇拜。 ②飞兽之神：指小次山至莱山七山的山神，这七山的山神都是人面而牛身，四足而一臂，统称为飞兽之神。 ③少牢：羊、猪为少牢。 ④十辈神：即人面而马身的十类神。辈，郝懿行《笺疏》以为当训为“类”。 ⑤钤：或以为是所用祭器名。郝懿行《笺疏》以为当作“祈”解，音同互借，意谓“思训祈不糈，祠不以米”。 ⑥毛采：

杂色的羽毛。郭璞《注》云："言用杂色鸡也。"

【译】

全部《西次二经》的开首，从钤山至莱山，共十七座山，其间距离四千一百四十里。前十座山的山神，都是人面而马身。其余七山的山神，都是人面牛身，四足而一臂，可以拿着杖行走，这些都是飞兽之神；祭祀这些山神时，祭品用羊和猪，以白茅为垫席。前十类神，它们的祭礼，用一只雄鸡，祭祀时祈祷而不献精米；献祭的鸡要用五彩毛色的。

西次三经

《西次三经》之首，曰崇吾之山①，在河之南，北望冢遂②，南望窑之泽③，西望帝之搏兽之丘④，东望蠕渊⑤。有木焉，员叶而白柎⑥，赤华而黑理，其实如枳，食之宜子孙。有兽焉，其状如禺而文臂，豹虎而善投，名曰举父⑦。有鸟焉，其状如凫，而一翼一目，相得乃飞，名曰蛮蛮⑧，见则天下大水。

【注】

①崇吾之山：崇吾山。《博物志》《史记·封禅书·索隐》引作"崇丘"，当以"崇丘"为是。张春生《山海经研究》以为即今青海茶卡西之山。　②冢遂：山名，亦在今青海省境。　③窑之泽：泽名，张步天《山海经解》谓即今青海都兰东南的冬给措纳湖。　④搏兽之丘：山名，在青海西部。搏或作"薄"。　⑤蠕（yān）渊：即今青海茶卡盐湖。　⑥员：通"圆"。白柎：白色花萼。郭璞《注》谓："今江东人

呼草木子房为柎，音‘府’。一曰柎，华下鄂，音‘丈夫’。字或作‘拊’，音‘符’。”　⑦举父：一种形体似猴子的野兽。或作“夸父”。顾颉刚谓作夸父是。　⑧蛮蛮：郭璞《注》谓：“比翼鸟也，色青赤，不比不能飞。”《尔雅·释地》作鹣鹣鸟。郭郛《注证》释为潜鸭。

【译】

《西次三经》山系的开首，是崇丘山，在黄河以南，向北遥望冢遂山，向南临近䍃泽，向西面是搏兽之丘，向东则为蠕渊。有一种树，长着圆圆的叶子而花萼是白色的，开着红花而有黑色的纹理，它的果实像橘，人吃了可以促进生育。有一种野兽，它的形状像猴子而臂膀上有花纹，豹背虎腰而极擅投掷，名字叫夸父。有一种鸟，它的外形像野鸭，但却只有一只翅膀一只眼睛，只有两只鸟相互配合才能飞翔，它的名字叫比翼鸟，凡是这种鸟出现的地方一定会发大水。

西北三百里，曰长沙之山①，泚水出焉②，北流注于泑水③，无草木，多青雄黄。

【注】

①长沙之山：长沙山。吕调阳《传》卷二：“长沙，恒山以东山也，其阴多沙。”张步天《山海经解》以为其地在今新疆若羌东，位于阿尔金山脉东北端。　②泚（zǐ）水：水名，新疆若羌地区若羌河的支流。泚，清澈。　③泑（āo）水：水名，因河水色黑，故称。孔雀河下游支流。

【译】

向西北三百里，是长沙山，泚水发源于此山，向北流注入于泑水，山上草木不生，盛产青雄黄。

又西北三百七十里，曰不周之山①。北望诸毗之山②，临彼岳崇之山③，东望泑泽④，河水所潜也⑤，其源浑浑泡泡⑥。爰有嘉果，其实如桃，其叶如枣，黄华而赤柎，食之不劳。

【注】

①不周之山：即不周山。共工怒触不周山，即此山。郭璞谓："此山形有缺不周匝处，因云名。西北不周风，自此山出。"谭其骧《论》以为不周山在甘肃天祝县境内，即毛毛山。吕调阳《传》："不周，今博罗塔拉诸山也。萨尔巴克图河贯其中而东流，三面皆山，东南独缺，北望塔尔巴哈台山，为诸毗所自源，其东北即阿尔泰山顶也。" ②诸毗（pí）之山：指不周山北面诸山。汪绂《山海经存》谓："诸毗，皆不一处。" ③岳崇之山：指祁连山、昆仑山之高峰。 ④泑（yōu）泽：旧说指今新疆境内之菖蒲海。谭其骧《论》认为当指居延海，三面环山，腾格里沙漠中的一盐池。 ⑤潜：潜流。郭璞《注》："河南出昆仑，潜行地下，至葱岭，出于阗国，复分流歧出，合而东流，注泑泽。已复潜行，南出于积石山，而为中国河也。名泑泽，即蒲泽，一名蒲昌海，广三四百里，其水停，冬夏不增减，去玉门关三百余里，即河之重源，所谓潜行也。" ⑥浑浑泡泡：拟声词，形容水势盛大的样子。郭璞《注》："浑浑泡泡，水喷涌之声也。"

【译】

再向西三百七十里，是不周山，北望北部诸多高山，临近祁连山或昆仑山的最高峰岳崇山，东望黑黝黝的一片湖泊，其中汇集的水潜流而过汇入黄河，喷涌而出，滚滚向前。有一种美味的果子，长得像桃子，树叶像枣树，黄花而红萼，口感甜美，可以充饥果腹，且吃了益气提神。

又西北四百二十里，曰峚山[①]，其上多丹木[②]，员叶而赤茎，黄华而赤实，其味如饴，食之不饥。丹水出焉，西流注于稷泽[③]，其中多白玉，是有玉膏，其原沸沸汤汤[④]，黄帝是食是飨[⑤]。是生元玉[⑥]。玉膏所出，以灌丹木。丹木五岁，五色乃清[⑦]，五味乃馨[⑧]。黄帝乃取峚山之玉荣[⑨]，而投之钟山之阳[⑩]。堇瑜之玉为良[⑪]，坚粟精密[⑫]，浊泽而有光[⑬]。五色发作[⑭]，以和柔刚[⑮]。天地鬼神，是食是飨；君子服之，以御不祥[⑯]。自峚山至于钟山，四百六十里，其间尽泽也[⑰]。是多奇鸟、怪兽、奇鱼，皆异物焉。

【注】

①峚（mì）山：密山。峚，郝懿行《笺疏》："郭注《穆天子传》及李善注《南都赋》《天台山赋》，引此经俱作'密山'，盖'峚''密'古字通也。"　②丹木：丹水边生长的一种树木，开黄色的花，果实为红色，味道甘甜，可以充饥。　③稷泽：稷神所栖之泽。郭璞《注》："后稷神所冯，因名云。"　④沸沸汤汤：玉膏涌出之貌。郭璞《注》引《河图玉版》曰："少室山，其上有白玉膏，一服即仙矣。"　⑤是食是飨：神灵降而食玉。是，代词，指玉。郭璞《注》："玉所以祈祭者，言能动天地，感鬼神。"　⑥是生元玉：从玉膏中又出黑玉。　⑦五色乃清：言玉之光泽鲜亮。　⑧五味乃馨：言玉膏的味道很香。　⑨玉荣：即玉树所开之花。《离骚》曰："怀琬琰之华英。"又曰："登昆仑兮食玉英。"

《汲冢书》所谓“苕华之玉”。 ⑩投：种植，以为玉种。 ⑪为良：是质地最好的。良，或作“食”。 ⑫坚粟：是说玉质密实而有纹理。《礼记》曰：“填密似粟。”粟，或作“栗”。郭注曰：“玉有粟文，所谓縠璧也。”亦可备一说。 ⑬浊：谓玉质润厚。 ⑭发作：光彩焕发。郭璞《注》：“言符彩互映色。王子《灵符应》曰：‘赤如鸡冠、黄如蒸栗，白如割肪，黑如醇漆，玉之符彩也。’” ⑮和：兼具，言玉兼有九德。⑯御不祥：禳除灾祸。郭注曰：“今徼外出金刚石，石属而似金，有光彩，可以刻玉。外国人带之，云辟恶气，亦此类也。” ⑰泽：泽薮。

【译】

再向西北四百二十里，是密山，山上有很多丹树，圆圆的叶子红色的树干，开着黄色的花，果实也是红色的，味道甘美如糖，吃了可以充饥。丹水发源于密山，向西流汇入稷泽，水中多白玉，其中还有玉膏，水发源处玉膏沸沸汤汤，蒸腾涌出，据传黄帝曾在此享食玉膏。玉膏中还出产一种黑色的玉。玉膏流出来，又浇灌着丹木。丹木生长五年后，通体会发出五色光彩，散发着芳香的气味。黄帝于是采摘下密山的玉树之花，种在钟山的南面。密山之玉以瑾瑜之玉为最上乘，玉质密实而有纹理，浸润而有光泽。闪耀着五彩的光泽，有着刚柔兼具的特性。用其祭祀天地鬼神，天地鬼神会欣然享用。君子佩戴这种玉，可以祓除不祥。从密山到钟山，距离四百六十里，其间有很多沼泽。这里有很多奇怪的鸟、野兽、鱼类，都是很少见的异物。

又西北四百二十里，曰钟山①。其子曰鼓②，其状如人面而龙身③，是与钦䲹杀葆江于昆仑之阳④，帝乃戮之钟山之东曰瑶崖[5]，钦鸡化为大鹗[6]，其状如雕，而黑文白首，赤喙而虎爪，其音如晨鹄[7]。见则有大兵。鼓亦化为鵔鸟[8]，其状如鸱，赤足而直喙，黄文而白首，其音如鹄，见则其邑大旱。

【注】

①钟山：郝懿行《笺疏》以为即阴山。《穆天子传》"钟山"作"舂山"，字音相同。曰："穆王北升此山，以望四野，曰：'钟山是惟天下之高山也。百兽之所聚，飞鸟之栖也。爰有赤豹、白虎、白鸟、青雕，执犬羊，食豕鹿。穆王五日观于钟山，乃为铭迹于县圃之上，以昭后世。'" ②鼓：神名，钟山山神的儿子。郭璞《注》："名之为钟山之子耳。其类皆见《归藏·启筮》。《启筮》曰：'丽山之子青羽，人面马身。'亦此状也。" ③人面：长着人的脸。 ④钦鸡（pí）：神名，人面兽形。《后汉书·张衡传》引作"钦駓"，《庄子·大宗师》作"堪坏"，《淮南子》作"钦负"。葆江：神名，葆或作"祖"。 ⑤瑶崖：即瑶溪赤岸。⑥大鹗：一种猛禽。郭注："雕属也。" ⑦晨鹄：鸭一类的水禽，食鱼为生，为候鸟。 ⑧鵔（jùn）鸟：一种神鸟，原型为雉或猫头鹰。

【译】

再向西北四百二十里是钟山。钟山山神的儿子叫作鼓，其外形是龙身而人面，他和钦鸡把祖江杀死在昆仑山的南面，天帝于是把他们处死在钟山东面叫作瑶崖的地方，钦鸡变成大隼，外形像雕而身上有黑色的纹理，白色的头，红色的嘴巴和像老虎一样的爪子。叫声像野鸭，凡是它出现的地方一定会有严重的兵祸。鼓死后也变成了一种体型很大的神鸟，外形如猫头鹰，红色的足，直的喙，身上有黄色的花纹而头是白色的，叫声也像野鸭，凡是它出现的地方，一定会有旱灾。

又西百八十里，曰泰器之山[①]。观水出焉[②]，西流注于流沙[③]。是多文鳐鱼[④]，状如鲤鱼，鱼身而鸟翼，苍文而白首赤喙，常行西海游于东海，以夜飞，其音如鸾鸡[⑤]，其味酸甘，食之已狂，见则天下大穰[⑥]。

【注】

①泰器之山：泰器山，大约在今甘肃河西走廊张掖一带。《文选》之《吴都赋》、曹植《七启》李善注均引此条泰作“秦”。　②观水：水名，《吕氏春秋·本味》引作“藿水”，高诱注：“藿水在西极。”　③流沙：河名，毕沅《新校正》以为在张掖。　④文鳐（yáo）鱼：郝懿行《笺疏》以为“文”字衍，可从。鳐鱼是一种味道鲜美的鱼，《吕氏春秋·本味》言“伊尹曰：‘味之美者，藿水之鱼，名曰鳐’。”身上有花纹，长着翅膀，会飞。　⑤鸾鸡：鸟名，郝懿行《笺疏》以为即鸾鸟，也就是凤凰。　⑥大穰（ráng）：庄稼大丰收。

【译】

再向西一百八十里，是泰器山。观水发源于此山，向西流淌注入流沙河。观水中有一种鳐鱼，形状像鲤鱼，但长着鸟一样的翅膀，身上有青色的纹理，头是白色的，嘴巴是红色的。常常出现在西海，有时却到东海游玩，在夜里飞行。它的叫声像凤凰，它的肉酸中带甜，人吃了可以治愈狂悖之疾。凡是这种鱼出现的年景，庄稼都会大丰收。

又西三百二十里，曰槐江之山[①]，丘时之水出焉[②]，而北流注于泑水[3]，其中多蠃母[4]。其上多青雄黄，多藏琅玕、黄金、玉[5]；其阳多丹粟，其阴多采黄金、银。实惟帝之平圃[6]，神英招司之[7]，其状马身而人面，虎文而鸟翼，徇于四海[8]，其音如榴[9]。南望昆仑，其光熊熊，其气魂魂[10]；西望大泽，后稷所潜也[11]，其中多玉，其阴多榣木之有若[12]；北望诸毗[13]，槐鬼离仑居之[14]，鹰鹯之所宅也[15]。东望恒山四成[16]，有穷鬼居之，各在一搏[17]。爰有淫水[18]，其清洛洛[19]。有天神焉，其状如牛，而八足、二首、马尾，其音如勃皇[20]，见则其邑有兵。

【注】

①槐江之山：槐江山，毕沅《新校正》谓是甘肃张掖市北之鸡山。吴承志《今释》以为在新疆。　②丘时之水：谭其骧《论》以为在河西走廊一带。张步天《山海经解》以为即今新疆境内若羌河东支流。③泑水：此处指甘肃境内之额济纳河。　④蠃（luó）母：即螺母，一种软体动物。　⑤琅玕（láng gān）：美玉。郭璞《注》："石似珠者。藏犹隐也。"　⑥平圃：即玄圃，神话传说中昆仑山通天的地方。郭璞《注》曰："《穆天子传》曰：乃为铭迹于玄圃之上。谓刊石纪功德，如秦皇、汉武之为者也。"　⑦神英招：指掌管平圃的神。司：掌管。⑧徇：巡行。　⑨榴：拟声词，指神灵招发出的声音。郭璞《注》："或作'籀'，此所未详也。"郝懿行《笺疏》以为"榴"当作"流"。　⑩魂魂：形容火山爆发时熔岩喷涌而出的景象。郭璞《注》曰："皆光气炎盛相焜燿之貌。"　⑪潜：潜伏，依附。郭璞《注》："后稷生而灵知，及其终化，形遁此泽而为之神，亦犹传说骑箕尾也。"　⑫榣（yáo）木：

生长了千年的神树。郭璞《注》："大木也，言其上复生若木。大木之奇灵者为若，见《尸子》。《国语》曰：'榣木，不生花也。'"毕沅《新校正》以为"榣"字当为"木繇"字之省。⑬诸毗：山名。张步天《山海经解》以为即天山。⑭离仑：山神之名。⑮鹯（zhān）：鹰隼一类的猛禽。郭璞《注》："亦鸱属也。庄周曰：'鸱鸦甘鼠。'《穆天子传》云：'钟山上有白鸟、青雕。'皆此族类也。"⑯恒山：祁连山。或以为指新疆境内阿尔金山中段的山峰。四成：即四重、四层。⑰一搏：一隅。郭璞《注》："犹胁也，言群鬼各以类聚，处山四胁。有穷，其总号耳。搏一作'抟'。"⑱滛（yáo）水：郝懿行《笺疏》以为当作"瑶水"，即瑶池。⑲洛洛：即落落，水清澈的样子。⑳勃皇：金龟子。郝懿行《笺疏》以为"勃皇"即"发皇"，即《尔雅》之"蛂蟥"，声近字通。

【译】

再向西三百二十里，是槐江山，丘时之水由此山发源，向北流注入泑水，河水中多产螺母。山上有很多青雄黄，蕴藏着琅玕、黄金、美玉，山的阳面多丹砂，山北面有丰富的金、银矿可以开采。那里是天帝所在平圃，由天神英招掌管，英招的外形状貌是马身人面，身上有老虎的花纹而长着鸟的翅膀，它巡行于四海，声音像榴。从槐江山向南远望昆仑，光焰熊熊燃烧，热浪喷发。向西眺望有一大片沼泽，是后稷所依附的地方，其中多产玉石，槐江山的阴面生长着很多巨大的树木：若木。向北望可见诸毗之山，那是槐江山山神离仑所居之地，有很多鹰隼等猛禽栖居在那里。向东看过去只见恒山四重，有穷鬼居住在那儿，各自占据一隅。那里有瑶池，水流清澈见底。有天神，它的形貌像牛，但却长着八只脚、两个头和马的尾巴，叫声像蛂蟥，它出现的地方一定会遭受兵灾。

西南四百里，曰昆仑之丘，是实惟帝之下都①。神陆吾司之②。其神状虎身而九尾，人面而虎爪。是神也，司天之九部及帝之囿时③。有兽焉，其状如羊而四角，名曰土蝼，是食人。有鸟焉，其状如蜂，大如鸳鸯，名曰钦原④，蠚鸟兽则死⑤，蠚木则枯。有鸟焉，其名曰鹑鸟，是司帝之百服⑥。有木焉，其状如棠⑦，黄华赤实，其味如李而无核，名曰沙棠，可以御水，食之使人不溺⑧。有草焉，名曰蓍草⑨。其状如葵，其味如葱，食之已劳⑩。河水出焉⑪，而南流，东注于无达⑫；赤水出焉⑬，而东南流，注于汜天之水⑭；洋水出焉⑮，而西南流，注于丑涂之水⑯；黑水出焉⑰，而西流于大杅⑱。是多怪鸟兽⑲。

【注】

①帝之下都：天帝在下界的都邑。郭璞《注》："天帝都邑之在下者也。《穆天子传》曰：'吉日辛酉，天子升于昆仑之丘，以观黄帝之宫，而封丰隆之葬，以昭后世。'言增封于昆仑之上。" ②陆吾：神名。郭璞《注》谓即《庄子·逍遥游》等篇中所提到的"肩吾"。 ③九部：指天上九域之部界。囿时：天帝苑囿之时节。 ④钦原：一种怪兽。"钦"，本或作"爰"，或作"至"。 ⑤蠚（hē）：（用毒针）螫。 ⑥百服：天神的各种器服。 ⑦棠：棠梨。 ⑧不溺：体轻身健，行于水上而不沉。郭璞《注》："言体浮轻也，沙棠为木，不可得沉。《吕氏春秋》

曰：‘果之美者，沙棠之实。’《铭》曰：‘安得沙棠，刻以为舟，泛彼沧海，以遨以游。’” ⑨蘋（pín）草：即蘋草，一种水藻，古人常用以祭祀。《诗经》中有《采蘋》一诗咏其事。 ⑩已劳：缓解身体的疲劳。郭璞《注》引《吕氏春秋》曰：“菜之美者，昆仑之蘋。” ⑪河水：黄河水，古人认为河出昆仑。郭璞《注》谓：“出山东北隅也。” ⑫无达：山名，郝懿行《笺疏》以为即佛经所言之“阿耨达山”。 ⑬赤水：水名，源出昆仑山东南隅。 ⑭氾天之水：发源于氾天山的一条河。郭璞《注》谓“赤水所穷也。《穆天子传》曰：‘遂宿于昆仑之侧，赤水之阳。’” ⑮洋水：水名，源出昆仑山西北隅。洋或作“清”。 ⑯丑涂：郭璞《注》谓：“亦山名也，皆在南极。《穆天子传》曰：‘戊辰，济洋水。’又曰：‘觞天子洋水也。’” ⑰黑水：发源于昆仑山西北隅。张步天《山海经解》以为即阿姆河。 ⑱大杅（yú）：山名。郭璞《注》引《穆天子传》曰：“乃封长肱于黑水之西河，是惟昆仑鸿鹭之上，以为周室主。” ⑲怪鸟兽：奇异的鸟和兽。郭璞《注》谓：“有一兽九首，有一鸟六首之属也。”

【译】

再向西三百二十里，是昆仑之丘，这是天帝在下界的都邑，由神陆吾掌管这里。陆吾这神生的虎身而九尾，人脸虎爪。这陆吾神，主掌天神的九域部界和天帝苑囿中的时令。山中有兽，形状似羊而生着四只犄角，名叫土蝼，它吃人。有一种鸟，形状像蜂，体形大如鸳鸯，名叫钦原，鸟兽被它螫了就会死掉，树木若是被它螫了则会枯萎。有一种神鸟，它的名字叫鹑鸟，它掌管着天帝的各种器服。有一种树木，形状像棠梨，开着黄花果实是红色的，果实的味道如李子而没有核，名叫沙棠，可以防止水患，人吃了身轻体健不被水淹。有一种神草，名叫蒉草，形状如野葵，味道像葱，人吃了可以缓解疲劳。河水发源于此山，向南流注入无达。赤水河也发源于此山，向东南流注入汜天之水。洋河发源于此山，向西南流注入丑涂河。黑水也发源于此山，向西流注入大杅河。昆仑山里有很多奇怪的鸟和兽。

又西三百七十里，曰乐游之山①。桃水出焉②，西流注于稷泽，是多白玉。其中多鳍鱼③，其状如蛇而四足，是食鱼。

【注】

①乐游之山：乐游山，郝懿行《笺疏》、毕沅《新校正》以为即乐都，今人或以为新疆境内之阿尔金山的某个山峰。　②桃水：即洮河，在今甘肃临洮。　③鳍（huá）鱼：一种晰蜴，长身四足，生活在潮湿的沼泽地带，以小动物为食。

【译】

再向西三百七十里，是乐游山。桃河发源于此山，向西流注入稷泽，其中多产白玉。其中还有很多鳍鱼，它的外形像蛇而长着四只脚，以鱼为食。

西水行四百里，曰流沙①，二百里至于蠃母之山②，神长乘司之③，是天之九德也④。其神状如人而犳尾⑤。其上多玉，其下多青石而无水。

【注】

①流沙：指沙漠。　②嬴母之山：嬴母山，在今甘肃临洮一带。或以为在新疆且末一带。　③长乘：神名。《穆天子传》："天子乃封长肱于黑水之西阿。"或以为长肱即长乘。《水经注》："禹西至洮水之上，见长人受黑玉。"或以为"长乘"即"长人"。　④九德：九种品德，郭璞《注》："九气所生。"　⑤犳（zhuó）：云豹，体型似豹，习性似猫，体侧有形似云状斑块，有长尾。

【译】

再向西沿着河走四百里是流沙，行二百里就到了嬴母山，天神长乘主掌这里，它代表着天的九德。这神外貌像人却生着云豹的长尾巴。山上多玉石，山下有很多青石而缺水。

又西三百五十里，曰玉山[①]，是西王母所居也[②]。西王母，其状如人，豹尾、虎齿而善啸，蓬发戴胜[③]，是司天之厉及五残[④]。有兽焉，其状如犬而豹文，其角如牛，其名曰狡[⑤]，其音如吠犬，见则其国大穰。有鸟焉，其状如翟而赤，名曰胜遇[⑥]，是食鱼，其音如录[⑦]，见则其国大水。

【注】

①玉山：山名，在今甘肃酒泉一带。郭璞《注》曰："此山多玉石，因以名云。《穆天子传》谓之群玉之山，见其山河无险，四彻中绳，先王之所谓策府。寡草木，无鸟兽，穆王于是攻其玉石，取玉石版三乘，玉器服物，载玉万只以归。双玉为'瑴'，半瑴为'只'。"　②西王母：神名，实为上古西方部族的首领。　③蓬发：蓬头乱发。戴胜：佩戴

玉胜，丁谦《穆天子传地理考证》以胜为面具。　④司天之厉及五残：掌管厉鬼和五刑。郭璞《注》："主知灾厉五刑残杀之气也。《穆天子传》曰：'吉日甲子，天子宾于西王母，执玄圭白璧以见西王母，献锦组百纯，组三百纯，西王母再拜受之。乙丑，天子觞西王母于瑶池之上，西王母为天子谣曰："白云在天，山陵自出。道里悠远，山川间之。将子无死，尚复能来。"天子答之曰："予缘东土，和理诸夏。万民均平，吾顾见汝。比及三年，将复而野。"西王母又为天子吟曰："徂彼西土，爰居其所。虎豹为群，乌鹊与处。嘉命不迁，我惟帝女。彼何世民，又将去子。吹笙鼓簧，中心翱翔。世民之子，惟天之望。"天子遂驱升于奄山，乃纪迹于奄山之石，而树之槐，眉曰"西王母之山"。'奄山，即崦嵫山也。案《竹书》：'穆王五十七年，西王母来见，宾于昭宫。'舜时，西王母遣使献玉环。见《礼·三朝》。"郝懿行《笺疏》据《史记·天官书》以为"厉"及"五残"均为主灾祸之星宿。　⑤狡：狡犬。《周书·王会解》："匈奴狡犬。"身有圆斑纹，巨口，全身近黑褐色，耳较大，如羊耳。郭璞《注》："晋太康七年，邵陵扶夷县槛得一兽，状如豹文，有二角，无前两脚，时人谓之狡，疑非此。"　⑥胜（qìng）遇：翡翠鸟，属翠鸟科，体型较大，身长约30厘米。头部和翼的内侧覆黑色羽绒，颈白色稍带棕色。自背至尾呈亮蓝色，下体橙棕色。嘴强而直，嘴和足趾呈亮红色。　⑦录：吴任臣、郝懿行《笺疏》均以为当是"鹿"字之误。鹿为仁兽，见有水草，相与呼唤同食。翡翠鸟雌雄和鸣，恰如鹿之和鸣。

【译】

再向西三百五十里，是玉山，这里是西王母所居之国。西王母的外貌似人，长着豹尾虎齿而善于长啸，她头发蓬乱，戴着面具，主掌着上天的刑罚和灾害。这里有一种野兽，形状像狗而身上布满豹纹，长着像牛一样的角，它的名字叫狡，叫声如犬吠，它出现则所在之地区庄稼丰收。有一种鸟，它的外形像野鸡而毛色发红，名叫胜遇，它能吃鱼，叫声像鹿鸣，它出现的地区一定会发大水。

又西四百八十里，曰轩辕之丘①，无草木。洵水出焉②，南流注于黑水，其中多丹粟，多青雄黄。

【注】

①轩辕之丘：神话传说中黄帝所居之地。《淮南子·地形训》："轩辕丘在西方。"郭璞《注》曰："黄帝居此丘，娶西陵氏女，因号轩辕丘。"吕调阳《传》："河套之北自博托河以东皆曰轩辕之丘，河流象轩辕也。" ②洵（xún）水：河名，据上文所述，其地当在今新疆地区。吕调阳《传》："洵水四水均列，象赴公旬者均地就役也，其水皆南入河，东南会黛山湖水，湖上源即哈拉乌苏也。"张步天《山海经解》认为其地近葱岭。

【译】

再向西四百八十里是轩辕之丘，丘上没有草木。洵水发源于此处，向南流注入黑水，其中有许多丹砂，许多青雄黄。

又西三百里，曰积石之山①，其下有石门，河水冒以西流②。是山也，万物无不有焉③。

【注】

①积石之山：积石山，或以为即今甘肃、青海交界处之积石山。郭璞《注》："积石山今在金城河门关西南羌中，河水行塞外，东入塞内。"一说以为在今新疆，即塔里木河、叶尔羌河上源乔戈里峰，吕调阳《传》以为即《穆天子传》所谓"阳纡之山"。《禹贡》："导河积石。"《水经》引《山海经》云："积石山在邓林山东，河所入也。" ②冒：覆盖，笼罩。 ③万物无不有焉：指物产丰饶。

【译】

再向西三百里是积石山，山下有石门，河水漫过石门向西流。积石山中，物产十分丰富。

又西二百里，曰长留之山[①]，其神白帝少昊居之[②]。其兽皆文尾，其鸟皆文首。是多文玉石[③]。实惟员神磈氏之宫[④]。是神也，主司反景[⑤]。

【注】

①长留之山：长留山，所在不详。或以为在今新疆伊犁境。吕调阳《传》卷二："伊犁塔勒奇城北百里有谷曰果子沟，长七十里，为伊犁驿程所经，岭上出泉，南会众流出。山曰乌里雅苏图，水峡流迅急，跨桥四十有二，故长留所由纳称也。" ②少昊：传说中上古西方部落之神，号金天氏，又称帝挚。秦人立白帝之祀，祭金天氏。 ③文玉石：有纹之玉石。 ④员神：日神，郝懿行《笺疏》以为即少昊。或以为是附近的山神。磈氏之宫：员神磈氏的宫室。 ⑤反景：即反影。郭璞《注》："日西入，则景反东照，主司察之。"

【译】

再向西二百里，是长留山，山神少昊居于此山。山中的野兽长着有花纹的尾巴，飞鸟的头上都生着花纹。此山有许多文玉石。这里也是员神磈氏的居所。这位神灵，职掌着夕阳的反照。

又西二百八十里，曰章莪之山①，无草木，多瑶碧②。所为甚怪。有兽焉，其状如赤豹，五尾一角，其音如击石，其名如狰③。有鸟焉，其状如鹤，一足，赤文青质而白喙。名曰毕方④，其鸣自叫也，见则其邑有讹火⑤。

【注】

①章莪（é）之山：章莪山，其地不详。或以为在祁连山中段，或以为在新疆伊犁地区。吕调阳《传》卷二："章我，察林河口以东山也。河自特克斯河北岸山阴西流，环屈而北而东，又东北分二支入伊犁河，合南所受水视之，象鸷鸟仰立侧目之形，故名章我。古错革鸟于旗章，故谓之章，经中诸漳水皆取象鸷鸟也。我同俄，侧首也。" ②瑶碧：玛瑙一类的美玉。 ③如狰：像呼叫"狰"的声调。 ④毕方：人面鸟，《尸子》作"必方"。郭郛《注证》谓即赤颈鹤，鸟纲，鹤科。 ⑤讹火：妖讹之火，指鬼火。

【译】

再向西二百八十里，是章莪山，山上不生草木，多玛瑙碧玉。山中景象十分奇怪。有一种野兽，它的外形如赤豹，长着五条尾巴一只犄角，叫声像敲击石头发出的声音，它的名字叫如狰。有一种鸟，它的外形像鹤，一只脚，黑色的羽毛上有红色的花纹且长着白色的嘴巴，名叫毕方，它的叫声就像是它的名字。它出现时，预示着所在的邑中将有奇怪的火灾。

又西三百里，曰阴山①，浊浴之水出焉②，而南流注于蕃泽③。其中多文贝。有兽焉，其状如狸而白首④，名曰天狗⑤，其音如榴榴⑥，可以御凶。

【注】

①阴山：汪绂《山海经存》以为即今内蒙境内之阴山。一说是公格尔山，在今新疆境内。吕调阳《传》卷二："阴山即图尔根源之都兰哈喇山。"今内蒙之阴山为后来名随族迁所致。　②浊浴之水：盖孜河或塔塔棱河，在新疆境内。吕调阳《传》卷二："蒙古语谓牲畜粪曰和尔郭斯。有和尔郭斯河，出槐江之南曰松山，南流注伊犁河。又西车集河、齐齐罕河并南流遇沙而伏。又西曰撒玛勒河，曰奎屯河，皆南流达苇荡。又西曰图尔根河，南流达小苇荡。诸水并秽恶不可食，故曰浊浴之水。"　③蕃泽：新疆疏附、阿克陶一带的岳普湖，是长满芦苇的大片水域。　④狸：或作"豹"。　⑤天狗：狗獾，属鼬科食肉动物，性情凶猛。此处指狗图腾。　⑥榴榴：或作"猫猫"，即"喵喵"，猫叫的声音。

【译】

再向西三百里，是阴山，浊浴河发源于此山，向南流注入蕃泽，河水中多产文贝。有一种野兽，形状像狸，白色的头，名叫天狗，叫声像猫叫"喵喵"，可以防御凶祸。

又西二百里，曰符惕之山[①]，其上多棕、楠，下多金、玉，神江疑居之[②]。是山也，多怪雨，风云之所出也。

【注】

①符惕（yáng）之山：即符阳山，今祁连山之一峰。惕，郝懿行《笺疏》以为当作“阳”。　②神江疑：或以为是司风雨之神，疑是其名。

【译】

再向西二百里，是符阳山，山上生长着很多棕树和楠树，山下多铜矿和玉石，有名叫江疑的神居住于此。这座山，常常会莫名其妙地下雨，是风云所出的地方。

又西二百二十里，曰三危之山[①]，三青鸟居之[②]。是山也，广员百里。其上有兽焉，其状如牛，白身四角，其豪如披蓑[③]，其名曰獓狪[④]，是食人。有鸟焉，一首而三身，其状如鶪，其名曰鴟[⑤]。

【注】

①三危之山：三危山，在今甘肃敦煌一带。郭璞《注》引《尚书》云“窜三苗于三危”是也。　②三青鸟：一种神鸟，据郭璞《注》，此鸟“主为西王母取食者，别自栖息于此山也”。《竹书纪年》载：“穆王西征，至于青鸟所解。”应当是鸟图腾氏族。　③蓑：即蓑衣，用以避雨之草衣。　④獓狪（áo yè）：毕沅校作“獒狪”，大概是一种体形高大的犬类，因其凶猛而被古人视为怪兽。郭郛《注证》以为是白牦牛。　⑤鴟：一种似雕的猛禽，古人视之为神鸟。

【译】

再向西二百二十里，是三危山，三青鸟居于此山。这座山方圆百里。山上有一种野兽，形状像牛，浑身白毛，长着四只犄角，身上的毛像披着蓑衣一样，它的名字叫獓狚，能吃人。有一种鸟，一个头三个身子，形状像鹈，名叫鸱。

又西一百九十里，曰騩山①，其上多玉而无石，神耆童居之②，其音常如钟磬。其下多积蛇。

【注】

①騩（guī）山：山名，其地在新疆。吕调阳《传》卷二："騩山，昌吉县南之孟克图岭及其西之呼图必山也，有罗克伦河、呼图必河并北流而会，又西北合南来诸水注额彬格逊池，象騩形，故名呼图必，言有鬼也。"今人郭世谦《山海经考释》认为在今甘肃临夏夏河一带。　②耆童：即老童，据载为帝颛顼之子。《大荒西经》："颛顼生老童，老童生祝融。"

【译】

再向西一百九十里是騩山，山上多玉而没有石头。叫老童的神住在这里，他的声音像是钟磬之声。山下有很多盘屈的蛇。

又西三百五十里，曰天山①，多金、玉，有青雄黄。英水出焉②，而西南流，注于汤谷③。有神焉，其状如黄囊，赤如丹火，六足四翼，浑敦无面目，是识歌舞，实惟帝江也④。

【注】

①天山：山名，其地在今新疆。吕调阳《传》："当西域东西之中，

小裕勒都斯河所出也。”毕沅《新校正》以为在今甘肃张掖西南一带，即祁连山。　②英水：水名，发源于天山。　③汤谷：吕调阳《传》：“大裕勒源鄂敦库尔岭有温泉，准部时石甃犹存。河东流，南受特尔默哈达布拉克水，又受布兰布拉克水，故名汤谷。”郭世谦《考释》认为即《汉书·西羌传》所载之“唐谷”，其地在今青海乐都、民和、永靖县一带，湟水与黄河之间。　④帝江：即帝鸿。《左传·文公十八年》：“昔帝鸿氏有不才子，掩义隐贼，好行凶慝，天下谓之浑沌。……舜臣尧，宾于四门，流四凶族：浑敦、穷奇、梼杌、饕餮，投诸四裔，以御螭魅。”据此可知帝鸿为西方氏族。

【译】

再向西三百五十里是天山。山上多铜矿和玉石，还有青雄黄。英水发源于此山，向西南流注入于汤谷。有一位神灵，外形像黄色的口袋，发出的光像火焰，长着六只脚、两对翅膀，脸上没有五官，但能歌善舞，其实他就是帝江。

又西二百九十里，曰泑山①，神蓐收居之②。其上多婴短之玉③，其阳多瑾瑜之玉，其阴多青雄黄。是山也，西望日之所入，其气员④，神红光之所司也⑤。

【注】

①泑（yōu）山：山名，在天山以西。《文选》李善注《思玄赋》引此作“濛山”。　②神蓐（rù）收：郭璞《注》以为：“亦金神也，人面、虎爪、白尾，执钺，见《外传》云。”即西方之神。　③婴短之玉：江绍原《中国古代旅行之研究》以为是“婴脰之玉”，即可为颈饰之天然

小玉。　④气员：郭璞《注》以为："日形员，故其气象亦然也。"可从。　⑤神红光：郝懿行《笺疏》以为即蓐收。大概古人远观落日，霞光满天，故以为神之名也。

【译】

再向西二百九十里是泑山，西方之神蓐收居于此地。山上有很多可以做为项上饰物的小玉，山的南面有很多质地极美的玉，山的北面有许多青雄黄。这座山，是太阳西落的所在，日落时分霞光万道，是由叫红光的神所掌管。

西水行百里，至于翼望之山[①]，无草木，多金、玉。有兽焉，其状如狸，一目而三尾，名曰讙[②]，其音如集百声[③]，是可以御凶，服之已瘅[④]。有鸟焉，其状如乌，三首六尾而善笑，名曰鵸鵌[⑤]，服之使人不厌[⑥]，又可以御凶。

【注】

①翼望之山：翼望山，或作"土翠山"。吕调阳《传》以为在今新疆吐鲁番境内。因此山"自东视之象仆死者屈臂而垂其首，故曰敦薨。自西视之，又象偃寝者据掌而仰其首，故曰翼望也"。《中次十一经》亦有翼望山。　②讙（huān）：野兽名，或作"原"。　③集百声：郭璞《注》："言其能作百种物声也。"或曰集百为物名，未详何物。或曰为拟声词。当以郭《注》为是。　④瘅：一种疾病，即黄疸。　⑤鵸鵌（qí yú）：一种怪鸟。　⑥不厌（yǎn）：即不做恶梦。厌，通"魇"。

【译】

再沿水路西行一百里，到了翼望山，山上不长草木，但多铜矿和玉石。有一种野兽，外形像狸，一只眼、三条尾，名叫讙，它可以发出各种不同的叫声，它可以防止凶灾，吃了它的肉可以治疗黄疸病。有一种鸟，外形像乌鸦，三个头六条尾，可以像人一样笑，名叫鵸䳜，佩戴它的羽毛可以让人不做恶梦，还可以防止凶祸。

凡《西次三经》之首，崇吾之山至于翼望之山，凡二十三山，六千七百四十四里。其神状皆羊身人面，其祠之礼：用一吉玉瘗①，糈用稷米。

【注】

①玉瘗：指祭祀时以玉加彩色者献祭，以示隆重。

【译】

总计《西次三经》的开首一山崇吾山到最后一山翼望山，共有二十三座山，中间距离共六千七百四十四里。这里山神的样子都是羊身人面，祭山神的礼仪，是用一块吉玉埋祭，献祭的精米用粟米。

西次四经

《西次四经》之首曰阴山①，上多榖，无石，其草多茆蕃②。阴水出焉，西流注于洛。

【注】

①阴山：山名，毕沅《新校正》以为在陕西甘泉县南二十里。　②茆(mǎo)：凫葵。蕃：青蕃，似莎而大。

【译】

《西次四经》的第一座山是阴山，山上有许多榖树，没有石头，生长的草中凫葵和青蕃比较多。阴水发源于阴山，向西流注入洛水。

北五十里，曰劳山[①]，多茈草[②]。弱水出焉[③]，而西流注于洛[④]。

【注】

①劳山：毕沅《新校正》以为："即陕西保安县西九吾山。在阴山之北，吃莫水经其西也。"吴承志《今释》以为："劳山盖今陕西甘泉县野猪峡。"吴说为长。　②茈（zǐ）草：茈通"紫"，一种可做染料的草。　③弱水：毕沅《新校正》以为即"吃莫川也……河不胜船筏。即此经弱水也"。吕调阳《传》言"弱同'溺'。溺水即甘泉，西南流会阴水注洛"。　④洛：洛水。

【译】

向北五十里，是劳山，山上长着许多紫草。弱水发源于劳山，向西流注入洛水。

西五十里，曰罢父之山[①]。洱水出焉[②]，而西流注于洛，其中多茈、碧。

【注】

①罢父之山：罢父山，其地在今陕北延河之南。　②洱水：水名，即陕西甘泉县北野猪峡水。

【译】

向西五十里，是罴父山。洱水出于此山，向西流注入洛水，其中多紫色和绿色的玛瑙。

北百七十里，曰申山[①]，其上多穀、柞，其下多杻、橿，其阳多金、玉。区水出焉[②]，而东流注于河。

【注】

①申山：吕调阳《传》以为其地在今陕西洛川县东五十里。　②区水：或以为即今延河。

【译】

向北一百七十里，是申山，山上生长着很多穀树和柞树，山下则生长着许多杻树和橿树，山南面多铜矿和玉石。区水发源于申山，向东流注入黄河。

北二百里，曰鸟山[①]，其上多桑，其下多楮，其阴多铁，其阳多玉。辱水出焉[②]，而东流注于河。

【注】

①鸟山：吕调阳《传》以为其地在今陕西甘泉县境，即野猪岐山。②辱水：吕调阳《传》以为"浊筋河出其东北，北会延水，东流注河，即辱水也"。

【译】

向北二百里，是鸟山，山上生长着大量的桑树，山下许多楮树，山北面多产铁，山南面多产玉。辱水发源于此山，向东流注入黄河。

又北百二十里，曰上申之山，上无草木，而多硌石[①]，下多榛、楛[②]。兽多白鹿。其鸟多当扈[③]，其状如雉，以其髯飞[④]，食之不眴目[⑤]。汤水出焉[⑥]，东流注于河。

【注】

①硌（luò）石：大石头。郭璞《注》："磊硌，大石貌也。" ②楛（hù）：一种落叶小乔木，又称牡荆，果实似榛子而小。郭璞《注》："榛子似栗而小，味美。楛木可以为箭。《诗》云：'榛楛济济。'" ③当扈：一种鸟，或以为即大鸨。扈字或作"户"。 ④髯：咽下须也。此指鸟颈上的羽毛。 ⑤眴（xuàn）目：即眩目。或以为指眨眼。 ⑥汤水：水名，毕沅《新校正》据《水经注》以为在陕西绥德米脂县境内。

【译】

再向北二十里，是上申山，山上不生草木，而是有很多大石头，山下生长着榛树和楛树。野兽以白鹿较多。鸟则以当户鸟为多，其形状像野鸡，颈下的羽毛可以帮助它飞翔，人吃了它的肉不得眨眼的疾病。汤水发源于此山，向东流注入黄河。

又北百八十里，曰诸次之山[①]，诸次之水出焉，而东流注于河。是山也，多木无草，鸟兽莫居，是多众蛇。

【注】

①诸次之山：诸次山，谭其骧《论》以为其地在陕西榆林县北一带，诸次水出于此山。

【译】

再向北一百八十里，是诸次山，诸次水发源于此，向东流注入于黄河。这座山，树很多不长草，鸟兽不栖于山中，大概是因为山上有很多蛇。

又北百八十里，曰号山[①]，其木多漆[②]、棕，其草多药䕡、芎䓖[③]。多汵石[④]。端水出焉[⑤]，而东流注于河。

【注】

①号山：山名，吕调阳《传》以为其地在陕西安定县西北。　②漆：漆树，落叶乔木，高达20米，有乳汁，可割以为漆原料。　③药䕡（xiāo）：白芷的别名，多年生草本，高可达2.5米，茎粗大，中空。根含当归素、白当归脑等，根叶可入药。芎䓖（xiōng qióng）：一名江蓠，一种香草，可入药，即川芎。苗叶特称蘼芜，也入药。　④汵（gàn）石：一种硅酸盐类矿石，质地松软，可为化工原料。　⑤端水：吕调阳《传》以为即秀延河，在陕西子长县境。

【译】

再向北一百八十里，是号山，山上生长着许多漆树和棕树，还有很多白芷和川芎。很多汵石。端水发源于此山，向东流注入河中。

又北二百二十里，曰盂山[①]，其阴多铁，其阳多铜。其兽多白狼、白虎[②]。其鸟多白雉、白翟[③]。生水出焉，而东流注于河。

【注】

①盂山：山名，毕沅《新校正》校作“孟山”，其地在今陕西靖边县境。　②白虎：虎的变异种。郭璞《注》引《国语·周语》曰：“周穆王伐犬戎，得四白狼、白虎。”　③白翟：即白雉，雉鸡的变异种，或

作“白翠”。

【译】

再向北二百二十里叫孟山，山北面富有铁矿，山南面富有铜矿，野兽中以白狼、白虎为多，鸟类以白雉、白翟为多。生水源于此山，向东流注入河中。

西二百五十里，曰白於之山①，上多松、柏，下多栎②、檀。其兽多㸲牛、羬羊，其鸟多鸮③。洛水出于其阳，而东流注于渭。夹水出于其阴④，东流注于生水。

【注】

①白於之山：白於山，其地在号山以西二百五十里附近陕甘交界处。②栎：即柞树。 ③鸮：即猫头鹰，郭璞谓似鸠而青色。 ④夹水：即靖边水，今称红柳河。

【译】

向西二百五十里叫白於山，山上多长松树和柏树，山下多长栎树和檀树，野兽以㸲牛和羬羊为多，禽鸟则多见猫头鹰。洛水发源于白於山南面，向东流注入渭水。夹水发源于白於山北面，向东流注入生水。

西北三百里，曰申首之山①，无草木，冬、夏有雪。申水出于其上，潜于其下。是多白玉。

【注】

①申首之山：申首山，其地在宁夏盐池县西北，或以为即六盘山东虎头山。

【译】

向西北三百里叫申首山，山上不生草木，终年积雪。申水发源于山上，潜流于其下，这里多白玉。

又西五十五里，曰泾谷之山[①]，泾水出焉[②]，东南流，注于渭。是多白金、白玉。

【注】

①泾谷之山：郭璞《注》谓或无“之山”二字。泾谷山，谭其骧《论》以为在今甘肃天水东南，即六盘山。　②泾水：即泾河。

【译】

再向西五十五里叫泾谷山，泾水源于此山，向东南流，注入渭河。这里多银矿、白玉。

又西百二十里，曰刚山[①]，多柒木，多㻬琈之玉。刚水出焉，北流注于渭。是多神[②]，其状人面兽身，一足一手，其音如钦[③]。

【注】

①刚山：吕调阳《传》卷二谓“刚山在庆阳府铁边城西北”。或以为即今甘肃天水麦积山。　②神（chī）：郭璞以为“亦魑魅之类也”。郝懿行《笺疏》以为即“魑”，一种神兽。也有的学者以为是图腾。　③钦：“吟”字假音。

【译】

再向西一百二十里，是刚山，山上多生长漆树，有很多美玉。刚水发源于刚山，向北流注入渭水。这里栖居着许多叫“䰠”的神兽，它的外形是人面兽身，一脚一手，叫声像人的吟唱。

又西二百里，至刚山之尾，洛水出焉[①]，而北流注于河。其中多蛮蛮，其状鼠身而鳖首，其音如吠犬。

【注】

①洛水：郭世谦《考释》以为是祖厉河，水出今甘肃会宁县南，北流至靖远县入河。

【译】

再向西二百里，到刚山的余脉，洛水发源于此，向北流注入于河。水中有很多叫蛮蛮的水族，它的形状是老鼠的身子鳖的头，叫起来像狗吠。

又西三百五十里，曰英鞮之山[①]，上多漆木，下多金、玉。鸟兽尽白[②]。涴水出焉[③]，而北注于陵羊之泽[④]。是多冉遗之鱼[⑤]，鱼身、蛇首、六足，其目如马耳，食之使人不眯，可以御凶。

【注】

①英鞮（dī）之山：英鞮山，吕调阳《传》校作“英提之山”，谓：“山在固原州南张义堡，首山之北峰也。清水河数源合北流，象提物屈中两指之状，故曰英提，曰涴。英，央也；宛，曲也。” ②尽白：全是白色的。 ③涴（yuān）水：水名，毕沅校作“溛”。依吕调阳《传》，则此水在宁夏固原。郭世谦《考释》以为即甘肃榆中县境之宛川河。 ④陵羊之泽：泽名，或以为即兰州以东黄河桑园峡一带。 ⑤冉遗之

鱼：四足蝾螈科的一种蝾螈，冉与蝾、遗与螈均读音相近，盖口耳相传，所记有异也。

【译】

再向西三百五十里叫英鞮山，山上多漆树，山下多铜矿和玉石。这里的鸟和兽都是白色的。涴水发源于此山，而向北流注入于陵羊之泽中。泽中有很多冉遗鱼，鱼身、蛇头、六足，它的眼像马耳朵，人吃了可以睡觉时避免做恶梦，可以抵御凶灾。

又西三百里，曰中曲之山①，其阳多玉，其阴多雄黄、白玉及金。有兽焉，其状如马而白身黑尾，一角，虎牙爪，音如鼓，其名曰驳②，是食虎、豹，可以御兵③。有木焉，其状如棠而员叶赤实，实大如木瓜，名曰櫰木④，食之多力⑤。

【注】

①中曲之山：中曲山，毕沅《新校正》以为在甘肃天水、陇南附近。　②驳：一种猛兽。《尔雅》说驳不道，有角及虎爪。驳亦在畏兽画中。　③御兵：郭璞《注》谓："养之御兵刃也。"　④櫰（huái）木：一种乔木，即槐树。　⑤食之多力：人吃了力气大。郭璞《注》："《尸子》曰：'木食之人，多为仁者，名为若木。'此之类。"

【译】

再向西三百里是中曲山，山的南面多产玉，北面多雄黄、玉石和铜矿。有一种野兽，形如马而身白尾黑，有一只犄角，牙齿和爪像老虎，叫声像鼓一样，它的名字叫驳，它可以捕食虎豹，以之为坐骑可以避开刀兵。有一种树，形状像杜梨而长着椭圆形的叶子，种子是红的，果实似木瓜而小一些，名叫槐树，人吃了它身体健壮有力。

又西二百六十里，曰邽山①。其上有兽焉，其状如牛，蝟毛，名曰穷奇②；音如獆狗，是食人。濛水出焉③，南流注于洋水，其中多黄贝④、蠃鱼⑤；鱼身而鸟翼，音如鸳鸯，见则其邑大水。

【注】

①邽（guī）山：山名，毕沅《新校正》以为在甘肃天水境，即今卦台山。 ②穷奇：一种恶兽，或以为是图腾。郭璞《注》谓："或云似虎，蝟毛，有翼。《铭》曰：'穷奇之兽，厥形甚丑。驰逐妖邪，莫不奔走。是以一名，号曰神狗。'" ③濛水：水名，在甘肃天水西南，俗曰来谷水。 ④黄贝：即骨螺，属腹足纲，骨螺科。郭璞《注》："甲虫，肉如科斗，但有头尾耳。" ⑤蠃（luǒ）鱼：裸鲤，鳍有力，能跳出水面。分布于甘肃、陕西、宁夏。

【译】

再向西二百六十里叫邽山。山上有一种野兽，它的外形像牛，毛坚如蝟，名叫穷奇；叫声如獆狗，它会攻击人。濛水发源于此山，向南流注入洋水，水中多产黄贝、裸鲤；长着鱼的身体、鸟的翅膀，叫声如鸳鸯。它出现的地方，一定会有大水。

又西二百二十里，曰鸟鼠同穴之山①，其上多白虎、白玉。渭水出焉，而东流注于河。其中多鳋鱼②，其状如鳣鱼[3]，动则其邑有大兵[4]。滥水出于其西[5]，西流注于汉水，多䰽魮之鱼[6]，其状如覆铫[7]，鸟首而鱼翼鱼尾，音如磬石之声，是生珠玉。

【注】

①鸟鼠同穴之山：据郭璞《注》，此山在今甘肃定西市西南，山有鸟鼠同穴，鸟名曰鵌，鼠名曰鼵。鼵如家鼠而短尾，鵌似燕而黄色，穿地入数尺，鼠在内，鸟在外，而共处。孔氏《尚书传》曰："共为雌雄。"《张氏地理记》云："不为牝牡也。" ②鳋（sāo）鱼：郭郛《注证》以为即达氏鲟，体呈梭形，吻尖长，体长四至五米，与中华鲟相似。 ③鳣（zhān）鱼：一种大鱼，口在领下，体有连甲也。或作"鲇鲤"。 ④此句或脱，无"动则"以下语者。 ⑤滥水：洮河支流北陇水。 ⑥䰽魮（pí）之鱼：郭郛《注证》以为即钝吻鲟，是一种生活于淡水的鱼类。 ⑦覆铫（diào）：倒立的壶。

【译】

再向西二百二十里，是鸟鼠同穴山，山上有很多白虎和白玉；渭水发源于此山，向东流注入于黄河；渭水中有很多达氏鲟，形状像鳣鱼。滥水发源于山的西面，向西流注入汉水。水中多钝吻鲟，它的形状像倒立的壶，长着鸟头鱼翼鱼尾，叫声如击磬之声，能产出乳白透明的珠玉。

西南三百六十里，曰崦嵫之山[1]，其上多丹木，其叶如榖，其实大如瓜，赤符而黑理，食之已瘅，可以御火。其阳多龟，其阴多玉。苕水出焉[2]，而西流注于海[3]，其中多砥砺[4]。有兽焉，其状马身而鸟翼，人面蛇尾，是好举人[5]，名曰孰湖。有鸟焉，其状如鸮而人面、蜼身[⑥]、犬尾，其名自号也[⑦]，见则其邑大旱。

【注】

①崦嵫（yān zī）之山：崦嵫山，神话中太阳所入之山，依方位推测，当在今青海境。见《离骚》。　②苕水：水名，“苕”或作“若”。　③海：大水，或以为即青海湖。郭璞《注》引《禹大传》曰：“洧盘之水出崦嵫山。”　④砥砺：磨石，精者为砥，粗者为砺也。　⑤好举人：喜欢把人抱举起来。　⑥蜼（wèi）：猕猴的一种。⑦自号：自己叫自己。郭璞谓号或作“设”，设亦呼耳。疑此脱误。

【译】

向西南三百六十里叫崦嵫山，山上生长许多丹木，叶子如榖树，果实大小像瓜，赤萼黑纹，吃了可以治疗瘅病，又可以提醒人们防火。山的南面多龟，北面多玉石。苕水发源于此山，向西流注入于海，其中多硬石。有一种野兽，它的形状是马身鸟翼，人面蛇尾，它喜欢抱着举起人，名叫孰湖。有一种鸟，它的形状像猫头鹰而人面、猴身、狗尾，它的叫声好像在叫它的名字，只要它出现，所在之邑就会发生旱灾。

凡《西次四经》自阴山以下至于崦嵫之山，凡十九山，三千六百八十里。其神祠礼：皆用一白鸡祈，糈以稻米，白菅为席。

【译】

统观《西次四经》所载自阴山以下至于崦嵫山，共十九座山，其间距离三千六百八十里。这里的山神祭祀礼仪：祭品都是用一只白色的鸡来祈祷，精米用稻米，以白茅为垫席。

右西经之山，凡七十七山，一万七千五百一十七里。

【译】

右西经之山，共有七十七座，距离一万七千五百一十七里。

卷三　北山经

北山经之首

《北山经》之首，曰单狐之山[①]，多机木[②]，其上多华草，逢水出焉[③]，而西流注于泑水，其中多茈石、文石[④]。

【注】

①单狐之山：单狐山。郝懿行《笺疏》据《玉篇》《广韵》所引校为“嵲孤山”。吕调阳《传》曰：“单狐之山即《三经》所云发丸之山，在教山北并中条枝阜，教水出其阳，西南流，沙渠水出其阴，西北会涑水，亦西南流，并注栎泽。合两水视之，象弹者摄丸之形，故曰发丸。北受栎水象狐首，此水象狐鸣，故曰单狐。单，鸣也。”吴承志《今释》称单狐山在“今新疆哈喇沙尔厅（今新疆焉耆）西北”。谭其骧《论》谓单孤山即今宁夏、内蒙交界贺兰山之一部分。　②机木：一种树，属桦木科，郭璞《注》以为“似榆，可烧以粪稻田，出蜀中”。袁珂以为即桤木。郭郛《注证》谓其为落叶乔木，树高达6—9米，木质柔软，可以镜框等用。　③逢（féng）水：水名，发源于单狐山。　④茈（zǐ）

石：即紫石，是一种含铜的矿石，紫色，故古人称之为紫石。茈，本作“芘”。郝懿行《笺疏》谓作“芘”误，《中次六经》云娄涿之山陂水“其中多茈石、文石”，正与此条同。《盐铁论》：“周人以茈石。”文石：有花纹的石头，也是矿石。《石雅》以为文石或为玛瑙，或为大理石，或为麻石。因有花纹而得此称。

【译】

《北山经》的第一座山叫单狐山，山上长着很多机树，还有很多花草，逢水发源于此山，向西流注入泑水中，水中盛产紫石和文石。

又北二百五十里，曰求如之山①，其上多铜，其下多玉。无草木。滑水出焉②，而西流注于诸毗之水③。其中多滑鱼，其状如鳝④，赤背，其音如梧⑤，食之已疣⑥；其中多水马⑦，其状如马，文臂⑧，牛尾，其音如呼⑨。

【注】

①求如之山：求如山，谭其骧《论》以为当在河套之北。依方位推测，此下“又北”当作“又东”。吕调阳《传》曰：“浍水自翼城南六源合北流屈而西，东二源西流经翼城南北来会，象扰取者曲其掌，故山曰求如。求，救也。”以为其地在山西。吴承志《今释》称在“今新疆哈喇沙尔厅（今新疆焉耆）西北”。　②滑水：水名，发源于诸毗山。　③诸毗之水：水名，吕调阳《传》以为“其正流西注汾，汾自泰泽以南谓之诸毗之水也”。如依吴承志，则此水在今新疆伊犁境。　④鳝：即鳝鱼，一种形状像蛇一样的鱼，俗名黄鳝。　⑤其音如梧：如人支支吾吾之声。　⑥疣：一种皮肤病，附着在皮肤上的

赘瘤。　⑦水马：郭郛《注证》以为是水边生活的野马或大型水鹿。能游泳，善奔跑，行动机敏，故称之为水马。　⑧文臂：有花纹的前脚，郭璞《注》："臂，前脚也，《周礼》曰：'马黑脊而斑臂，膢。'西汉武帝元狩四年，敦煌渥洼水出马，以为灵瑞者，即此类也。"　⑨如呼：（叫声）如人呼喊。

【译】

向北再行二百五十里，是求如山，山上蕴藏着丰富的铜矿，山下有丰富的玉石，但不生草木。滑水发源于此山，然后向西流入诸毗水。水中有很多滑鱼，形状像鳝鱼，背是红色的，叫声像是人在支吾低语，人吃了它的肉可以消除赘瘤。滑水里又多产水马，形状像马，却是花臂膊，长着和牛一样的尾巴，发出的声音像人呼喊。

又北三百里，曰带山①，其上多玉，其下多青碧。有兽焉，其状如马，一角有错②，其名曰䑏疏③，可以辟火。有鸟焉，其状如乌，五采而赤文，名曰䳡䳘④，是自为牝牡，食之不疽⑤。彭水出焉，而西流注于芘湖之水，其中多儵鱼⑥，其状如鸡而赤毛，三尾六足四首，其音如鹊，食之可以已忧。

【注】

①带山：一说在今山西永济一带，一说以为在今新疆境。　②错：言角有甲错也。郝懿行《笺疏》以"错"当或作"厝"。这里是说角上有棱角，如磨石。　③䑏（huān）疏：郭郛《注证》认为这是一种野马，或是牛科的大角羚。　④䳡䳘：已见于《西次三经》"翼望之山"条，

郭郛《注证》以为指红尾锥。这种鸟雌雄差别不大，不易分清，故见之者以为雌雄同体。　⑤不疽（jū）：不生痈疽病。疽，一种皮下化脓的炎症。　⑥儵（tiáo）鱼：郝懿行《笺疏》、袁珂《校注》均校为“儵（鲦）”。郭郛《注证》以为不是鱼，是鹨的一种，又称为条鸡。

【译】

向北再有三百里，是带山，山上多玉石，山下多青石碧玉。这座山中有一种野兽，形状像马，头生一只角且角上有甲错，名叫臛疏，它可以防御火灾。这山中还有一种鸟，形状像乌鸦，身上长着有红色斑纹的五彩羽毛，名叫鹌鹑，这种鸟集雌雄于一身，人吃了它的肉不患痈疽。彭水发源于这座山，然后向西流入芘湖水，水中有很多鲦鱼，外形像鸡却长着红色的羽毛及三条尾巴，它有六只脚、四个脑袋，叫起来声音和喜鹊相似，人吃了它的肉可以忘记忧愁。

又北四百里，曰谯明之山①。谯水出焉，西流注于河。其中多何罗之鱼②，一首而十身，其音如吠犬，食之已痈。有兽焉，其状如貆而赤豪③，其音如榴榴，名曰孟槐，可以御凶④。是山也，无草木，多青雄黄⑤。

【注】

①谯（qiáo）明之山：谯明山，或作霄明山，在山西临猗。谭其骧《论》以为即今内蒙河套卓资山之一部分。　②何罗之鱼：郭郛《注证》以为即胡子鲇，口须四对，体黑褐色，背鳍延长，无鳞，栖于河底的杂食性鱼类。　③貆（huán）：豪猪。　④御凶：避邪气。郭璞《注》谓“辟凶邪气也，亦在畏兽画中也”。　⑤“多青”句：一本作“多青碧”。

【译】

再向北四百里，是谯明山。谯水发源于此山，向西流入黄河。水中有很多何罗鱼，（四对胡须在水中飘动，）活似一个脑袋长着十个身子，叫声像狗吠，人吃了它的肉可以治愈毒疮。这座山中有一种野兽，外形像豪猪却长着红色的豪毛，叫声像是用辘轳抽水的声音，名字叫孟槐，饲养它可使人避开凶邪之气。这座谯明山，没有花草树木，到处是石青和雄黄。

又北三百五十里，曰涿光之山①。嚣水出焉②，而西流注于河。其中多鳛鳛之鱼③，其状如鹊而十翼，鳞皆在羽端；其音如鹊，可以御火，食之不瘅。其上多松、柏，其下多棕、橿，其兽多羚羊，其鸟多蕃④。

【注】

①涿光之山：涿光山，谭其骧《论》据此山所出之水西流注入河水，以为涿光山应为内蒙河套地区卓资山之一部分。　②嚣水：由涿光山流向黄河的山溪水。　③鳛（xí）鳛之鱼：泥鳅，鱼纲，鳅科。体长，亚圆筒形，长约15厘米左右，黄褐色，具不规则黑斑，口小，下位，有口须5对。广泛分布于各地淡水中。　④蕃：猫头鹰。郝懿行《笺疏》注谓通“繁”，即鸮，《楚辞·天问》“繁鸟萃棘”，王逸注：“有鸮萃止”。

【译】

再向北三百五十里，是涿光山。嚣水发源于此山，然后向西流汇入黄河。水中有很多鳛鳛鱼，外形像喜鹊但长着十只翅膀（口须），鳞甲全长在羽翅的尖端，叫起来和喜鹊相似，人饲养它可以避火，吃了它的肉可以预防黄疸病。山上到处长着松树和柏树，而山下多棕树和橿树，山中的野兽以羚羊为多，而所产鸟类多是鸮鸟。

又北三百八十里，曰虢山[①]，其上多漆，其下多桐、椐，其阳多玉，其阴多铁。伊水出焉[②]，西流注于河。其兽多橐驼[③]，其鸟多寓，状如鼠而鸟翼，其音如羊，可以御兵。

【注】

①虢（guó）山：山名，其地在今内蒙河套以北一带。　②伊水：水名，发源于虢山，向西流汇入黄河。　③橐驼：即骆驼。郭璞《注》："有肉鞍，善行流沙中。日行三百里，其负千斤，知水泉所在也。"

【译】

再向北三百八十里，是虢山，山上有茂密的漆树林，山下则多生梧桐树和椐树。山南面多玉石，山北面多铁矿。伊水从这座山发源，向西流入黄河。山中的野兽以骆驼最多，而禽鸟大多是蝙蝠之类的寓鸟，形状如老鼠却长着鸟一样的翅膀，声音像羊叫，人饲养它可以避兵灾。

又北四百里，至于虢山之尾[①]，其上多玉而无石。鱼水出焉[②]，西流注于河，其中多文贝。

【注】

①虢山之尾：虢山的余脉。　②鱼水：水名，发源于虢山。

【译】

再向北四百里，就到了虢山的末尾，山上多产玉而没有其他石头。鱼水发源于此处，向西流汇入河水之中，水中多见文贝。

又北二百里，曰丹熏之山[①]，其上多樗、柏，其草多韭薤[②]，多丹雘。熏水出焉，而西流注于棠水[③]。有兽焉，其状如鼠，而兔首麋身，其音如獆犬[④]，以其尾飞，名曰耳鼠，食之不睬[⑤]，又可以御百毒。

【注】

①丹熏之山：丹熏山，其地所在有异说，有说远至今吉尔吉斯者，有说在今新疆境内者，有说在内蒙古河套地区者。　②韭薤（xiè）：一种野菜。郭璞《注》谓“皆山菜，《尔雅》有其名”。　③棠水：水名，谭其骧《论》以为在内蒙境内，黄河的支流。　④獆（háo）犬：獒，一种大型犬，叫声很凶猛。　⑤睬（cǎi）：一种腹部肿胀的病。郭璞《注》：“大腹也，见《裨苍》。”

【译】

再向北二百里，叫作丹熏山，山上多生长樗树与柏树，其上的植物多见韭薤这种野菜，还有许多红色的颜料石。熏水发源于此，向西流汇入棠水之中。有一种野兽，它的外形像老鼠却是兔头麋耳，叫起来像獒犬，这种兽用它的尾飞翔，名字叫大耳飞鼠，人吃了可以预防大腹病，还可以抵御百毒。

又北二百八十里，曰石者之山[①]，其上无草木，多瑶碧。泚水出焉，西流注于河。有兽焉，其状如豹，而文题白身[②]，名曰孟极，是善伏，其鸣自呼。

【注】

①石者之山：石者山，毕沅《新校正》谓“《史记正义》云《山海经》

紫渊水出根耆之山，西流注河。今《经》无此山，疑‘石者’‘者’字与‘耆’相近，‘紫渊’即‘泚水’，当即此也”。其说可从。　②题：额头。白身：浑身白色，指长着白毛。

【译】

再向北二百八十里，是石者山，山上不生草木，多产瑶碧。紫水发源于此山，向西流汇入河中。有一种野兽，它的外形像豹子，但额头上有花纹且浑身长着白毛，名叫孟极，这种豹特别擅长伏击，它的叫声是呼自己的名字。

又北百一十里，曰边春之山[①]，多葱[②]、葵、韭、桃、李[③]。杠水出焉，而西流注于泑泽。有兽焉，其状如禺而文身，善笑，见人则卧[④]，名曰幽鴳[⑤]，其鸣自呼。

【注】

①边春之山：边春山，郭璞《注》谓或作“春山”，亦见于《穆天子传》。毕沅《新校正》以为即葱岭。叶舒宪以为“这多葱的边春之山就是葱岭，就是上古人心目中的世界屋脊”(《山海经的文化寻踪》)。②葱：山葱，名茖，大叶。郝懿行《尔雅义疏》谓山葱“旋摘旋生，食之不尽，其味甘而不辛，冬亦不枯。《管子》所谓‘伐山戎，出戎菽及冬葱’，即此”。　③桃：郭璞《注》谓：“山桃，榹桃，子小，不解核也。”　④卧：睡觉，此指佯眠。　⑤幽鴳(è)：与下一条经文中的足訾一样，均为猕猴的一种，如红面短尾猴、华南猴。

【译】

再向北一百一十里，是边春山，山上多生长山葱、野葵、韭、山桃、李树。杠水发源于此山，向西流汇入泑泽。有一种野兽，它的外形像禺而身上有花纹，很会笑，看见人就假装睡着了，名字叫幽鴳，它的叫声是喊自己的名字。

又北二百里，曰蔓联之山[①]，其上无草木。有兽焉，其状如禺而有鬣，牛尾、文臂、马蹄，见人则呼，名曰足訾，其鸣自呼。有鸟焉，群居而朋飞[②]，其毛如雌雉，名曰白䴔[③]，其名自呼，食之已风。

【注】

①蔓（wàn）联之山：蔓联山，其地当在今内蒙河套地区。　②朋飞：成群结队地飞。　③白䴔（jiāo）：一种鸟，又名䴔鶄。旧本无“白”字，据毕沅《新校正》补。

【译】

再向北二百里，是蔓联山，山上不生草木。山中有一种野兽，形状像母猴却长着鬣毛，还有牛一样的尾巴、长满花纹的前肢、马一样的蹄子，一看见人就呼叫，名叫足訾，它叫的声音便是自身名称的读音。山中还有一种禽鸟，成群栖息而结队飞行，尾巴与雌野鸡相似，名叫䴔鶄。它叫的声音像是叫自己的名字“䴔鶄”，人吃了它的肉就能治好麻痹病。

又北百八十里，曰单张之山[①]，其上无草木。有兽焉，其状如豹而长尾，人首而牛耳，一目，名曰诸犍[②]，善吒，行则衔其尾，居则蟠其尾。有鸟焉，其状如雉，而文首、白翼、黄足，名曰白鵺[③]，食之已嗌痛[④]，可以已痸[⑤]。栎水出焉，而南流注于杠水。

【注】

①单张之山：单张山，山形似弓，故称。吕调阳《传》卷三："张，义同'长'。张者，弦弓也。长，木工垂墨举左掌也。野狐泉三水合南流象之，故山得名。" ②诸犍：豹子的一种。郭郛《注证》认为是豹的东北亚种，此处或指豹图腾。 ③白鵺（yè）：一种鸟，郭郛《注证》以为即雪雉。 ④嗌（yì）痛：咽喉疼痛。郭璞《注》："《穀梁传》曰：'嗌不容粒。'今吴人呼咽为嗌。" ⑤痸（chì）：痴呆病。郭璞《注》谓"痴病也"。

【译】

再向北一百八十里，是单张山，山上不生草木。有一种野兽，形状像豹子有长尾巴，它有人的脑袋却生着牛耳朵，一只眼睛，名叫诸犍。它喜欢吼叫，行走时用嘴衔着尾巴，休息时就将尾巴盘蜷起来。山中有一种禽鸟，形状像野鸡却长着带花纹的脑袋，白色的翅膀，黄色的脚，名叫白鵺，人吃了它的肉可治好咽喉疼痛的病，还可以治愈痴呆病。栎水从这座山发源，然后向南流入杠水。

又北三百二十里，曰灌题之山[①]，其上多樗、柘，其下多流沙，多砥。有兽焉，其状如牛而白尾，其音如叫[②]，名曰那父[③]。有鸟焉，其状如雌雉而人面，见人则跃，名曰竦斯[④]，其鸣自呼也。匠韩之水出焉[⑤]，而西流注于泑泽，其中多磁石[⑥]。

【注】

①灌题之山：灌题山，又称北高山。吕调阳《传》卷三："浍水北流西屈象题，东源出翼城东三十余里中卫镇北高山，西流注之当其屈处，故曰题灌，因以名山也。" ②如叫（jiào）：如人呼叫声。 ③那父：黄牛的一种。郭郛《注证》以为是黄牛的北方品种。 ④竦斯：石鸡。 ⑤匠韩之水：匠韩河。吕调阳《传》卷三："浍交象斫木之柿，故曰匠。东源象桔槔之摇，故曰韩。"柿，削斫的木片；韩，原义为水井周围的围栏。 ⑥磁石：即磁铁石，可以取铁。郭璞《注》引《管子》曰："山上有磁石者，下必有铜。"

【译】

再向北三百二十里，是灌题山，山上生着茂密的椿树和柘树，山下多流沙，还有许多磨刀石。山里有一种野兽，形状像牛却长着白色的尾巴，叫的声音如同人在高声呼唤，名叫那父。山中有一种禽鸟，形状像雌性野鸡却生着人脸，见人就跳跃，名叫竦斯，它叫起来像是"那父"。匠韩水从这座山发源，然后向西流汇入泑泽，水中有很多磁铁石。

又北二百里，曰潘侯之山①，其上多松、柏，其下多榛、楛，其阳多玉，其阴多铁。有兽焉，其状如牛，而四节生毛，名曰旄牛②。边水出焉③，而南流注于栎泽④。

【注】

①潘侯之山：潘侯山，在今山西境。吕调阳《传》卷三："潘，潘也，淅米以掌摩挲之也。山在边春西北，当求如水之下，故曰潘。潘侯如云成侯，古潘国所在也。《春秋传》晋有潘父，盖食邑于潘也。" ②旄牛：

即牦牛，多产于西北地区。郭璞《注》谓“今旄牛背、膝及胡尾皆有长毛”。　③边水：边河，发源于潘侯山。　④栎泽：水泽名，由边水所注而成。

【译】

再向北二百里，是潘侯山，山上是茂密的松树和柏树，山下是茂密的榛树和楛树，山南阳面蕴藏着丰富的玉石，山北阴面蕴藏着丰富的铁矿。山中有一种野兽，形状像一般的牛，但四肢关节上都有长长的毛，名称是牦牛。边水从这座山发源，然后向南流入栎泽。

又北二百三十里，曰小咸之山[①]，无草木，冬、夏有雪。

【注】

①小咸之山：小咸山，终年积雪，不生草木。谭其骧《论》以为即今大同、阳高二县界的采凉山。吕调阳《传》卷三：“山盖葫芦泉所出，在岚县西北。”

【译】

再向北二百三十里，是小咸山，没有花草树木，冬天和夏天都有积雪。

北二百八十里，曰大咸之山[①]，无草木，其下多玉。是山也四方，不可以上。有蛇，名曰长蛇[②]，其毛如彘豪，其音如鼓柝[③]。

【注】

①大咸之山：大咸山，离小咸山不远，当属同一山系。吕调阳《传》

卷三："今岚县南七十余里有石楼山，山之西曰方山镇，盖即大咸之山。" ②长蛇：蟒蛇。 ③柝（tuò）：像敲击梆子的声音。

【译】

再向北二百八十里，是大咸山，没有花草树木，山下多玉石。这座大咸山，呈现四方形，人不能攀登上去。山中有一种蛇叫做长蛇，身上的毛与猪脖子上的硬毛相似，发出的声音像是人在敲击木梆子。

又北三百二十里，曰敦薨之山[①]，其上多棕、楠，其下多茈草。敦薨之水出焉，而西流注于泑泽。出于昆仑之东北隅，实惟河原[②]。其中多赤鲑[③]。其兽多兕、旄牛[④]，其鸟多鸤鸠。

【注】

①敦薨之山：敦薨山，在内蒙古河套一带。吕调阳《传》卷二："亦昆仑西也。以大形言之，则在东北。敦薨之水即黑水，注泽象死人顿伏形。《书》言导黑水至于三危，入于南海，盖重源再发于卫藏之喀喇乌苏，流为梁州之黑水，是与济溢为荥、汉漾为潜、汾出东西皆脉水而知之，非臆度也。黑水亦名河者，重源远出，同为呵之义也。" ②河原：黄河的源头。 ③赤鲑（guī）：红色的鲑鱼。郭璞《注》："今名鯸鲐为鲑鱼。" ④旄牛：即牦牛，耐高寒，被称为"高原之舟"。或作"朴牛"。

【译】

再向北三百二十里，是敦薨山，山上长着茂密的棕树和楠木，山下是大片的紫草。敦薨水发源于此山，然后向西流汇入泑泽。泑泽位于昆仑山的东北角，这里就是黄河的源头。水中有很多赤鲑。那里的野兽以犀牛、牦牛最多，而禽鸟大多是布谷鸟。

又北二百里，曰少咸之山①，无草木，多青碧。有兽焉，其状如牛而赤身，人面马足，名曰窫窳②，其音如婴儿，是食人。敦水出焉，东流注于雁门之水③，其中多𩶘𩶘之鱼④，食之杀人。

【注】

①少咸之山：少咸山，其所在有异说。吕调阳《传》卷三："山盖葫芦泉所出，在岚县西北。"谭其骧《论》以为即今山西大同、阳高二县界上之采凉山。　②窫窳（yà yǔ）：传说中食人的怪兽，或以为是图腾。《尔雅》云："窫窳似貙，虎爪，食人，迅走。"《海内西经》："窫窳者，蛇身人面，贰负神所杀也。"又见《淮南子·本经训》。　③雁门之水：雁门河。郭璞《注》谓水出雁门山间。　④𩶘（bèi）𩶘之鱼：一种有毒的鱼。或以为即河豚。

【译】

再向北二百里，是少咸山，山上不生草木，到处是青石碧玉。这山中有一种野兽，外形像普通的牛，身子却长着红色的毛，面孔似人，蹄子似马，名叫窫窳，它叫时发出的声音如婴儿的啼哭，吃人。敦水发源于此山，向东流汇入雁门水，水中生长着很多河豚，它的肉有毒，人吃了会中毒而死。

又北二百里，曰狱法之山①，瀤泽之水出焉②，而东北流，注于泰泽③。其中多鱳鱼④，其状如鲤而鸡足，食之已疣。有兽焉，其状如犬而人面，善投，见人则笑，其名山狎⑤，其行如风，见则天下大风。

【注】

①狱法之山：狱法山，在今山西省境。吕调阳《传》卷三曰："狱法，今平山也。在平阳府治临汾县西南八里，平水出而东北流至城西五里，潴为平湖。"谭其骧《论》以为"当指凉城东南标高2，046的那座山"。　②瀤（huái）泽之水：吕调阳《传》卷三："汾水枝津入焉，溢而西南入襄陵县界，分为数渠下流，经城北及城西，东入于汾，即此经瀤泽之水，东北注泰泽者也。瀤泽以泽名水，即泰泽也。"　③泰泽：河名，系汾水支流。谭其骧《论》认为"可能即今内蒙凉城县东之岱海，也可能是察哈尔右翼前旗的黄旗海（旧作奇尔泊，一名苏木海子）"。　④鱳（zǎo）鱼：一种半鳞半鸟的怪鱼，形似鲤鱼，却长着鸡脚。　⑤山狎（huī）：长臂猿。

【译】

再向北二百里，是狱法山。瀤泽水从这座山发源，然后向东北流入泰泽。水中生长着很多鱳鱼，形状像鲤鱼却长着鸡一样的爪子，人吃了它的肉就能治好赘瘤病。山中还有一种野兽，形状像狗却长着人的面孔，擅长投掷，一看见人就嘻笑，名叫山狎，它走起来迅疾如风，一出现天下就会起大风。

又北二百里，曰北岳之山①，多枳、棘、刚木②。有兽焉，其状如牛而四角，人目彘耳，其名曰诸怀，其音如鸣雁，是食人。诸怀之水出焉，而西流注于嚣水，其中多鮨鱼[3]，鱼身而犬首，其音如婴儿，食之已狂[4]。

【注】

①北岳之山：毕沅《新校正》以为即恒山。吕调阳《传》卷三："太岳山也。在赵城县东北五十里，亦曰霍太山，盖古之北岳。" ②刚木：檀、柘一类木质坚硬的树。 ③鮨（yì）鱼：一种淡水鱼。郭璞《注》谓："今海中有虎鹿鱼及海豨，体皆如鱼而头似虎、鹿、猪，此其类也。"不确。 ④已狂：治疗癫狂病。

【译】

再向北二百里是北岳恒山，山上到处是枳树、酸枣树和檀、柘。山中有一种野兽，形状像牛，却长着四只角、人眼睛、猪耳朵，名叫诸怀，发出的叫声像大雁鸣叫，这种野兽能伤害人。诸怀水由此山发源，向西流汇入嚣水，水中有很多鮨鱼，长着鱼的身子、狗的脑袋，发出的声音像婴儿啼哭，人吃了它的肉能治愈癫狂病。

又北百八十里，曰浑夕之山[1]，无草木，多铜、玉。嚣水出焉，而西北流，注于海。有蛇一首两身，名曰肥遗[2]，见则其国大旱。

【注】

①浑夕之山：浑夕山。吕调阳《传》校作"浑多之山"，《传》卷三："浑多，以水名山，言浮沤流转也。"谭其骧《论》以为即内蒙古武川县北耗赖山。 ②肥遗：水蛇。郭璞《注》引《管子》曰："涸水之精，名曰蚣，一头而两身，其状如蛇，长八尺。以其名呼之，可使取鱼龟。"亦此类。或以为是图腾。

【译】

再向北一百八十里，是浑夕山，山上没有花草树木，多铜矿和玉石。嚣水从这座山发源，然后向西北流入大海。这里有一种长着一个头两个身子的蛇，名为肥遗，在哪出现该地就会发生大旱灾。

又北五十里，曰北单之山①，无草木，多葱、韭。

【注】

①北单之山：北单山，在今内蒙古一带。吕调阳以为在山西汾水流域。《传》卷三："鼓堆泉水出其上。清浊二源，一南流，一北流，并东折而合，南注于汾，象张口形。"

【译】

再向北五十里，是北单山，山上不生长草木，生长着茂密的野葱和野韭菜。

又北百里，曰罴差之山①，无草木，多马②。

【注】

①罴差之山：罴差山，其地在今山西、内蒙古一带。吕调阳《传》卷三曰："牧马堡在大同府西北，西临长城，曰马市楼口，即罴差之山也。"谭其骧《论》以为"大致亦当在今内蒙乌兰察布盟东南部一带"。　②马：野马。郭璞《注》谓"野马也，似马而小"。野马很早因被驯化而绝少见，由此可见此记载之年代很早。

【译】

再向北一百里，是罴差山，没有草木，有很多野马。

又北百八十里，曰北鲜之山[①]，是多马。鲜水出焉，而西北流，注于涂吾之水[②]。

【注】

①北鲜之山：北鲜山，其地在今山西、内蒙古境。吕调阳《传》卷三："山在平鲁县西南，对鱼水及鲜于之水而言，故曰北鲜。其水今名兔毛河，二源合北流，屈而东北而北，受西一小水，又北少东，至朔平府城西南受东西二水，又径城西少屈西北，受东一水，西北至杀虎口，西出边注于乌蓝木伦河，即余吾之水。" ②涂吾之水：水名，即今内蒙古之乌兰木伦河。据郭璞《注》："汉元狩二年，马出涂吾水中也。"

【译】

再向北一百八十里，是北鲜山，这里有很多野马。鲜水发源于此山，然后向西北流汇入涂吾水。

又北百七十里曰堤山[①]，多马。有兽焉，其状如豹而文首，名曰狕[②]。隄水出焉，而东流注于泰泽，其中多龙龟[③]。

【注】

①堤山：在山西、内蒙古一带。堤（隄）山，郭璞《注》作"隄山"，吕调阳《传》卷三："山在汾西县西凤头镇，轰涧河所出，水形象穹梁，即春秋晋高梁之墟也。其西北即饮马山，故曰多马。"谭其骧《论》曰："当指察哈尔右翼中旗东或南堤水发源之山。" ②狕（yǎo）：一种野兽。 ③龙龟：郝懿行《笺疏》以为两物，即龙与龟。郭郛《注证》以为实即鳄鱼与乌龟。袁珂《校注》以为是一物，指吉吊。

【译】

再向北一百七十里，是堤山，有许多野马。有一种野兽，它的外形像豹子而头上有花纹，名叫狕。堤水由此山发源，然后向东流入泰泽，水中有很多鳄鱼和乌龟。

凡《北山经》之首，自单狐之山至于堤山，凡二十五山，五千四百九十里。其神皆人面蛇身。其祠之：毛用一雄鸡、彘瘗；吉玉用一珪；瘗而不糈①。其山北人，皆生食不火之物②。

【注】

①不糈（xǔ）：言献祭不用精米，皆埋其所用牲玉。 ②“皆生食”句：郭璞《注》谓一本作“皆生食而不火”。

【译】

从《北山经》第一山单狐山起到堤山，一共有二十五座山，其间相距五千四百九十里。其中的山神都是人面蛇身。当地人祭祀山神：毛物中用公鸡和猪为祭品埋入地下；玉器中用玉珪一只；将以上祭品埋入地下而不用精米献祭。住在这些山北面的人，都生食而不吃熟的食物。

北次二经

《北次二经》之首，在河之东，其首枕汾①，其名曰管涔之山②。其上无木而多草，其下多玉。汾水出焉，而西流注于河③。

【注】

①其首枕汾：意谓首座山临于汾水之上。　②管涔（cén）之山：管涔山，据郭璞《注》，其地在今山西太原，即故汾阳县北秀容山。　③西流注于河：至汾阳县北西入河。

【译】

北方第二列山系的第一座山，座落在黄河的东岸，山首枕着汾水，名管涔山。山上没有树木却到处是茂密的草，山下多玉石。汾水从这座山发源，然后向西流入黄河。

又西二百五十里，曰少阳之山[①]，其上多玉，其下多赤银[②]。酸水出焉，而东流注于汾水，其中多美赭[③]。

【注】

①少阳之山：少阳山，即今芦芽山。在今山西省境，汾水上游支流屯兰川发源于此山。　②赤银：红色的银。郭璞《注》曰："银之精也。"　③美赭：一种质地上佳的铁矿石。郭注引《管子》曰："山上有赭者，其下有铁。"则以为是矿脉。

【译】

再往北二百五十里，是少阳山，山上多玉石，山下多赤银矿。屯兰川水从此山发源，然后向东流入汾水，水中有很多优良赭石。

又北五十里，曰县雍之山[①]，其上多玉，其下多铜，其兽多闾、麋[②]，其鸟多白翟、白鸻[③]。晋水出焉[④]，而东南流，注于汾水。其中多鮆鱼[⑤]，其状如儵而赤鳞，其音如叱，食之不骄[6]。

【注】

①县雍之山：县雍山，其地在山西境。郭璞《注》："今在晋阳县西，名'汲瓮'。" ②闾：北山羊。似驴而岐蹄，角如羱羊。一名山驴。郭璞《注》："《周书》曰：'北唐以闾。'亦见《乡射礼》。" ③白鷮（yǎo）：一种鸟，即白翰、白雉。属鸟纲，雉科。 ④晋水：汾水支流，出古晋阳县，东入汾水，在今山西太原。 ⑤鮆（cǐ）鱼：白鲦鱼，或以为即鮆鱼。 ⑥骄：狐臭。字或作"骚"。

【译】

再往北五十里，是县雍山，山上蕴藏着丰富的玉石，山下蕴藏着丰富的铜矿，山中的野兽大多是北山羊和麋鹿；而禽鸟以白色野鸡和白翰鸟居多。晋水从这座山发源，然后向东南流入汾水。水中生长着很多鮆鱼，形状像小儵鱼却长着红色的鳞甲，发出的声音如同人的斥责声，吃了它的肉就使人没有狐骚臭。

又北二百里，曰狐岐之山[1]，无草木，多青碧。胜水出焉，而东北流，注于汾水，其中多苍玉。

【注】

①狐岐之山：狐岐山，由其近汾水来看，其地在今山西境内。吴任臣《广注》："一名薛颉山，胜水所出，又名洪山。"毕沅《新校正》谓在山西孝义市西八十里。

【译】

再往北二百里，是狐岐山，山上没有草木，到处是青石碧玉。胜水从这座山发源，然后向东北流入汾水，水中有很多苍玉。

又北三百五十里，曰白沙山[1]，广员三百里，尽沙也，无草木、鸟、兽。鲔水出于其上，潜于其下[2]，是多白玉。

【注】

①白沙山：沙丘。其地在今山西、内蒙古一带。郝懿行《笺疏》："此即所谓沙漠。" ②潜于其下：指鲔水出白沙山顶，潜流于山下。

【译】

再向北三百五十里，是白沙山，此山周围三百里尽是沙漠，不生草木，没有鸟兽。鲔水发源于此山顶上，潜流于山脚下，河水中多白玉。

又北四百里，曰尔是之山[1]，无草木，无水。

【注】

①尔是之山：尔是山，即今山西阳高县附近之老爷岭。

【译】

再向北四百里，是尔是山，山上不生草木，也没有水。

又北三百八十里，曰狂山[1]，无草木。是山也，冬、夏有雪。狂水出焉，而西流注于浮水，其中多美玉。

【注】

①狂山：山名，吕调阳《传》卷三："山在宣化张家口外哈剌城南，有西巴尔台河西北流，与南二水合北流者会，又东北折而西，名哈剌乌苏，西注昂吉里池，译言鹅雁池也。狂者，水形象猘犬弭其尾。"

【译】

再往北三百八十里，是狂山，山上没有草木。这座山，冬天和夏天都有积雪。狂水发源于这座山，然后向西流入浮水，水中有很多美玉。

又北三百八十里，曰诸余之山①，其上多铜、玉，其下多松、柏。诸余之水出焉，而东流注于旄水。

【注】

①诸余之山：诸余山，或以为即内蒙古呼和浩特北大青山。吕调阳《传》卷三："诸余，色野尔济山之东麓，乌蓝古衣河所出也。"

【译】

再往北三百八十里，是诸余山，山上蕴藏着丰富的铜矿和玉石，山下到处是茂密的松树和柏树。诸余河发源于这座山，然后向东汇入旄水。

又北三百五十里，曰敦头之山①，其上多金、玉，无草木。旄水出焉，而东流注于邛泽②，其中多騂马③，牛尾而白身，一角，其音如呼。

【注】

①敦头之山：敦头山，即巴颜山，在内蒙古。　②邛泽：毕沅《新校正》以为即祁泽。　③騂（bó）马：郭郛《注证》以为生活在渤海边上的骏马。从上下文看，应该是一种独角兽。

【译】

再往北三百五十里，是敦头山，山上有丰富的铜矿和玉石，但不生长树木。旄水发源于这座山，然后向东流入邛泽。附近有很多騂马，长着牛一样的尾巴，身体白色，一只犄角，叫的声音如同人呼唤。

又北三百五十里，曰钩吾之山①，其上多玉，其下多铜。有兽焉，其状如羊身人面，其目在腋下，虎齿人爪，其音如婴儿，名曰狍鸮②，是食人。

【注】

①钩吾之山：钩吾山，谭其骧《论》以为在今山西雁北地区。　②狍鸮：饕餮。郭璞《注》："为物贪惏，食人未尽，还害其身。像在夏鼎，《左传》所谓'饕餮'是也。"常见于殷周青铜器之上。

【译】

再往北三百五十里，是钩吾山，山上多玉石，山下多铜矿。山中有一种野兽，形状是羊的身子、人的面孔，眼睛长在腋窝下，有着老虎一样的牙齿和人一样的指甲，发出的声音如同婴儿哭啼，名叫饕餮，是吃人的野兽。

又北三百里，曰北嚣之山①，无石。其阳多碧，其阴多玉。有兽焉，其状如虎而白身、犬首，马尾、彘鬣，名曰独狢②。有鸟焉，其状如乌，人面，名曰鷩鹛③，宵飞而昼伏，食之已暍④。涔水出焉，而东流注于邛泽。

【注】

①北嚣之山：北嚣山。谭其骧《论》曰："第五白沙山至第十一北嚣山皆无考，以第十二山以下在今长城以北推之，此诸山似当在今山西雁北地区。"　②独狢（yù）：一种猛兽，郭郛《注证》以为即东北

虎。　③鹙鶝（pán mào）：一种鸟，即鸺鹠，又名鸱鸮。　④暍（yē）：热病，即中暑。

【译】

往北三百里，是北嚣山，山无石，山南面多碧玉，山北面多玉石。山中有一种野兽，形状像老虎却长着白色身子、狗的脑袋，尾巴像马，长着猪鬣一般的硬毛，名叫独狢。山中有一种鸟，形状像乌鸦却长着人脸，名叫鹙鶝，夜出飞行而白天隐伏，吃了它的肉能使人不中暑。涔水从这座山发源，然后向东流入邛泽。

又北三百五十里，曰梁渠之山[1]，无草木，多金、玉。脩水出焉，而东流注于雁门[2]，其兽多居暨，其状如彙而赤毛[3]，其音如豚。有鸟焉，其状如夸父[4]，四翼、一目、犬尾，名曰嚣，其音如鹊，食之已腹痛，可以止衕[5]。

【注】

①梁渠之山：梁渠山，谭其骧《论》以为“即东洋河发源处，在今内蒙兴和县西南”，今属乌兰察布市。　②雁门：水名，即雁门水，今名南洋河。　③彙（huì）：似鼠，赤毛，如刺猬。　④夸父：或作“举父”，即玃父，一种猕猴。　⑤止衕（dòng）：治疗腹泻。

【译】

再向北三百五十里，是梁渠山，不生草木，有丰富的铜矿和玉石，脩水发源于这座山，然后向东汇入雁门水。山中野兽大多是居暨兽，形状像彙却浑身长着红毛，叫声如小猪。山中有一种禽鸟，形状像夸父，长着四只翅膀、一只眼睛、狗一样的尾巴，名叫嚣，它的叫声与喜鹊相似，人吃了它的肉可以止住肚子痛，还可以治好腹泻病。

又北四百里，曰姑灌之山[①]，无草木，是山也，冬、夏有雪。

【注】

①姑灌之山：姑灌山，吕调阳《传》卷三："贝尔湖之喀尔喀河口也。河东源于噶尔必池，西流四百余里来入，又北溢出二百数十里注枯伦湖，卒然临之，弗详所灌，故名姑灌。"谭其骧《论》以为地在今河北张北、康保一带。

【译】

再往北四百里，是姑灌山，山上不生草木，在这座姑灌山上，冬天夏天都有积雪。

又北三百八十里，曰湖灌之山[①]，其阳多玉，其阴多碧。多马。湖灌之水出焉，而东流注于海，其中多䱇[②]。有木焉，其叶如柳，而赤理。

【注】

①湖灌之山：湖灌山，谭其骧《论》认为其地在"今河北独石口北白河发源处，沽源县境内大马群山"。　②䱇（shàn）：即鳝鱼，俗称黄鳝，形似蛇。

【译】

再往北三百八十里，是湖灌山，山南面多玉石，山北面多碧玉，有许多矮种野马。湖灌水发源于这座山，然后向东流汇入大海，水中有很多鳝鱼。山里生长着一种树，叶子像柳树而有红色纹理。

又北，水行五百里，流沙三百里，至于洹山[①]，其上多金、玉。三桑生之[②]，其树皆无枝，其高百仞。百果树生之[③]，其下多怪蛇。

【注】

①洹（huán）山：山名，其地所在，吕调阳《传》卷三曰："自额尔纳古尔河径枯伦湖溯克鲁伦河而西至尼勒莫山，今水路约千七百余里，以西南北皆沙地，水行沙中，不可舟也。自尼勒莫西北行沙地二百里，至必尔哈岭，为克鲁伦所源，肯特山之东南干，即洹山也。洹者，克鲁伦大形象钩援也。"或以为在今蒙古境，汉朝称为狼居胥山。　②三桑：即山桑。　③百果树：各种各样的果树。百，极言其种类之多。

【译】

再往北面，沿水路行五百里，然后经过三百里流沙，到达洹山，山上蕴藏着铜矿和玉石。山中生长着一种三桑树，这种树都不长枝条，树干高达一百仞，还生长着各种果树。山下有很多怪蛇。

又北三百里，曰敦题之山[①]，无草木，多金、玉。是錞于北海[②]。

【注】

①敦题之山：敦题山，其地所在，谭其骧《论》据下文"北海"而定在今内蒙古东部一带。吕调阳《传》卷三曰："黑龙江所源之小肯特山也，象水为名。"张步天《山海经解》认为"当在今俄罗斯境内雅布洛夫

山求之。战国中后期，漠南北迤北直至北海广袤地区为匈奴主要活动地域，强盛时期之赵国北上探险到达此地当属可能”。　②錞（chún）于北海：临近北海。北海，谭其骧《论》以为是内蒙古克什克腾旗的西达来诺尔。或以为苏武牧羊之“北海”，即今俄罗斯境内之贝加尔湖。

【译】

再往北三百里，是敦题山，这里不长草木，但蕴藏有铜矿和玉石。这座山临近北海。

凡《北次二经》之首，自管涔之山至于敦题之山，凡十七山，五千六百九十里。其神皆蛇身人面。其祠：毛用一雄鸡、彘瘗；用一璧、一珪；投而不糈[①]。

【注】

①不糈（xǔ）：不用精米祭神。

【译】

全部北方第二列山系之首至尾，自管涔山起到敦题山止，共有十七座山，途经五千六百九十里。各山山神都是蛇身人面。祭祀山神的礼仪：把毛物中用作祭品的一只公鸡、一头猪一起埋入地下；在祀神的玉器中用一块玉璧和一块玉珪一起投向山中，不用米祀神。

北次三经

《北次三经》之首，曰太行之山[①]。其首曰归山，其上有金、玉，其下有碧。有兽焉，其状如羚羊而四角，马尾而有距，其名曰驿，善还[②]，其鸣自叫。有鸟焉，其状如鹊，白身、赤尾、六足，其名曰鷬[③]，是善警，其鸣自访[④]。

【注】

①太行之山，太行山。郭璞《注》曰："今在河内野王县西北。"太行山脉南起河南济源市，北讫北京昌平区，呈西南一东北走向，绵延八百多里。 ②还（xuán）：同"旋"，盘旋而舞。 ③鷬（fén）：郭郛《注证》以为是白喉红尾鸲。属鸟纲雀形目。 ④自访（xiào）：即自呼。郭璞《注》："今吴人谓呼为访。"

【译】

《北次三经》山系之首座山，是太行山。太行山系的开首之山叫归山（在今山西中条山脉西端），山上蕴藏铜矿和玉石，山下多碧玉。山里生有一种野兽，外形像羚羊却长着四只角，长着马尾巴和鸡爪子，是马鹿，善于旋转起舞，它的叫声就是叫它的名字。山中有一种鸟，形状像喜鹊，白身红尾、六脚，名叫鷬，这种鷬鸟警惕性很高，它的叫声就是自己的名字。

又东北二百里，曰龙侯之山[①]，无草木，多金、玉。决决之水出焉[②]，而东流注于河。其中多人鱼[③]，其状如鲚鱼，四足，其音如婴儿，食之無痴疾。

【注】

①龙侯之山：龙侯山，俗称胡圪答顶。其地所在，或以为在河北南部磁县附近。吕调阳《传》卷三曰："侯通胡。山在磁州西彭城镇。滏水出焉，南源曰黑龙河，东流会北源象龙胡。" ②决决之水：淇河，其

地所在，吕调阳《传》卷三曰："又东南折而东少北，又北少东，会滏阳河而东北注大陆泽，又东北注宁晋泊，与河水会，曲处象釜，亦象侧口啮物，故曰决决，犹夬夬也。" ③人鱼：鲵鱼，又见《中山经》。郭璞《注》引或曰："人鱼即鲵也，似鲇而四足，声如小儿啼。今亦呼鲇为䱱。"

【译】

再往东北二百里，是龙侯山，山上草木不生，有丰富的铜矿和玉石。决水发源于这座山，然后向东流汇入黄河。水中有很多人鱼，形状像䱱鱼，长着四只脚，叫声像婴儿哭啼，人吃了它的肉可以御防癫病。

又东北二百里，曰马成之山①，其上多文石，其阴多金、玉。有兽焉，其状如白犬而黑头，见人则飞，其名曰天马②，其鸣自叫。有鸟焉，其状如乌，首白而身青、足黄，是名曰鶌鶋③，其鸣自詨，食之不饥，可以已寓④。

【注】

①马成之山：马成山，其地所在有异说。吴承志《今释》卷四："马成之山盖今原武县北黑阳山。《明一统志》云'山连阳武县界，黄河经其下'。"吕调阳《传》卷三："马成，今十八盘山也。马足般旋上下如筑也。"今之学者多以为在山西省横川县境。 ②天马：能飞行的马，或以为是马图腾。 ③鶌鶋（qū jū）：郭郛《注证》以为灰斑鸠，鸟纲，鸠鸽科。鶌，或作"鸣"。 ④已寓：治疗健忘。寓，郝懿行《笺疏》以为昏忘病。寓，当是"㝢"字之假借。

【译】

再往东北二百里，是马成山，山上多有纹理的玉石，山北面有丰富的铜矿和玉石。有一种野兽，外形像白狗却长黑脑袋，见人就腾空飞起，名叫天马，它叫起来呼自己的名字。有一种禽鸟，形状像乌鸦却长着白色的头和青色的身子、黄色的爪子，名叫鶌鶋，它叫起来呼自己的名字，人吃了它的肉不感觉饥饿，还可以医治健忘症。

又东北七十里，曰咸山①，其上有玉，其下多铜，是多松、柏，草多茈草。条菅之水出焉②，而西南流，注于长泽；其中多器酸③，三岁一成，食之已疠。

【注】

①咸山：在今山西境内。吕调阳《传》卷三："咸山，崞县东南凤皇山也。"以为在今原平市。吴承志《今释》卷四："当是安邑县南巫咸山。"以为在今运城市。　②条菅之水：白沙河西源，发源于咸山。　③器酸：一种矿物。

【译】

再往东北七十里，是咸山，山上多玉石，山下蕴藏丰富的铜矿，这里有很多松树和柏树，草中以紫草最多。条菅水由此山发源，然后向西南流汇入长泽（今运城盐池）。水中多产器酸，这种器酸三年才成一次，人吃了它能治愈麻疯病。

又东北二百里，曰天池之山①，其上无草木，多文石。有兽焉，其状如兔而鼠首，以其背飞②，其名曰飞鼠。渑水出焉③，潜于其下，其中多黄垩④。

【注】

①天池之山：天池山，毕沅《新校正》、郝懿行《笺疏》以为在今山西西北部之静乐县东北。吴承志《今释》卷四以为“当是陕西澄城县北山”。　②以其背飞：郭璞《注》谓“用其背上毛飞，飞则仰也”。郭郛《注证》谓飞鼠为哺乳纲，体形似松鼠，前后肢之间有宽大的飞膜。③渑水：滏河，季节性河流。经翼城、曲沃向西南汇入汾河。　④黄垩(è)：黄色土。

【译】

再往东北二百里，是天池山，山上不生草木，有很多带花纹的石头。有一种野兽，形状像兔子却长着老鼠的头，借助它背上的飞膜飞行，它的名字叫飞鼠。渑水从这座山发源，然后潜流到山下，水中有很多黄色垩土。

又东三百里，曰阳山①，其上多玉，其下多金、铜。有兽焉，其状如牛而赤尾，其颈腎②，其状如勾瞿，其名曰领胡③，其鸣自詨，食之已狂。有鸟焉，其状如雌雉，而五彩以文，是自为牝牡，名曰象蛇④，其鸣自詨。留水出焉⑤，而南流注于河。其中有䱻父之鱼⑥，其状如鲋鱼⑦，鱼首而彘身，食之已呕。

【注】

①阳山：即薄山、大阳山，在今山西永济市。　②颈腎：言颈上有突出的肉瘤。　③领胡：瘤牛，因颈部隆起如瘤，故有此名。　④象蛇：郭郛《注证》即褐马鸡，鸟纲，雉科。中国古代叫鶡鸡。　⑤留水：

即沙涧水，南流汇入黄河。 ⑥䱨（xiàn）父之鱼：毕沅《新校正》以为即杜父鱼，见《本草》。即马口鱼，味美可食。 ⑦鲋（fù）鱼：即鲫鱼。

【译】

再往东三百里，是阳山，山上有丰富的玉石，山下有丰富的金、铜矿。山中有一种野兽，形状像普通的牛而长着红尾巴，脖子上有肉瘤，像斗的形状，名称是领胡，它发出的叫声便是自身名称的读音，人吃了它的肉就能治愈癫狂症。山中还有一种禽鸟，形状像雌性野鸡，而羽毛上有五彩斑斓的花纹，这种鸟一身兼有雄雌两种性器官，名称是象蛇，它发出的叫声像是在叫自己的名字。留水从这座山发源，然后向南流入黄河。水中生长着䱨父鱼，形状像鲫鱼，长着鱼的头、猪的身子，人吃了它的肉可以治愈呕吐。

又东三百五十里，曰贲闻之山[①]，其上多苍玉，其下多黄垩，多涅石[②]。

【注】

①贲闻之山：贲闻山，即河南济源市与山西相邻之岱嵋山。 ②涅石：即矾石，可作染料。

【译】

再向东三百五十里，是贲闻山，山上多苍玉，山下多黄色垩土，也有许多矾石。

又北百里，曰王屋之山[①]，是多石。𣲧水出焉[②]，而西

北流，注于泰泽[3]。

【注】

①王屋之山：王屋山。郭璞《注》谓“在河东东垣县北。《书》曰‘至于王屋’也”。位于山西垣曲、阳城、河南济源三地交界处。　②灦(lián)水：河名，在今山西垣曲县附近。　③泰泽：毕沅《新校正》、郝懿行《笺疏》作“秦泽”，即荥泽。

【译】

再往北一百里，是王屋山，山上到处是石头。灦水从此山发源，然后向西北流入荥泽。

又东北三百里，曰教山[1]，其上多玉而无石。教水出焉，西流注于河。是水冬干而夏流，实惟干河[2]。其中有两山。是山也，广员三百步，其名曰发丸之山，其上有金、玉。

【注】

①教山：即效山，亦名景山，在今山西运城绛县。见《太平寰宇记》载。　②干河：季节性河流。郭璞《注》以为“今河东闻喜县东北有干河口，因名干河里，但有故沟处，无复水即是也”。毕沅《新校正》以为在山西闻喜东北。

【译】

再向东北方向三百里，是教山，山上多玉而无石。教水发源于这座山，向西流入黄河，这条河水到了冬季干枯而在夏季复流，故称干河。教水的河道中有两座小山，方圆各三百步，名叫发丸山，蕴藏着铜矿和玉石。

又南三百里，曰景山[①]，南望盐贩之泽[②]，北望少泽，其上草多、藷藇[③]，其草多秦椒[④]，其阴多赭，其阳多玉。有鸟焉，其状如蛇而四翼、六目、三足，名曰酸与，其鸣自诐，见则其邑有恐[⑤]。

【注】

①景山：即石门山，其地在山西闻喜。郭璞《注》引《外传》曰："景、霍以为城。"景即景山。　②盐贩之泽：山西运城盐池。郭璞《注》以为"即盐池也，今在河东猗氏县。或无'贩'字"。　③藷藇（shǔ yù）：山药。一种多年生藤本药草，根似羊蹄，可食。　④秦椒：竹叶椒。郭璞《注》谓"子似椒而细叶，草也"。　⑤有恐：使人惊恐。

【译】

再往南三百里，是景山，在山上向南可以望见盐池，向北可以望见少泽。山上生长着茂密的丛草、藷藇，这里的草以秦椒最多，山北面多产赭石，山南面多玉石。有一种鸟，形状像蛇，却有四只翅膀、六只眼睛、三只脚，名叫白冠长尾雉，它发出的叫声便是"酸与"，它出现的地方会发生使人惊恐的事情。

又东南三百二十里，曰孟门之山[①]，其上多苍玉，多金，其下多黄垩，多涅石。

【注】

①孟门之山：孟门山，在今山西临汾吉县附近。郭璞《注》引《尸

子》曰："龙门未辟，吕梁未凿，河出于孟门之上，大溢，逆流无有丘陵，高阜灭之，名曰洪水。"《穆天子传》曰："北升孟门，九河之隥。"

【译】

再往东南三百二十里，是孟门山，山上蕴藏丰富的苍玉，还有铜矿，山下多黄色垩土，还有许多涅石。

又东南三百二十里，曰平山①。平水出于其上，潜于其下，是多美玉。

【注】

①平山：今山西长治市郊老顶山。

【译】

再往东南三百二十里，是平山。平水发源于山顶，潜流到山下，水中多美玉。

又东二百里，曰京山①，有美玉，多漆木，多竹。其阳有赤铜，其阴有玄彇②。高水出焉③，南流注于河。

【注】

①京山：即霍山，在山西临汾翼城。　②玄彇（sù）：即铁矿石，或曰黑砥石。郭璞《注》引《尸子》曰："加玄黄砥。"说明也有黄色者。　③高水：当为京水，字形相近，误高为京。

【译】

再往东二百里是京山，有美玉，还有许多漆树，更是遍生竹林，山阳有红铜矿，山北有黑色磨石。京水发源于此山，向南流入黄河。

又东二百里，曰虫尾之山[①]，其上多金、玉，其下多竹，多青碧。丹水出焉，南流注于河。薄水出焉[②]，而东南流，注于黄泽。

【注】

①虫尾之山：虫尾山，即山西晋城市北之司马山。　②薄水：河名，出鲜于山。郭注引《淮南子》曰："薄水出鲜于山。"

【译】

再往东二百里，是司马山，山上有丰富的铜矿和玉石，山下到处是竹林，还有很多青石碧玉。丹水从这座山发源，向南流入黄河。薄水也从这座山发源，向东南流入黄泽。

又东三百里，曰彭毗之山[①]，其上无草木，多金、玉，其下多水。蚤林之水出焉[②]，东南流，注于河。肥水出焉[③]，而南流，注于床水[④]，其中多肥遗之蛇[⑤]。

【注】

①彭毗之山：彭毗山，在今山西南部，吕调阳《传》卷五："滹沱水象腹彭，西南受诸小水象辅员于辐。"　②蚤林之水：蚤林河，发源于彭毗山，汇入黄河。　③肥水：郝懿行《笺疏》以为"'肥水'当即《诗》之'肥泉'"。在河南淇县境。　④床水：阳河，为淇水支流。或以为即淇水。吕调阳《传》卷五："滹沱东流南受诸水象床也。"　⑤肥遗之蛇：水蛇，可能是图腾。

【译】

再往东三百里，叫彭毗山，山上不生长草木，有丰富的铜矿和玉石，山下水源丰富。蚤林水从这座山发源，向东南流入黄河。肥水也从这座山发源，然后向南流入床水，水中有很多水蛇。

又东百八十里，曰小侯之山[①]。明漳之水出焉[②]，南流注于黄泽[③]。有鸟焉，其状如乌而白文，名曰鸪鸐[④]，食之不灂[⑤]。

【注】

①小侯之山：小侯山，黎阳认为在山西晋城市沁水县境之鹿台山（《根据〈五藏山经·北次三经〉再现上古太行山川道里图》）。吴承志《今释》认为即河南汤阴县西山。 ②明漳之水：水名，即今之芦苇河。 ③黄泽：即漫泽。 ④鸪鸐（xí）：一种样子象乌鸦的鸟，有白色斑纹。 ⑤灂（jiào）：一种眼病。

【译】

再往东一百八十里，是小侯山。明漳水发源于这座山，向南流入黄泽。山中有一种鸟，形状像乌鸦，身上有白色斑纹，名鸪鸐，人吃了它的肉不患眼疾。

又东三百七十里，曰泰头之山[①]，共水出焉[②]，南注于虖池[③]。其上多金、玉，其下多竹箭。

【注】

①泰头之山：泰头山，太行山的一段，在今河南新乡市辉县附近。吴承志《今释》认为即“泰行山”“太行山”。 ②共（gōng）水：水名，在河南辉县附近。 ③虖（hū）池：泽名，即滹沱泽，在河南滑县西北。

【译】

再向东三百七十里，是泰头山。共水发源于这座山，向南流入虖池泽。山上有丰富的铜矿和玉石，山下有很多小竹丛。

又东北二百里，曰轩辕之山[①]，其上多铜，其下多竹。有鸟焉，其状如枭而白首，其名曰黄鸟[②]，其鸣自詨，食之不妒。

【注】

①轩辕之山：轩辕山，王屋山的一个山峰。 ②黄鸟：又名皇鸟，一种猛禽，即雪鸮。

【译】

再往东北二百里，是轩辕山，山上有丰富的铜矿，山下到处是竹子。有一种鸟，形状如猫头鹰却长着白脑袋，名叫黄鸟，叫声像是在叫自己的名字，吃了它的肉能使人不生妒嫉心。

又北二百里，曰谒戾之山[①]，其上多松、柏，有金、玉。沁水出焉[②]，南流注于河。其东有林焉，名曰丹林。丹林之水出焉，南流注于河。婴侯之水出焉，北流注于氾水。

【注】

①谒戾之山：谒戾山，在今山西高平一带。 ②沁水：即沁河，发源于谒戾山。

【译】

再往北二百里，是谒戾山，山上多生长松树和柏树，有铜矿和玉石。沁水发源于这座山，向南流汇入黄河。此山东面有一片树林，叫做丹林。丹林河从这里发源，向南流汇入黄河。婴侯水也从这里发源，向北流汇入汜水。

东三百里，曰沮如之山[1]，无草木，有金、玉。淇水出焉[2]，南流注于河。

【注】

①沮如之山：沮如山，黎阳《道里图》以为即隆虑山，其地在今山西长治壶关县附近。郭璞《注》引《诗》云："彼汾沮洳。" ②淇水：为古黄河支流。

【译】

往东三百里，是沮洳山，山上不生长草木，有铜矿和玉石。淇水从此山发源，向南流汇入黄河。

又北三百里，曰神囷之山[1]，其上有文石，其下有白蛇，有飞虫。黄水出焉，而东流注于洹[2]。滏水出焉[3]，而东流注于欧水。

【注】

①神囷（qūn）之山：神囷山，即鼓山，又名石鼓山，在今河北武安市东。 ②洹（huán）：即安阳河。郭璞《注》："洹水出汲郡林虑县，东北至魏郡长乐，入清水。" ③滏（fǔ）水：发源于河北邯郸西南。郭璞《注》曰："今出临水县西滏口山，经邺西北至列人县入于漳，其水热。"

【译】

再往北三百里，是神囷山，山上是带有花纹的漂亮石头，山下有白蛇，还有飞虫。黄水从这座山发源，然后向东流入洹水。滏水也从这座山发源，向东流入欧水。

又北二百里，曰发鸠之山①，其上多柘木。有鸟焉，其状如乌，文首、白喙、赤足，名曰精卫，其鸣自该。是炎帝之少女②，名曰女娃。女娃游于东海，溺而不返，故为精卫，常衔西山之木石，以堙于东海③。漳水出焉④，东流注于河。

【注】

①发鸠之山：发鸠山，又称发苞山。郭璞《注》谓其地“在上党郡长子县西”，即今山西长治长子。　②炎帝：神农氏。　③堙（yīn）：填塞。　④漳水：浊漳水，发源于山西长子县。

【译】

再往北二百里，是发鸠山。山上生长着茂密的柘树。山中有一种鸟，形状像乌鸦，却是花脑袋、白嘴巴、红脚爪，名叫精卫，它的叫声似是在叫自己的名字“精卫”。精卫鸟原是炎帝的小女儿，名叫女娃。她到东海边游玩，淹死在海里没有返回，就变成鸟，常常衔着西山的树枝和石子，想填塞东海。漳水发源于这座山，向东流入黄河。

又东北百二十里，曰少山①，其上有金、玉，其下有铜。清漳之水出焉，东流于浊漳之水②。

【注】

①少山：黎阳《道里图》以为即八赋岭，在今山西晋中市和顺县。②浊漳之水：漳水有清、浊二源，会合后称浊漳。郭璞《注》："清漳出少山大绳谷，至武安县南暴宫邑入于浊漳，或曰东北至邑城入于大河也。"

【译】

再往东北一百二十里，是少山，山上有铜矿和玉石，山下有铜矿。清漳水从这座山发源，向东流汇入浊漳水。

又东北二百里，曰锡山[①]，其上多玉，其下有砥。牛首之水出焉[②]，而东流注于滏水。

【注】

①锡山：即堵山，在今河北邯郸永年区西北。　②牛首之水：牛首水，源出邯郸西北，东流注入滏阳河。

【译】

再往东北二百里，是锡山，山上有很多玉石，山下有磨石。牛首水发源于这座山，向东流汇入滏水。

又北二百里，曰景山[①]，有美玉。景水出焉，东南流，注于海泽[②]。

【注】

①景山：鼓山，其地在今河北武安市南。参谭其骧《论》。　②海泽：郭郛《注证》谓指包括宁晋泊在内的渤海边沼泽地。

【译】

再往北二百里，是景山，山上有美玉。景水发源于这座山，向东南流汇入海泽。

又北百里，曰题首之山①，有玉焉，多石，无水。

【注】

①题首之山：题首山，太行山之高峰。题、太音近。

【译】

再往北一百里，是题首山，这里产玉，也有许多普通石头，没有水。

又北百里，曰绣山①，其上有玉、青碧。其木多栒②，其草多芍药、芎䓖③。洧水出焉④，而东流注于河，其中有鳠、黾⑤。

【注】

①绣山：大安山，在今北京市房山区南。吕调阳《传》卷三："即恒山，在平定州西北芹泉驿。" ②栒（xún）：即栒树，栒子可入药。③芍药：一名辛夷，一种香草。 ④洧（wěi）水：即今沙河，非河南新郑之洧水，发源于山西、河北境太行山脉马岭山。 ⑤鳠（hù）：似鲇鱼而大，白色。黾（měng）：似蛤蟆小而青。

【译】

再往北一百里，是绣山，山上有玉石、青色碧玉，山中的树木大多是栒树，而草以芍药、芎䓖最多。洧水从这座山发源，然后向东流入黄河，水中有鳠鱼和黾蛙。

又北百二十里，曰松山[①]。阳水出焉，东北流，注于河。

【注】

①松山：谭其骧《论》认为即河北邢台之松山。汤水发源于此。

【译】

再往北一百二十里，是松山。汤水从这座山发源，向东北流入黄河。

又北百二十里，曰敦与之山[①]，其上无草木，有金、玉。溹水出于其阳[②]，而东流注于泰陆之水[③]。泜水出于其阴[④]，而东流注于彭水[⑤]。槐水出焉，而东流注于泜泽[⑥]。

【注】

①敦与之山：敦与山，谭其骧《论》以为即蓬鹊山，在今山西、河北太行山之东。吕调阳校作“敦舆之山”，《传》卷三：“自牛页水循大陆北岸而东北达宁晋泊象牛胑颔，折西北至泜口溯行西南象牛唇，又西而南象顶额。两源岐出象角，其大形则象牛负舆仰其首，故曰敦舆也。” ②溹（suò）水：即柳林河，在今河北内丘南皇寺北一带。③泰陆之水：即《汉书·地理志》大陆泽，今已干涸。 ④泜（zhī）水：即今泜河，源出蓬鹊山，东注于彭水。 ⑤彭水：即沙沟水，与泜水合流后入宁晋泊。 ⑥泜泽：即泜湖，今已干涸。

【译】

再往北一百二十里，是敦与山，山上不生长花草树木，蕴藏有金矿和玉石。溹水从敦与山的南面山脚流出，然后向东流入泰陆水。泜水从敦与山的北面山脚流出，然后向东流入彭水。槐水也从这座山发源，然后向东流入泜泽。

又北百七十里，曰柘山[①]，其阳有金、玉，其阴有铁。历聚之水出焉，而北流注于洧水。

【注】

①柘山：山名，在河北元氏县境，太行八陉之井陉的东口。

【译】

再往北一百七十里，是柘山，山南有铜矿和玉石，山北有铁矿。历聚水发源于此山，向北流汇入洧水。

又北三百里，曰维龙之山[①]，其上有碧玉，其阳有金，其阴有铁。肥水出焉，而东流注于皋泽，其中多礨石[②]。敞铁之水出焉，而北流注于大泽[③]。

【注】

①维龙之山：维龙山，吕调阳校作"维駹之山"，吕调阳《传》卷三："髦马曰駹，虖沱合诸小水象之。"黎阳《道里图》推断在今河北保定市安新县境，白洋淀边缘。 ②礨（lěi）石：巨石。 ③大泽：白洋淀。

【译】

再往北三百里，是维龙山，山上有碧玉，山南有铜矿，山北面有铁矿。肥水从这座山发源，向东流汇入皋泽，水中多高耸大石。敞铁水也发源于这座山，然后向北流汇入大泽。

又北百八十里，曰白马之山[①]，其阳多石玉，其阴多铁，多赤铜。木马之水出焉[②]，而东北流，注于虖沱。

【注】

①白马之山：白马山，山形似马，故名。在山西太原阳曲县境。吕调阳《传》卷三："虖沱合诸水象白马矫顾之形。" ②木马之水：牧马河，虖沱河支流。郝懿行《笺疏》以为即牧马水。吕调阳《传》卷三："盂县之秀水河为其后足而状似木枝，故曰木马水。"

【译】

再往北一百八十里，是白马山，山南面有很多石玉，山北面有丰富的铁矿，还有丰富的红铜矿。木马水发源于此山，然后向东北流汇入虖沱河。

又北二百里，曰空桑之山[①]，无草木，冬、夏有雪。空桑之水出焉[②]，东流注于虖沱。

【注】

①空桑之山：空桑山，郭璞《注》谓"上已有此山，疑同名也"。吕调阳《传》卷三："山在五台县西，清水河合诸水象枯桑，九女泉合南一小水东流入之，象空穴也。"谭其骧《论》以为即山西忻州一带之云中山。 ②空桑之水：空桑水，因发源于空桑山而得名，亦为虖沱河支流。

【译】

再往北二百里，是空桑山，不生草木，山上冬、夏都有雪。空桑水发源于此山，向东流入汇虖池水。

又北三百里，曰泰戏之山[①]，无草木，多金、玉。有兽焉，其状如羊，一角一目，目在耳后，其名曰辣辣[②]，其鸣自詨。虖沱之水出焉，而东流注于溇水[③]。液女之水出于其阳[④]，南流注于沁水。

【注】

①泰戏之山：泰戏山，毕沅《新校正》、郝懿行《笺疏》以为在山西繁峙县西。　②㯄（dōng）㯄：即班羚，哺乳类牛科动物，又名青羊，肉、皮等可供食用，并可入药。　③溇（lóu）水：水名，虖沱河支流。　④液女之水：毕沅《新校正》、郝懿行《笺疏》以为泰戏山在繁峙，沁水在沁源，南北相去甚远，无由有注沁之水，疑经文误。

【译】

再往北三百里，是泰戏山，山上不生长草木，多有金矿、玉石。有一种野兽，形状像羊，却一只角一只眼睛，眼睛在耳朵背后，名叫㯄㯄，它的叫声便是自己的名字。虖沱水由此发源，然后向东流汇入溇水。液女水发源于山南，向南流汇入沁水。

又北三百里，曰石山[①]，多藏金、玉。濩濩之水出焉[②]，而东流注于虖沱。鲜于之水出焉，而南流注于虖沱。

【注】

①石山：太白山，吕调阳《传》卷三："山在忻州西南石岭关。"　②濩（huò）濩之水：谭其骧《论》以为即《汉书·地理志》《水经》之"沠水"。

【译】

再往北三百里，是太白山，山多铜矿、玉石。濩濩水发源于此山，向东流汇入虖沱水；鲜于水也发源于此山，向南流汇入虖沱水。

又北二百里，曰童戎之山[1]。皋涂之水出焉[2]，而东流注于溇液水。

【注】

①童戎之山：童戎山，黎阳《道里图》推定在山西阳泉市平定县境，地近娘子关。吕调阳《传》卷三："山即管涔东麓。" ②皋涂之水：即今娘子关泉。吕调阳《传》卷三："阳武河出而东流径淖泥驿北，即皋涂之水。"

【译】

再往北二百里，是童戎山。皋涂水发源于此山，向东流汇入溇水和液水合流处。

又北三百里，曰高是之山[1]。滋水出焉[2]，而南流注于虖沱。其木多椶，其草多条。滱水出焉[3]，东流注于河。

【注】

①高是之山：高是山，郭璞《注》谓"今在北地灵丘县"。谭其骧《论》谓"为滱水即今唐河所出，在今灵丘县西北"。 ②滋水：河名，吕调阳《传》卷三："清水又象墨筳卓把，射虎承之，象墨中茸，故曰滋。其水南入虖沱也。" ③滱（kòu）水：水名，郭璞《注》谓"过博陵县南，又东北入于易水"。吕调阳《传》卷三："滱水今名沙河，出射虎山北，东南流至曲阳西北屈而南而东南，会鄚水。象穿窬形，故名寇。"

【译】

再往北三百里，叫高是山。滋水发源于此山，向南流汇入虖沱河。山上树木多棕树，草多条草。滱水也发源于此山，向东流汇入黄河。

又北三百里，曰陆山①，多美玉。郯水出焉②，而东流注于河。

【注】

①陆山：黎阳《道里图》推断为大茂山。在高是山以北。　②郯（jiāng）水：或作“郯水”。吕调阳《传》卷三：“即郜河，今亦名姜河。”

【译】

再往北三百里，叫陆山，山多良玉。郯水发源于此山，向东流汇入黄河。

又北二百里，曰沂山①。般水出焉②，而东流注于河。

【注】

①沂（yí）山：山名，约在今河北保定一带。吕调阳《传》卷三：“山在曲阳县北少西之军城镇，有小水，郦注名马溺水，东南流入唐河，象荃刀形，故曰沂山。”　②般（pán）水：东流入黄河。吕调阳《传》卷三：“亦象车辕形，故曰般水。般，辀还也。”

【译】

再往北二百里，叫沂山。般水发源于此山，然后向东流汇入黄河。

北百二十里，曰燕山①，多婴石②。燕水出焉，东流注于河。

【注】

①燕山：山名，在今京、冀交界处。吕调阳《传》卷三：“良乡县北，圣水所出也。圣水即北易水，水形象飞燕上颃。”　②婴石：一种彩色

石头。郭璞《注》："言石似玉，有符彩婴带，所谓燕石者。"

【译】

往北一百二十里，叫燕山，山中多出婴石。易水发源于此山，向东流汇入黄河。

又北，山行五百里，水行五百里，至于饶山①，是无草木，多瑶碧。其兽多橐驼，其鸟多鹠②。历虢之水出焉③，而东流注于河。其中有师鱼④，食之杀人。

【注】

①饶山：黎阳《道里图》以为即京、冀交界处之水口山。 ②鹠(liú)：一种怪鸟。郭璞《注》："或曰：鹠，休鹠也。" ③历虢之水：历虢水，即永定河。 ④师鱼：即娃娃鱼，有毒，或作"鯢"。

【译】

再往北，走五百里山路，再走五百里水路，便到饶山，这山不长草木，多出美玉。山里野兽多是骆驼，鸟多鸺鹠鸟。历虢水发源于此山，然后向东流汇入黄河。水中有师鱼，人食其肉会中毒而死。

又北四百里，曰乾山①。无草木，其阳有金、玉，其阴有铁，而无水。有兽焉，其状如牛而三足，其名曰獂②，其鸣自詨。

【注】

①乾山：山名，吕调阳《传》卷三："山在赤城县西北栅口外，拜察河在南象建旗，故曰乾。" ②獂(yuán)：样子象牛的三足兽。郝懿行

《笺疏》以为当作“㹳”。郭郛《注证》以为是原始野牛，秦汉后已绝迹。

【译】

再往北四百里，叫乾山。山上不生草木，山南有铜矿和玉石，山北面有铁矿，但没有水流。山中有一种野兽，形状像牛却长着三只脚，名叫㹳，它的叫声是自己的名称。

又北五百里，曰伦山[①]。伦水出焉，而东流注于河。有兽焉，其状如麋，其川在尾上[②]，其名曰罴。

【注】

①伦山：吕调阳《传》卷三：“伦、仑通。山为白河源五郎海山东脊，三水南流注白河，象编册，故曰仑。”谭其骧《论》以为“伦山即今涞水所出，在今河北涞源县西”。　②川：《广雅》：“川，臀也。”窍也，即肛门。

【译】

再往北五百里，是伦山。伦水从这座山发源，然后向东流入黄河。山中有一种野兽，形状像麋鹿，肛门长在尾巴上面，名称是罴。

又北五百里，曰碣石之山[①]。绳水出焉，而东流注于河，其中多蒲夷之鱼[②]。其上有玉，其下多青碧。

【注】

①碣石之山：碣石山，郭璞《注》引《水经》曰：“碣石山，今在辽西临渝县南水中。”或曰：在右北平骊城县。海边山。当以后说为是。谭其骧《论》：“绳水即《水经》圣水所出，即今北京房山县大房山。”　②

蒲夷之鱼：一种怪鱼。郝懿行《笺疏》："疑即冉遗鱼也，已经见《西次四经》。"郭郛《注证》以为即中华鳑，鲱科，无鳞。

【译】

再往北五百里，是碣石山。绳水发源于此山，向东流汇入黄河，水中多产蒲夷鱼。山上多玉石，山下多有青石碧玉。

又北，水行五百里，至于雁门之山①，无草木。

【注】

①雁门之山：雁门山，郝懿行《笺疏》："山在今山西代州东北。"吕调阳《传》卷三："雁门谓今山海关，山脉自白浪河、大凌河源南来，讫于海。《海内西经》：'雁门山，雁出其间。在高柳北。'指谓白狼所出在柳条边外也。"谭其骧《论》："即今山西阳高、内蒙兴和丰镇界上雁门山。"

【译】

再往北面，沿水路行五百里，便到雁门山，山上不生草木。

又北，水行四百里，至于泰泽。其中有山焉，曰帝都之山①，广员百里，无草木，有金、玉。

【注】

①帝都之山：帝都山，郝懿行《笺疏》疑即委羽之山。吕调阳《传》卷三："长兴岛也。"谭其骧《论》："在泰泽中，泰泽约为今内蒙察右前旗黄旗海或凉城县岱海。全经所叙山川北止于此。"

【译】

再往北，沿水路行四百里，便到泰泽。其中屹立着一座山，叫帝都山，此山方圆一百里，不生草木，有铜矿和玉石。

又北五百里，曰錞于母逢之山[①]。北望鸡号之山，其风如劦[②]；西望幽都之山，浴水出焉[②]。是有大蛇，赤首白身，其音如牛，见则其邑大旱。

【注】

①錞于母逢之山：錞于母逢山，黎阳《道里图》推定即内蒙古乌兰察布兴和县境之阴山东南支脉桦山北麓。郝懿行《笺疏》谓"《说文》《玉篇》引此经，并作'惟号之山'。"　②劦（lì）：飘风。　③浴水：即黑水。《海内经》："幽都之山，黑水出焉。"可证。

【译】

再往北五百里，是錞于母逢山。由此北望可见鸡号山，此处风力迅疾；从此西眺可见幽都山，黑水从山中流出。山中有大蛇，红脑袋白身子，声如牛吼，它出现的地方会有大旱灾。

凡《北次三经》之首，自太行之山以至于无逢之山，凡四十六山，万二千三百五十里。其神状皆马身而人面者廿神。其祠之，皆用一藻、茝瘗之[①]；其十四神状皆彘身而载玉。其祠之：皆玉，不瘗[②]；其十神状皆彘身而八足，蛇尾。其祠之：皆用一璧，瘗之。大凡四十四神皆用稌糈米祠之，此皆不火食。

【注】

①藻：聚藻。茝：香草，兰之类。　②不瘗（yì）：不用埋祭所用玉。

【译】

全部《北次三经》山系之首，自太行山起到无逢山，共四十六座山，经一万二千三百五十里。山神的形状：有二十座山的山神都是马身人面。祭祀这些山神的仪式，都将用作祭品的藻和茝类香草埋祭。另十四座山山神的形状是猪身佩玉饰，其祭礼，都用玉器，不埋祭。还有十座山山神的形状是猪身、八脚、蛇尾巴，其祭礼，用一玉璧祭祀，埋入地下。共四十四个山神，都要用精米祭祀，此处之人都生吃食物。

右北经之山志，凡八十七山，二万三千二百三十里。

【译】

以上是北方经历之山的记录，共八十七座山，其距离二万三千二百三十里。

卷四　东山经

东山经之首

《东山经》之首曰樕螽之山[①]，北临乾昧[②]。食水出焉，而东北流，注于海。其中多鳙鳙之鱼[③]，其状如犂牛[④]，其音如彘鸣。

【注】

①樕螽（sù zhū）之山：樕螽山，在山东临淄一带。谭其骧《论》谓“黄山当即樕螽山，禺山、社山即乾昧”。黄山又名石门山　②乾昧：谭其骧《论》说即禺山，其地在今山东淄博淄川区东南。吴承志《今释》：“‘乾昧’当作‘乾时’，《左氏春秋》庄九年传及齐师战于乾时。”“乾时乃水名非山名。”　③鳙（yōng）鳙之鱼：即禺禺，又称海牛，鸣声如彘。　④犂牛：郭璞《注》谓“牛似虎文者”。

【译】

东方第一列山系的第一座山，是樕螽山，北与乾昧河相邻。时水从这座山发源，然后向东北流入大海。水中有很多鳙鳙鱼，形状像犁牛，发出的声音如同猪叫。

又南三百里，曰藟山[1]。其上有玉，其下有金。湖水出焉，东流注于食水，其中多活师[2]。

【注】

①藟（lěi）山：山东潍坊青州九回山。谭其骧《论》：“藟、为声近，故藟山当即为山，即今益都县西四十里九回山。” ②活师：蛙类的幼体。郭璞《注》曰：“科斗也，《尔雅》谓之‘活东’。”

【译】

再往南三百里，是藟山。山上有玉石，山下有铜矿。湖水发源于这座山，向东流汇入食水，水中有很多蝌蚪。

又南三百里，曰栒状之山[1]。其上多金、玉，其下多青碧石。有兽焉，其状如犬，六足，其名曰从从[2]，其鸣自设。有鸟焉，其状如鸡而鼠毛，其名曰蚩鼠[3]，见则其邑大旱。汎水出焉[4]，而北流注于湖水。其中多箴鱼，其状如儵，其喙如箴[5]，食之无疫疾。

【注】

①栒状之山：栒状山，谭其骧《论》谓“淄水发源今淄博市旧博山县东南岳阳山，当即经文栒床山”。 ②从从：即狲狲，一种善于奔跑的犬。 ③蚩（zī）鼠：乌骨鸡。郭璞《注》谓其“出东海，今江东水中亦有之”。 ④汎（zhǐ）水：即淄水。源出栒状山。 ⑤箴：针。

【译】

再往南三百里，是栒状山。山上多铜矿、玉石，山下多青石碧玉。有一种野兽，形如狗，却有六只脚，名叫从从，它的叫声是其名字的读音。山中有一种鸟，形状像鸡却长着老鼠一样的尾巴，名称是蚩鼠，它所出现的地方会有大旱灾。淄水发源于这座山，向北流汇入湖水。水中多产箴鱼，形状像儵鱼，嘴巴像长针，人吃了它的肉不会染瘟疫。

又南三百里，曰勃齐之山，无草木，无水。

【译】

再往南三百里，是博齐山，不生草木，也没有水。

又南三百里，曰番条之山①。无草木，多沙。减水出焉②，北流注于海，其中多鳡鱼③。

【注】

①番条之山：番条山，谭其骧《论》认为即今淄博市博山区西南凤凰山。　②减（jiǎn）水：即《水经注》之泷水，今孝妇河。　③鳡（gǎn）鱼：一名黄颊。

【译】

再往南三百里，是番条山。不生草木，到处是沙子。减水发源于这座山，向北流汇入大海，水中多产黄颊鱼。

又南四百里，曰姑儿之山①。其上多漆，其下多桑、柘。姑儿之水出焉，北流注于海，其中多鳡鱼。

【注】

①姑儿之山：姑儿山，在山东济南章丘、邹平一带。

【译】

再往南四百里是姑儿山。山上多生长漆树，山下多生长桑树、柘树。姑儿水发源于这座山，向北流汇入大海，水中有很多黄颊鱼。

又南四百里，曰高氏之山①。其上多玉，其下多箴石②。诸绳之水出焉③，东流注于泽，其中多金、玉。

【注】

①高氏之山：高氏山，在山东淄博临淄一带。 ②箴石：用以箴疗的石头。郭璞《注》曰："可以为砥针，治痈肿者。" ③诸绳之水：吴承志《今释》以为"绳"当作"潍"，诸绳之水即诸潍水。潍水多枝源，故称。

【译】

南四百里，是高氏山。山上多玉石，山下多箴石。诸潍水发源于这座山，向东流汇入湖泽，水中多铜矿和玉石。

又南三百里，曰岳山①。其上多桑，其下多樗。泺水出焉②，东流注于泽，其中多金玉。

【注】

①岳山：毕沅《新校正》谓即泰山，谭其骧《论》认为是泰山支脉。②泺（luò）水：水名，出山东济南历城，北入济水。

【译】

再往南三百里，是岳山。山上生长着茂密的桑树，山下多生长臭椿树。泺水由此山发源，向东流汇入湖泽，水中有许多金矿、玉石。

又南三百里，曰犲山[①]。其上无草木，其下多水，其中多堪孖之鱼[②]。有兽焉，其状如夸父而彘毛，其音如呼，见则天下大水。

【注】

①犲（chái）山：山名，其上多豺狼，因而得名，在山东济南历城一带。 ②堪孖（xù）之鱼：鲟鱼，一种海产鱼。

【译】

再往南三百里，是犲山。山上不长草木，山下多水，水中有很多堪孖鱼。有一种野兽，形状像夸父浑身长着猪毛，它的声音如人呼叫，一出现天下就会发生水灾。

又南三百里，曰独山[①]。其上多金、玉，其下多美石。末涂之水出焉，而东南流，注于沔。其中多偹蟰[②]，其状如黄蛇，鱼翼，出入有光，见则其邑大旱。

【注】

①独山：山名，谭其骧《论》以为“在今历城、长清县境内”。长清县现为济南市长清区。 ②偹蟰（tiáo yóng）：俗名大头鱼，或以为是水游蛇。

【译】

再往南三百里，是独山。山上多铜矿和玉石，山下多美石。末涂河发源于这座山，向东南流汇入沔水，水中有很多偹𧍪，形状与黄蛇相似，长着鱼一样的鳍，出入水中时闪闪发光，它在哪儿出现哪儿就会有大旱灾。

又南三百里，曰泰山①。其上多玉，其下多金。有兽焉，其状如豚而有珠，名曰狪狪②，其鸣自叫。环水出焉，东流注于江③，其中多水玉。

【注】

①泰山：即今东岳泰山，郭璞《注》："即东岳岱宗也，今在泰山奉高县西北，从山下至顶四十八里三百步也。" ②狪（tóng）狪：毕沅《新校正》作"㹯㹯"，野猪。 ③江：一本作"海"。

【译】

再往南三百里，是东岳泰山。山上多玉石，山下多铜矿。山中有一种野兽，形状似猪而体内却有珠子，名叫狪狪，它的叫声是"狪狪"。环水发源于这座山，向东流汇入汶水，水中有很多水晶石。

又南三百里，曰竹山①。錞于江②，无草木，多瑶碧。激水出焉，而东南流，注于娶檀之水③，其中多茈蠃④。

【注】

①竹山：即蜀山，在山东汶上。说见郝懿行《笺疏》。 ②錞于江：郝懿行《笺疏》谓"江"当作"汶"。指竹山居于汶上。 ③娶檀之水：

即曲池河，《左传·桓公十二年》："公会杞侯、莒子于曲池。"杜预注："鲁国汶阳县北有曲池亭。"　④茈蠃（léi）：即紫蠃、紫螺。

【译】

再往南三百里，是竹山。坐落于汶水之滨，山上不生草木，多瑶、碧一类的玉石。激水发源于这座山，然后向东南流汇入曲潭水，水中有很多紫色田螺。

凡《东山经》之首，自樕螽之山以至于竹山，凡十二山，三千六百里。其神状皆人身龙首。祠：毛用一犬祈，聃用鱼[1]。

【注】

①聃（èr）：衅祭用鱼。郭璞《注》："以血涂祭为聃也。《公羊传》云：'盖叩其鼻，以聃社。'"

【译】

总计《东山经》所载第一列山系之首尾，自樕螽山起到竹山止，一共十二座山，经三千六百里。诸山山神形貌均人身龙头。祭祀山神之礼：在毛物中用一只狗作为祭品来祷告，血祭时要用鱼。

东次二经

《东次二经》之首，曰空桑之山[1]。北临食水，东望沮吴，南望沙陵，西望涺泽[2]。有兽焉，其状如牛而虎文，其音如钦[3]，其名曰軨軨[4]，其鸣自叫，见则天下大水。

【注】

①空桑之山：空桑山，在兖州。空桑山出琴瑟之材，见《周礼·春官·大司马》。传为少昊氏所居。谭其骧《论》以为“当指曲阜北今小汶河南岸某山”。　②湣（mǐn）泽：大、小汶水的会合处，临近巨野泽。③钦：郭璞注谓或作“吟”。　④軨（líng）軨：鬣羚，哺乳类，牛科动物。

【译】

《东次二经》山系之第一山，是空桑山。此山北临食水，东望可见沮吴，向南可见沙陵，向西望可见湣泽。山中有一种野兽，形状像牛却有老虎的斑纹，叫声如人在呻吟，名叫軨軨，它的叫声也是軨軨，它一现身天下就会发生水灾。

又南六百里，曰曹夕之山①。其下多穀而无水，多鸟、兽。

【注】

①曹夕之山：曹夕山，兖州附近之兖山。

【译】

再往南六百里，是曹夕山。山下多生长构树而没有水流，还有许多禽鸟野兽。

又西南四百里，曰峄皋之山①。其上多金、玉，其下多白垩。峄皋之水出焉，东流注于激女之水，其中多蜃、珧②。

【注】

①峄（yì）皋之山：峄皋山，即峄山，谭其骧《论》以为在山东邹城市东南。　②蜃：蚌。珧（yáo）：小蚌。

【译】

再往西南四百里，是峄皋山。山上多金矿和玉石，山下有丰富的白垩土。峄皋水发源于这座山，向东流汇入激女水，水中多产大蛤和小蚌。

又南，水行五百里，流沙三百里，至于葛山之尾[①]，无草木，多砥砺。

【注】

①葛山之尾：谭其骧《论》以为"沛县东南之葛墟岭"。

【译】

再往南，从水路行五百里，经过三百里流沙，便到了葛山的尾端，山上不生草木，多磨刀石。

又南三百八十里，曰葛山之首。无草木，澧水出焉[①]，东流注于余泽，其中多珠蟞鱼[②]，其状如肺而有目，六足，有珠，其味酸甘，食之无疠[③]。

【注】

①澧水：即利水，流经山东、江苏交界处。　②珠蟞鱼：即中华鳖。　③疠：瘟疫。郭璞《注》："无时气病也。《吕氏春秋》曰：'澧水之鱼，名曰朱蟞，六足有珠，鱼之美也。'"

【译】

再往南三百八十里，是葛山头。这里不生草木，澧水从此发源，向东流汇入余泽，水中多产珠蟞鱼，形状像肺叶而有四只眼睛，六只脚，能吐珠子，珠蟞鱼的肉味是酸中带甜，人吃其肉不染瘟疫。

又南三百八十里，曰余峨之山[1]。其上多梓、楠，其下多荆、芑。杂余之水出焉[2]，东流注于黄水[3]。有兽焉，其状如兔而鸟喙、鸱目、蛇尾，见人则眠，名曰犰狳[4]，其鸣自叫，见则螽蝗为败。

【注】

①余峨之山：余峨山，在今江苏徐州一带。　②杂余之水：杂余水，水名，在今江苏徐州一带。　③黄水：水名，在今徐州大黄山一带。　④犰狳（qiú yú）：一种似兔子的野兽。

【译】

再往南三百八十里是余峨山。山上多生长梓树和楠树，山下有茂密的牡荆树和枸杞树。杂余水发源于这座山，向东流汇入黄水。山里有一种野兽，形状像兔子而生着鸟嘴，长着鹞鹰般的眼睛和蛇的尾巴，一见人就装死，名叫犰狳，它的叫声是它自己的名字，一出现就会有蝗灾。

又南三百里曰杜父之山。无草木，多水。

【译】

再往南三百里，是杜父山。山上不生草木，水源丰富。

又南三百里，曰耿山[①]。无草木，多水碧[②]，多大蛇。有兽焉，其状如狐而鱼翼，其名曰朱獳[③]，其鸣自叫，见则其国有恐。

【注】

①耿山：山名，其地约在今江苏宿迁附近。　②水碧：水晶。③朱獳（rú）：赤狐。

【译】

再往南三百里，是耿山。山上不生草木，多水晶石，还有很多大蛇。山中有一种野兽，形似狐狸而长着鱼鳍，名叫朱獳，它的叫声便是它自己的名字，它所现身之国会有恐怖的事发生。

又南三百里，曰卢其之山[①]。无草木，多沙石。沙水出焉，南流注于涔水[②]。其中多鵹鹕[③]，其状如鸳鸯而人足，其鸣自叫，见则其国多土功。

【注】

①卢其之山：卢其山，可能在今江苏境。郝懿行《笺疏》曰："《太平御览》九百二十五卷引此经，卢其作宪期。"　②涔水：潮河。　③鵹（lí）鹕：即鹈鹕，一种大型鸟类。

【译】

再往南三百里，是卢其山。山上不生草木，多沙子石头。沙水发源于这座山，向南流汇入涔水，水边栖息着很多鹈鹕鸟，状似鸳鸯而长着人脚，它的叫声便是它自己的名字，它所现身之国会有水土工程的劳役。

又南三百八十里，曰姑射之山[①]。无草木，多水。

【注】

①姑射之山：姑射山，郝懿行据《庄子·逍遥游》以为在山西临汾，谭其骧《论》以为非是，射山在今江苏北部。

【译】

再往南三百八十里，是姑射山。山上不生草木，水源丰富。

又南，水行三百里，流沙百里，曰北姑射之山[①]。无草木，多石。

【注】

①北姑射之山：北姑射山，射山之北麓。

【译】

再往南由水路行进三百里，经过一百里流沙，是北姑射山。不生草木，到处是石头。

又南三百里，曰南姑射之山[①]。无草木，多水。

【注】

①南姑射之山：南姑射山，射山之南麓。

【译】

再往南三百里，是南姑射山。山上不生草木，但水源丰富。

又南三百里，曰碧山[①]。无草木，多大蛇，多碧、水玉。

【注】

①碧山：即狼山，在江苏南通。

【译】

再往南三百里，是碧山。山上不生草木，有许多大蛇，多碧玉和水晶石。

又南五百里，曰缑氏之山①。无草木，多金、玉。原水出焉②，东流注于沙泽③。

【注】

①缑（gōu）氏之山：缑氏山，郭璞《注》谓：一曰"侠氏之山"。②原水：即南江。　③沙泽：洪泽湖。

【译】

再往南五百里，是缑氏山。山上不生草木，有金矿和玉石。原水从这座山发源，向东流入沙泽。

又南三百里，曰姑逢之山①。无草木，多金、玉。有兽焉，其状如狐而有翼，其音如鸿雁，其名曰獙獙②，见则天下大旱。

【注】

①姑逢之山：姑逢山，即盱眙山。　②獙（bì）獙：沙狐，一种体型很小的狐属动物。

【译】

再往南三百里，是姑逢山。山上不生草木，多铜矿和玉石。山中有一种野兽，形状似狐狸却生着翅膀，叫声如同大雁鸣叫，名叫獙獙，它一出现天下就会发生大旱灾。

又南五百里，曰凫丽之山[①]。其上多金、玉，其下多箴石。有兽焉，其状如狐而九尾、九首、虎爪，名曰蛩侄[②]，其音如婴儿，是食人。

【注】

①凫丽之山：凫丽山，即今安徽宣城旌德县凫阳山。　②蛩（lóng）侄：狐狸的一种。

【译】

再往南五百里，是凫丽山。山上有金矿和玉石，山下多箴石。山中有一种野兽，形状像狐狸，却有九条尾巴、九个脑袋、虎一样的爪子，名称是蛩侄，发出的声音如同婴儿啼哭，能吃人。

又南五百里，曰䃌山[①]。南临䃌水，东望湖泽。有兽焉，其状如马而羊目、四角、牛尾，其音如獆狗，其名曰峳峳[②]，见则其国多狡客[③]。有鸟焉，其状如凫而鼠尾，善登木，其名曰絜钩[④]，见则其国多疫。

【注】

①䃌（yīn）山：谭其骧《论》疑即今安徽宿州西北睢阳山。　②峳（yóu）峳：鹅喉羚，属哺乳纲，牛科。　③狡：狡猾。　④絜（xié）钩：绿啄木鸟。

【译】

再往南五百里，是硜山。南面临近硜水，由此东望可见湖泽。山中有一种野兽，形状像马，却长着羊一样的眼睛，四只角，牛一样的尾巴，声音如同狗叫，名叫峳峳，它在哪里出现哪里就会有很多奸猾的政客。山中还有一种禽鸟，形状像野鸭却长着老鼠尾巴，擅长攀登树木，名叫絜钩，它所现身之地会多次发生瘟疫。

凡《东次二经》之首，自空桑之山至于硜山，凡十七山，六千六百四十里。其神状皆兽身人面载觡[①]。其祠：毛用一鸡祈，婴用一璧瘗。

【注】

①载觡（gé）：头戴麋鹿之角。角称为觡，今西北方言中仍有此称。

【译】

总计《东次二经》所载东方第二列山系之首尾，自空桑山起到硜山止，一共十七座山，途经六千六百四十里。诸山山神的形貌都是野兽的身子、人的面孔而且头上戴着觡角。祭祀山神：在毛物中用一只鸡献祭，在祀神的玉器中用一块玉璧献祭后埋入地下。

东次三经

《东次三经》之首，曰尸胡之山[①]。北望殚山[②]，其上多金、玉，其下多棘。有兽焉，其状如麋而鱼目，名曰妴胡[③]，其鸣自叫。

【注】

①尸胡之山：尸胡山，其地不详。尸胡与"之罘"音近。谭其骧《论》据此以为即今山东烟台北之罘山。 ②殍（xiáng）山：山名，旧注其地不详，以其山形如死羊垂首而命名。谭其骧《论》以为即今蓬莱北长岛山。 ③妴（wǎn）胡：麋鹿一类的动物。郭郛《注证》以为即白唇鹿。

【译】

《东次三经》所载东方第三列山系之首座山，是尸胡山。从山上向北可以望见殍山，山上有丰富的金矿和玉石，山下有茂密的酸枣树。山中有一种野兽，形状像麋鹿却长着鱼一样的眼睛，名称是妴胡，它发出的叫声便是自身名称的读音。

又南，水行八百里，曰岐山[①]。其木多桃、李，其兽多虎。

【注】

①岐山：海中之岛山。吕调阳《传》卷四："白翎三岛也。北距床山四十里，西距山东之成山三百六十里。"

【译】

再往南，由水路行八百里，是岐山。山中的树木大多是桃树和李树，而野兽大多是老虎。

又南，水行五百里，曰诸钩之山[①]。无草木，多沙石。是山也，广员百里，多寐鱼[②]。

【注】

①诸钩之山：诸钩山，吕调阳《传》卷四："泰山城南要儿梁也。"②寐鱼：郭郛《注证》谓卷口鱼，属鱼纲，鲤科。

【译】

由水路再往南行五百里，是诸钩山。山上不生草木，到处是沙子石头。这座山，方圆一百里，（山下水中）有很多寐鱼。

又南，水行七百里，曰中父之山[①]。无草木，多沙。

【注】

①中父之山：中父山，即山东崂山。

【译】

再往南由水路行七百里，是中父山。山上不生草木，到处是沙子。

又东，水行千里，曰胡射之山[①]。无草木，多沙石。

【注】

①胡射之山：胡射山，吕调阳校作"湖射之山"，吕调阳《传》卷四："朝鲜东南隅加德岛也。其东北晋江水东南注海，前阻绝影岛澳渚洄流，常西南注，故曰湖射。"

【译】

再往东由水路行一千里，是胡射山。山上不生草木，到处是沙子石头。

又南，水行七百里，曰孟子之山。其木多梓、桐，多桃、李，其草多菌、蒲[①]，其兽多麋、鹿。是山也，广员百里。其上有水出焉，名曰碧阳[②]，其中多鳣、鲔[③]。

【注】

①菌：不含叶绿素的低等异养植物。蒲：香蒲，形如蜡烛，俗称蒲棒或蒲笔。 ②碧阳：湖泊名，在今山东沿海一带。 ③鳣（zhān）：鳣鱼，即中华鲟。鲔（wěi）：鲔鱼，似鳣而长鼻，体无鳞甲。又名象鼻鱼、琴鱼、朝剑鱼。

【译】

再往南由水路行七百里，是孟子山。山中多生长梓树和桐树，还生长着茂密的桃树和李树，草大多是菌、蒲，野兽大多是麋、鹿。这座山，方圆一百里。有条河水从山上流出，名称是碧阳，水中多生鳣鱼和鲔鱼。

又南，水行五百里，曰流沙[①]。行五百里，有山焉，曰跂踵之山[②]。广员二百里，无草木，有大蛇。其上多玉。有水焉，广员四十里皆涌[③]，其名曰深泽，其中多蠵龟[④]；有鱼焉，其状如鲤而六足鸟尾，名曰鲐鲐之鱼[⑤]，其鸣自叫。

【注】

①流沙：积沙的平原。吕调阳《传》卷四："流沙在要儿梁西北，长四十里，沙之北尾之东即唐津江入海之口也。自南尾向南行，经梁西又东南达向江口约二百余里，溯江东行，曲折东北约三百里，至珍岑城北，城南即跂踵山。" ②跂踵之山：跂踵山，即乳山。 ③涌：涌泉。郭璞《注》曰："今河东汾阴县有瀵水，源在地底，濆沸涌出，其深无限，即此类也。" ④蠵（xī）龟：一种体型特大的龟，又名红海龟、赤海龟。 ⑤鲐（gé）鲐之鱼：比目鱼。

【译】

再往南由水路行五百里，经过流沙五百里，有一座山，叫跂踵山。方圆二百里，不生草木，有大蛇，山上多玉石。这里有一水潭，方圆四十里都是涌泉，名叫深泽，水中有很多蠵龟。还有一种鱼，形状像鲤鱼，却有六只脚和鸟一样的尾巴，名称是鮯鮯鱼，叫声是它名字的读音。

又南，水行九百里，曰踇隅之山①。其上多草木，多金、玉，多赭。有兽焉，其状如牛而马尾，名曰精精，其鸣自叫。

【注】

①踇（mǔ）隅之山：踇隅山，吕调阳《传》卷四校作“踇禺之山”，曰：“尸胡南也。荣城以东海岸参差象狒狒迅走踵反，故曰踇禺。”②精精：黄羊。

【译】

再往南由水路行九百里，是踇隅山。山上草木茂密，富有金矿和玉石，还有许多赭石。山中有一种野兽，形状像牛却长着马尾巴，名称是精精，叫声是它名字的读音。

又南，水行五百里，流沙三百里，至于无皋之山①。南望幼海②，东望榑木③。无草木，多风。是山也，广员百里。

【注】

①无皋之山：无皋山，谭其骧《论》“疑即劳山”。吕调阳《传》卷四：“今自鸭绿江口循海西南百八十余里得沙河口，又五十里大庄河合沙河

来入，又百四十里经水口四至大沙河口，又三十里至澄沙河口，此二百余里中海中小岛十有九傍岸，皆沙浅，又百三十里讫旅顺城曰无皋之山，即《北次三经》云‘鸡号之山’也。无皋，小儿号乳也，象形。” ②幼海：即少海。郭璞《注》引《淮南子》曰：“东方有渚曰少海。”谭其骧《论》以为“指劳山西南的胶州湾”。 ③榑（fú）木：袁珂以为即扶桑。

【译】

再往南由水路行五百里，经过三百里流沙，便到无皋山。南望可见幼海，东望可见榑木，这里不生草木，经常刮大风。这座山，方圆一百里。

凡《东次三经》之首，自尸胡之山至于无皋之山，凡九山，六千九百里。其神状皆人身而羊角。其祠：用一牡羊，米用黍。是神也，见则风，雨水为败。

【译】

全部《东次三经》所载东方第三列山系，自尸胡山起到无皋山止，共九座山，途经六千九百里。各山山神形貌都是人身羊角。祭祀山神的仪式：祭品用公羊一只，米用黄米。这些山神，一出现就会起大风，大雨也会造成灾害。

东次四经

《东次四经》之首，曰北号之山[①]。临于北海，有木焉，其状如杨，赤华，其实如枣而无核，其味酸甘，食之不疟。

食水出焉，而东北流，注于海。有兽焉，其状如狼，赤首鼠目，其音如豚，名曰猲狙[②]，是食人。有鸟焉，其状如鸡而白首，鼠足而虎爪，其名曰鬿雀[③]，亦食人。

【注】

①北号之山：北号山，在莱州湾附近。谭其骧《论》曰："按上文已考定乾昧应为临淄西北社山，距海尚远，不得为'临于北海'的北号山，北号山应为食水下游今小清河畔一丘阜，临于莱州湾。故首经谓'樕螽之山，食水出焉'，指源出，而此经所谓'北号之山，食水出焉'，应仅指流出。" ②猲狙（gé jū）：当作獦狚，即豺狗，又称红狼。 ③鬿（qí）雀：胡兀鹫，一种大型猛禽。

【译】

《东次四经》所载东方第四山系之首座山，是北号山。在北海边上，山中有一种树，形似杨树，开红花，果实与枣子相似而无核，味道酸甜，人吃了它不患疟疾。食水发源于此山，然后向东北流汇入大海。山中有一种野兽，形状像狼，长着红脑袋和老鼠眼，叫声如小猪，名叫獦狚，吃人。山中还有一种猛禽，形似鸡却长着白脑袋，足似鼠，爪如虎，名叫鬿雀，也是吃人的。

又南三百里，曰旄山[①]。无草木。苍体之水出焉[②]，而西流注于展水[③]，其中多鱃鱼[④]，其状如鲤而大首，食者不疣。

【注】

①旄山：即柳山，在山东潍坊。 ②苍体之水：潍坊西河。 ③展水：大圩河，与西河汇合后流入渤海。 ④鱃（qiū）鱼：鲇鱼。

【译】

再往南三百里，是旄山。不生草木。苍体水发源于这座山，然后向西流汇入展水，水中多鱃鱼，形状像鲤鱼而头很大，人食其肉，皮肤不生瘊子。

又南三百二十里，曰东始之山[①]。上多苍玉。有木焉，其状如杨而赤理，其汁如血，不实，其名曰芑[②]，可以服马[③]。泚水出焉，而东北流，注于海，其中多美贝，多茈鱼[④]，其状如鲋，一首而十身，其臭如蘪芜，食之不屁。

【注】

①东始之山：东始山，在沂山东北。谭其骧《论》："东始山当指今临朐县东、昌乐县南某山。" ②芑：芑木，其汁可以治疗马的寄生虫病。郭璞《注》："以汁涂之，则马调良。" ③服马：即可以调教马。④茈鱼：刀鱼。

【译】

再往南三百二十里，是东始山。山上多苍玉。山中有一种树，形如杨树却有红色纹理，树干中有液汁似血，不结果实，名叫芑木，把它的液汁涂于马身可使马驯服。泚水发源于此山，然后向东北流汇入大海，水中多产美贝，还有很多茈鱼，形似鲫鱼，却是一首十身，其气味与蘪芜相似，人食之不放屁。

又东南三百里，曰女烝之山[①]。其上无草木。石膏水出焉[②]，而西注于鬲水[③]。其中多薄鱼，其状如鳣鱼而一目，其音如欧[④]，见则天下大旱。

【注】

①女烝之山：女烝山，即布列因山，在临朐县北。吕调阳《传》卷四："山盖在鸭绿江东岸朝鲜张杰城之东，有水西流合东南水而西注江，亦象女子夭侧形而前临鬲水，故曰女烝。" ②石膏水：石膏河，即布列亚河。③鬲水：即潍坊东河。 ④欧：呕吐。郭璞《注》："如人呕吐声也。"

【译】

再往东南三百里，是女烝山。山上不生草木。石膏水发源于这座山，然后向西流汇入鬲水，水中多薄鱼，形状像鳝鱼而只有一只眼睛，其叫声如人呕吐，它出现的地方就会发生大旱灾。

又东南二百里，曰钦山[①]。多金、玉而无石。师水出焉[②]，而北流注于皋泽[③]，其中多鱃魚，多文贝。有兽焉，其状如豚而有牙，其名曰当康[④]，其鸣自叫，见则天下大穰。

【注】

①钦山：即黔山，在胶东。吕调阳《传》卷四："山在辽阳州东鳒厂门内之西南，为哈什玛河所出。钦，吟也。" ②师水：胶水。 ③皋泽：夷安泽，在胶东。 ④当康：长着獠牙的公猪。

【译】

再往东南二百里，是钦山。山中富有铜矿和美玉却没有石头。师水发源于此山，向北流汇入皋泽，水中多生鱃鱼，以及很多花贝。山里有一种野兽，形状像小猪却长着大獠牙，名叫当康，它的叫声是"当康"，当康现身之时预示着天下会是丰收年。

又东南二百里，曰子桐之山[①]。子桐之水出焉[②]，而西流注于余如之泽[③]，其中多䱻鱼[④]，其状如鱼而鸟翼，出入有光，其音如鸳鸯，见则天下大旱。

【注】

①子桐之山：子桐山，郭郛《注证》以为山东五莲县箕屋山。　②子桐之水：即《水经》之潍河。　③余如之泽：余如泽，在潍河流域。　④䱻鱼：滑鱼，属鲤科，体长30余厘米，银灰色，能跃出水面，故云其有翅膀。

【译】

再往东南二百里，是子桐山。子桐水发源于此山，向西流汇入余如泽，水中多生䱻鱼，体形如普通的鱼而生着鸟的翅膀，出入水面闪闪发光，叫声如鸳鸯，它一出现预示着天下会发生旱灾。

又东北二百里，曰剡山[①]。多金、玉。有兽焉，其状如彘而人面，黄身而赤尾，其名曰合窳[②]，其音如婴儿。是兽也食人，亦食虫、蛇，见则天下大水。

【注】

①剡山：即大泽山，在山东莱州市。　②合窳（yǔ）：黄色的野猪，食性杂，吃各种小动物，也攻击人。

【译】

再往东北二百里，是剡山。山中蕴含丰富的铜矿和玉石。有一种野兽，形状像猪而生人面，黄身红尾，名叫合窳，叫声如婴儿啼哭。这种合窳兽吃人，也吃昆虫和蛇，它一出现预示着天下会发生水灾。

又东二百里，曰太山[①]。上多金、玉、桢木[②]。有兽焉，其状如牛而白首，一目而蛇尾，其名曰蜚[③]，行水则竭，行草则死，见则天下大疫。钩水出焉[④]，而北流注于劳水，其中多鱃鱼。

【注】

①太山：谭其骧《论》谓即东泰山，一名沂山。《水经注》所载：洋水、汶水发源于此山。　②桢木：冬青，也称蜡树，一种常绿大灌木或小乔木，高可达10米。子、叶、皮、根均可入药。郭璞《注》“女桢也，叶冬不凋。”　③蜚（fěi）：水牛，野生常成大群生活，奔跑迅速，故称“蜚”。　④钩水：即《水经》所载巨洋水。

【译】

再往东二百里，是太山。山中蕴含丰富的铜矿和玉石以及茂密的女桢树。有一种野兽，形状像牛却长着白头，一只眼睛，尾似蛇，名叫蜚，它行经有水的地方水就干涸，行过草地草就枯死，一出现预示天下会发生大瘟疫。钩水发源于此山，然后向北流汇入劳水，水中多产鱃鱼。

凡《东次四经》之首，自北号之山至于太山，凡八山，一千七百二十里。右东经之山志，凡四十六山，万八千八百六十里。

【译】

总计《东次四经》所载东方第四列山脉之首尾，自北号山到太山，一共八座山，距离一千七百二十里。以上所记东方的山，共四十六座山，总距离一万八千八百六十里。

卷五　中山经

中山经之首

《中山经》薄山之首[①]，曰甘枣之山[②]。共水出焉[③]，而西流注于河。其上多杻木，其下有草焉，葵本而杏叶，黄华而荚实，名曰箨[④]，可以已瞢[⑤]。有兽焉，其状如䖘鼠而文题[⑥]，其名曰䧿[⑦]，食之已瘿。

【注】

①薄山：即蒲山。毕沅《新校正》以为禹都平阳，或在安邑，或在晋阳，故以山西薄山为中山，起薄山也。在“山西蒲州府南”。　②甘枣之山：甘枣山，即中条山，也称雷首山。吕调阳《传》卷五：“此经志冀州全境诸山也。冀州，帝都所在，故中经先之。”谭其骧《论》认为：“中山首经凡十五山，前十山自甘枣山至吴林山，经文皆作‘又东’，所指为山西中条山脉自今永济蒲州镇南东抵平陆县北，确为自西而东。自吴林山至第十四阴山皆作‘又北’，指自平陆东北经浮山县北牛首山、霍山至介休县南阴山，方向基本符合。惟阴山至第十五垣曲县北鼓镫山，

实为正南，而经作东北，那是错的。颇疑鼓镫山本当在吴林山、牛首山之间，则全经自第一甘枣山至第十五阴山，方位无一不合。” ③共水：水名，在今山西芮城县。 ④箨（tuò）：野草，蒿类。 ⑤瞢（méng）：即矇，目不明也。 ⑥䖸鼠：鼠的一种。郭璞《注》谓“䖸”字亦或作“虺”。毕沅《新校正》以为当作“吠”。 ⑦難（nuó）：郭璞《注》曰：“或作熊也。”

【译】

《中山经》所载中央第一列薄山山系之首山，是甘枣山。共水发源于这座山，向西流汇入黄河。山上多生杻树，山下有一种草，茎似葵菜，叶如杏树，黄花而果实带荚，名叫箨，人吃了可治愈眼病。山中有一种野兽，形似䖸鼠而额头有花纹，名叫難，人食其肉可治好大脖子病。

又东二十里，曰历儿之山[①]。其上多橿，多枥木[②]，是木也，方茎而员叶，黄华而毛，其实如楝[③]，服之不忘。

【注】

①历儿之山：历儿山，即历山，毕沅《新校正》说“在山西蒲州府”。 ②枥（lì）木：即枥树，木质细密坚固。 ③楝：木名。毕沅《新校正》：“子如指头，白而黏，可以浣衣也。音‘练’，或作‘简’。”汪绂《山海经存》云：“楝，木似槐子，如指头，色白而粘，可捣以浣衣，服之益肾。此服之不忘，谓令人健记，盖亦楝类也。”

【译】

再往东二十里，是历儿山。山上多生长橿树，还有枥树，这种树木，树干方形而长着圆形的叶子，黄花而花瓣有绒毛，果实像楝树，人服用它可以增强记忆。

又东十五里，曰渠猪之山[①]。其上多竹。渠猪之水出焉[②]，而南流注于河。其中是多豪鱼[③]，状如鲔，赤喙、尾、赤羽，可以已白癣。

【注】

①渠猪之山：渠猪山，离薄山不远。　②渠猪之水：渠猪水，在今山西永济市。　③豪鱼：一种怪鱼，外形如鲔鱼，全身红色。

【译】

再往东十五里，是渠猪山。山上多生长竹子。渠猪水发源于这座山，然后向南流汇入黄河。水中有很多豪鱼，形状像鲔鱼，但红嘴巴红羽毛红尾巴，人食之可治愈白癣病。

又东三十五里，曰葱聋之山[①]。其中多大谷[②]，是多白垩，黑、青、黄垩。

【注】

①葱聋之山：葱聋山，薄山余脉，因山上草木茂盛，故称葱聋。葱聋，即葱茏。　②大谷：深谷。

【译】

再往东三十五里，叫葱聋山。山中有许多峡谷，多白垩土、黑垩土、青垩土和黄垩土。

又东十五里，曰涹山[①]。其中多赤铜，其阴多铁。

【注】

①涹（wō）山：也是薄山余脉。在山西芮城县北。

【译】

再往东十五里，是涹山。山上有丰富的红铜，山北面多铁矿。

又东七十里，曰脱扈之山[1]。有草焉，其状如葵叶而赤华，荚实，实如棕荚，名曰植楮[2]，可以已癙[3]，食之不眯。

【注】

①脱扈之山：脱扈山，与薄山相连的山麓。 ②植楮：五味子，古人以为这是一种神奇的药草，可以治疗佝偻病。 ③癙（shǔ）：佝偻病。

【译】

又往东七十里，是脱扈山。山中有一种草，形似葵菜叶子而开着红花，果实带荚，像棕树的皂荚，名叫植楮，可以用它治愈佝偻病，服食之能使人不做恶梦。

又东二十里，曰金星之山[1]。多天婴[2]，其状如龙骨，可以已痤。

【注】

①金星之山：金星山，与薄山相邻的山麓，在今山西芮城县境。②天婴：生物化石块。

【译】

再往东二十里，是金星山。山中多有天婴，是形状如哺乳动物的化石，可以用来医治痤疮等皮肤病。

又东七十里，曰泰威之山[①]。其中有谷曰枭谷[②]，其中多铁。

【注】

①泰威之山：泰威山，薄山余脉，在今山西平陆附近。　②枭谷：猫头鹰出没的山谷。郭璞《注》曰："或无'谷'字。"

【译】

再往东七十里，是泰威山。山中有峡谷叫枭谷，那里蕴藏着丰富的铁矿。

又东十五里，曰橿谷之山[①]。其中多红铜矿。

【注】

①橿（jiāng）谷之山：橿谷山，薄山一系的山峰。郭璞《注》："或作檀谷之山。"

【译】

再往东十五里，叫作橿谷山。山中蕴含着丰富的红铜。

又东百二十里，曰吴林之山[①]。其中多葌草[②]。

【注】

①吴林之山：吴林山，薄山一系的山峰，又叫吴山，也在平陆县境内。　②葌（jiān）草：兰草。郭璞《注》谓亦作"菅"字。

【译】

再往东一百二十里，是吴林山。山中多生长兰草。

又北三十里，曰牛首之山[①]。有草焉，名曰鬼草[②]，其叶如葵而赤茎，其秀如禾，服之不忧。劳水出焉[③]，而西流注于潏水[④]。是多飞鱼，其状如鲋鱼，食之已痔衕[⑤]。

【注】

①牛首之山：牛首山，又名黑山，在今山西浮山县境。 ②鬼草：白草，又称鬼目草。多年生蔓性半灌木，茎高达4 5米，圆叶白花，浆果卵形，全草及果实入药。 ③劳水：长寿水，异名黑水，源出黑山。 ④潏（yù）水：响水河，汾水支流。 ⑤痔衕：痔疮和腹泻。

【译】

再往北三十里，是牛首山。山中生一种草，名叫鬼草，叶子像葵菜而茎干却是红色，花像禾苗吐穗，服食之能使人无忧无虑。劳水发源于这座山，然后向西流汇入潏水，水中多生飞鱼，形状像鲫鱼，人食之可治愈痔疮和痢疾。

又北四十里，曰霍山[①]。其木多穀。有兽焉，其状如狸，而白尾有鬣，名曰朏朏[②]，养之可以已忧。

【注】

①霍山：郭璞《注》："今平阳永安县、泸江灊县、晋安罗江县、河南巩县皆有'霍山'，明以'霍'名者非一矣。按《尔雅》：'大山绕小山为霍。'"毕沅《新校正》、郝懿行《笺疏》皆以为山西霍州一带之霍山。

②朏（fěi）朏：白鼬。体形较小，全身白色，善奔跑，以残尸和植物果实为食，栖息于岩石缝隙中或占据鼠洞中。

【译】

再往北四十里，叫作霍山。这里遍生构树。山中有一种野兽，形状像野猫，长着白色的尾巴，脖子上有鬃毛，名叫朏朏，人饲养它可以消除忧愁。

又北五十二里，曰合谷之山①。是多薝棘②。

【注】

①合谷之山：合谷山，又名金谷山，在山西灵石一带。　②薝（zhān）棘：天门冬，或以为是沙棘、酸刺。

【译】

再往北五十二里，是金谷山。这里遍生薝棘。

又北三十五里，曰阴山①。多砺石②、文石。少水出焉。其中多雕棠，其叶如榆叶而方，其实如赤菽③，食之已聋。

【注】

①阴山：郭璞《注》谓即险山。毕沅《新校正》以为当即绵山，在山西祁县、沁源一带。　②砺石：磨刀石。　③赤菽：红豆。

【译】

再往北三十五里，是阴山。多出磨刀石、色彩斑斓的石头。少水发源于这座山。山中生长着茂密的雕棠树，叶子像榆树而呈四方形，果实如红豆，服食之可治愈耳聋。

又东北四百里，曰鼓镫之山[①]。多赤铜[②]。有草焉，名曰荣草[③]，其叶如柳，其本如鸡卵，食之已风。

【注】

①鼓镫之山：鼓镫山，在今山西垣曲县。　②赤铜：毕沅《新校正》引《水经》以此处有冶官遗铜，则知古者冶铜于此，经言多赤铜，信也。　③荣草：萎蕤，百合科多年生草本植物，根茎可入药。

【译】

再往东四百里，叫作鼓镫山。蕴藏有丰富的红铜矿。山中有一种草，名叫荣草，其叶似柳树，根茎卵形，人食之可治四肢麻痹。

凡薄山之首，自甘枣之山至于鼓镫之山，凡十五山，六千六百七十里。历儿，冢也，其祠礼：毛，太牢之具；县以吉玉[①]。其余十三山者，毛用一羊，县婴用桑封[②]，瘗而不糈。

桑封者，桑主也，方其下而锐其上，而中穿之加金[③]。

【注】

①县（xuán）：悬挂，一种献祭的方式。郭璞《注》：祭山之名也，见《尔雅》。　②桑封：系“藻珪”之误。袁珂《校注》：“经文‘桑封者桑主也’以下十九字，毕沅谓疑是周秦人释语，旧本乱入经文者，或当是也。桑封若从江说系藻珪之误，则此释乃耑在说明藻珪即藻玉之形状，而郭璞《注》乃云：‘言作神主而祭，以金银饰之也。’《公羊传》曰：‘虞主用桑。’主或作玉。未免望文生义，漫为立说矣。”　③加金：用金装饰神主。郭璞《注》：“言作神主而祭，以金银饰之也。《公羊传》曰：

‘虞主用桑。’主，或作‘玉’。”

【译】

全部薄山山系的首尾，从甘枣山开始到鼓镫山为止，一共十五座山，相距六千六百七十里。历儿山，是众山之主，祭祀此山之神的仪式：毛物用猪、牛、羊三牲，再悬挂吉玉。祭祀其他十三座山之神，毛物用一羊，再悬挂藻珪，祭礼完毕埋入地下而不用米祀神。

所谓藻珪，就是藻玉，下端长方形而上有尖角，中间有孔并饰以金。

中次二经

《中次二经》济山之首，曰辉诸之山①。其上多桑，其兽多闾麋②，其鸟多鹖③。

【注】

①辉诸之山：辉诸山，卫挺生、徐圣谟《山经地理图考》以为即五寨山，在河南登封境，伊水流域。徐显之《山海经浅注》曰：“《中次二经》所述诸山水是伊水南侧的情况。” ②闾麋：麋鹿。 ③鹖（hé）：一种猛禽，似雉而大，性勇健，好斗。郭璞注云：“似雉而大，青色，有毛，勇健，斗死乃止。”

【译】

《中次二经》所载中央第二列济山山系的首座山，叫做辉诸山。山上生长着茂密的桑树，山中野兽多麋鹿，而禽鸟多鹖鸟。

又西南二百里，曰发视之山①，其上多金、玉，其下多砥砺。即鱼之水出焉[②]，而西流注于伊水[③]。

【注】

①发视之山：发视山，卫挺生《今考》以为河南登封西之八风山。②即鱼之水：江左水，流入伊水。　③伊水：伊河，发源于河南卢氏县熊耳山，在偃师入洛河。

【译】

再往西南二百里，是发视山。山上富有铜矿和玉石，山下多磨石。即鱼水发源于这座山，然后向西流汇入伊水。

又西三百里，曰豪山[①]。其上多金、玉而无草木。

【注】

①豪山：狼嗥山，豪、嗥同音互转。

【译】

再往西三百里，是豪山。山上富有铜矿和玉石而不生长草木。

又西三百里，曰鲜山[①]。多金、玉，无草木。鲜水出焉[②]，而北流注于伊水。其中多鸣蛇[③]，其状如蛇而四翼，其音如磬，见则其邑大旱。

【注】

①鲜山：嵩阳山，在今河南嵩县境。　②鲜水：嵩河。　③鸣蛇：郭郛《注证》以为中华鼍，即扬子鳄。中华鼍游动时激起水波像鸟翼，雄性求偶时常夜鸣，故称鸣蛇。

【译】

再往西三百里，是鲜山。有丰富的铜矿和玉石，但不生长花草树木。鲜水从这座山发源，然后向北流入伊水。水中有很多鸣蛇，形状像一般的蛇却长着四只翅膀，叫声如同击磬声，在哪个地方出现那里就会发生大旱灾。

又西三百里，曰阳山①。多石，无草木。阳水出焉②，而北流注于伊水。其中多化蛇，其状如人面而豺身，鸟翼而蛇行，其音如叱呼，见则其邑大水。

【注】

①阳山：山名，在河南嵩县境。　②阳水：嵩河，发源于阳山，注入伊水。

【译】

再往西三百里，是阳山。山上多石，不生长草木。阳水发源于这座山，然后向北流汇入伊水。水中多生化蛇，形状是人面豺身，生着鸟翅却像蛇一样爬行，它的声音如人的呵斥，它所出现的地方那里将会有水害。

又西二百里，曰昆吾之山①。其上多赤铜。有兽焉，其状如彘而有角，其音如号②，名曰蛮蚳③，食之不眯。

【注】

①昆吾之山：昆吾山，即熊耳山。郭璞注：此山出名铜，色赤如火，以之作刀，切玉如割泥也。周穆王时，西戎献之，《尸子》所谓昆吾之剑

也。《越绝书》曰："赤堇之山破而出锡，若邪之谷涸而出铜，欧冶子因以为纯钩之剑。"汲郡亦皆非铁也，明古者通以锡杂铜为兵器也。 ②如号：如人号哭。 ③蛮蚳（chí）：一种体型较大的野猪。

【译】

再往西二百里，是传说中昆吾氏所居之昆吾山。山上蕴藏丰富的红铜矿。山中有一种野兽，形状像野猪却长着角，它的叫声如同人号啕大哭，名叫蛮蚳，食其肉可使人不做恶梦。

又西百二十里，曰葌山[①]。葌水出焉[②]，而北流注于伊水。其上多金、玉，其下多青雄黄。有木焉，其状如棠而赤叶，名曰芒草[③]，可以毒鱼。

【注】

①葌山：山名，在河南栾川县南。 ②葌水：栾水，亦名交水。③芒草：莽草，木兰科细叶茴香的古称，又名葞、春草等，毒性很强。

【译】

再往西一百二十里，是葌山。葌水发源于这座山，然后向北流汇入伊水。山上多铜矿和玉石，山下多石青、雄黄。山里有一种树，形似棠梨而叶子红色，名叫芒草，用它能够毒死鱼。

又西一百五十里，曰独苏之山[①]。无草木而多水。

【注】

①独苏之山：独苏山，伊水南之山，在河南栾川县境。

【译】

再往西一百五十里，是独苏山。山上无草木而多水流。

又西二百里，曰蔓渠之山[①]。其上多金、玉，其下多竹箭。伊水出焉，而东流注于洛。有兽焉，其名曰马腹[②]，其状如人面、虎身，其音如婴儿，是食人。

【注】

①蔓渠之山：蔓渠山，郝懿行《笺疏》以为熊耳山余脉。郭璞《注》："今伊水出上洛卢氏县熊耳山，东北至河南洛阳县入洛。" ②马腹：虎鼬，兽纲，貂科，性机警凶猛，能攀树，喜主动袭击其他野兽和人类。据郭郛《注证》。

【译】

再往西二百里，是蔓渠山。山上富有铜矿和玉石，山下到处是小竹林。伊水发源于此山，向东流后汇入洛水。山里有一种野兽，名叫马腹，外形是人面、虎身，它的叫声如婴儿啼哭，它会吃人。

凡济山经之首，自辉诸之山至于蔓渠之山，凡九山，一千六百七十里，其神皆人面而鸟身。祠：用毛[①]，用一吉玉，投而不糈。

【注】

①用毛：祭祀选择使用毛物。

【译】

全部济山山系之首尾，自辉诸山到蔓渠山，一共九座山，其间相距一千六百七十里。这里的山神都是人面鸟身。祭祀的仪式：用毛物作祭品，再用一块吉玉，将其投入山谷而不用精米。

中次三经

《中次三经》萯山之首[①]，曰敖岸之山[②]。其阳多㻬琈之玉，其阴多赭、黄金。神熏池居之[③]。是常出美玉。北望河林[④]，其状如茜如举[⑤]。有兽焉，其状如白鹿而四角，名曰夫诸[⑥]，见则其邑大水。

【注】

①萯（bèi）山：萯山山系在谷水之北，黄河以南。《国语·郑语》："主芣隗而食溱洧。"毕沅《新校正》以为"芣"即萯山。　②敖岸之山：敖岸山，在河南渑池县西北。　③神熏池：图腾名。郭郛《注证》以为是羊图腾。　④河林：树林，其地在三门峡两岸黄河滩地上。　⑤如茜（qiàn）如举：茜草和榉树。郭璞《注》："说者云：茜、举皆木名也。"　⑥夫诸：河麂，鹿科动物，体长近1米，行动机敏，善游水，能奔跑。

【译】

《中次三经》所载中部第三山系萯山之第一山，是敖岸山。山南多产㻬琈，山北多赭石、金矿。天神熏池在这里。这座山还出产美玉。由此北望可见奔腾的黄河和葱郁的河林，它们的形状如茜草和榉柳。山中有一种野兽，形似白鹿而头生四角，名叫夫诸，它所现身之地会发生水灾。

又东十里，曰青要之山[①]，实维帝之密都[②]。北望河曲，是多驾鸟[③]。南望墠渚[④]，禹父之所化[⑤]，是多仆累、蒲卢[⑥]。䰠武罗司之[⑦]，其状人面而豹文，小要而白齿[⑧]，而穿耳以鐻[⑨]，其鸣如鸣玉[⑩]。是山也，宜女子。畛水出焉[⑪]，而北流注于河。其中有鸟焉，名曰䴅[⑫]，其状如凫，青身而朱目赤尾，食之宜子[⑬]。有草焉，其状如葌[⑭]，而方茎、黄华、赤实，其本如藁本[⑮]，名曰荀草[⑯]，服之美人色[⑰]。

【注】

①青要之山：青要山，又名强山，在河南新安县西北。　②帝之密都：黄帝的行宫。　③驾鸟：即驾鹅，䴕鹅。　④墠（shàn）渚：即《水经·伊水注》所说的禅渚水，在河南嵩县一带。　⑤禹父：即鲧。郭璞《注》："鲧化于羽渊，为黄熊。今复云在此，然则亦一已有变化之性者，亦无往而不化也。"　⑥仆累：蜗牛。蒲卢：稻苞虫的幼虫。郭璞《注》引《尔雅》曰："蒲卢者，螟蛉也。"　⑦䰠武罗：天神武罗。武罗，神名。䰠即"神"字。　⑧齿：郭璞《注》曰：或作"首"。　⑨鐻（qú）：金属的大耳环。郭璞《注》："金银器之名，未详也，音'渠'。"　⑩鸣玉：玉佩撞击之声。郭璞《注》："如人鸣玉佩声。"　⑪畛（zhěn）水：畛河，出青要山，在新安县一带。　⑫䴅（yǎo）：头鸠，属鸬鹚科，即鱼鹰。　⑬宜子：有助于怀孕生子。　⑭葌：即蕑，兰草。郭璞《注》："菅似茅也。"　⑮藁本：即茝，一种香草。　⑯荀草：覆盆子，属蔷薇科，落叶灌木。果实可食，根、叶、茎均可入药。郭璞《注》："或曰苞草。"　⑰美人色：令人肤色美艳。

【译】

再往东十里，是青要山，这里是天帝的隐秘之所。从青要山北眺可见黄河的弯曲，这里有许多野鹅。从此山南望可见埠渚，是大禹之父鲧化为黄熊之地，这里多蜗牛、蒲卢。山神武罗居住在这里，它有着人面豹纹的形貌，细腰白齿，双耳佩戴金银耳环，行走时发出玉佩撞击的响声。这座青要山，适宜于女子。畛水发源于此山，向北流汇入黄河。山里有鸟，名叫鴢，形似野鸭，身子青色，眼睛浅红色，尾巴深红色，食其肉可助人多生孩子。山中有草，形似兰草，而有四方形茎干、黄色花朵、红色果实，根部像藁本的根，名叫荀草，服用它可使人白净漂亮。

又东十里，曰騩山①。其上有美枣，其阴有㻬琈之玉。正回之水出焉②，而北流注于河。其中多飞鱼，其状如豚而赤文，服之不畏雷，可以御兵。

【注】

①騩山：强山东麓。　②正回之水：正回水，即强川水，在河南孟津县一带。

【译】

再往东十里，是騩山。山上出产甜枣，山北有㻬琈美玉。正回水发源于此山，向北流汇入黄河。水中多生飞鱼，形如小猪身带红色花纹，人食之不怕打雷，还可以避免刀兵之祸。

又东四十里，曰宜苏之山①。其上多金、玉，其下多蔓居之木②。滽滽之水出焉③，而北流注于河，是多黄贝。

【注】

①宜苏之山：宜苏山，在河南孟津县境。　②蔓居之木：郭郛《注证》谓即蔓荆，马鞭草科落叶小灌木，有香气，成株高约3米。可提取芳香油，叶、子可入药。　③滽（yōng）滽之水：横河，在河南新安县境。

【译】

再往东四十里，叫宜苏山。山上富有铜矿和玉石，山下多生蔓荆。滽滽水发源于这座山，然后向北流汇入黄河，水中多出黄色的贝类。

又东二十里，曰和山[①]。其上无草木而多瑶碧，实惟河之九都[②]。是山也五曲，九水出焉[③]，合而北流注于河，其中多苍玉。吉神泰逢司之[④]，其状如人而虎尾，是好居于萯山之阳，出入有光。泰逢神动天地气也[⑤]。

【注】

①和山：毕沅《新校正》以为东首阳山，在孟津县境。　②九都：九水所汇而成之沼泽。郭璞《注》："九水所潜，故曰九都。"郝懿行《笺疏》谓"都"当作"潴"。　③九水：黄河汇水处，因水流众多，故称九水。　④吉神泰逢：吉祥之神泰逢。　⑤"泰逢"句：郭璞《注》："言其有灵爽，能兴云雨也。夏后、孔甲田于萯山之下，天大风晦冥，孔甲迷惑，入于民室。见《吕氏春秋》也。"毕沅《新校正》以为是秦汉旧注混入正文者。

【译】

再往东二十里，是和山。山上不生草木而多瑶碧美玉，是河口九条水源所汇之处。此山盘曲五重，有九条水从此发源，汇合为一后向北流入黄河，水中多苍玉。吉神泰逢主管这座山，其形貌是人身、虎尾，喜欢住在萯山的阳面，出入时都会发光。泰逢这位吉神能兴风起云。

凡萯山之首，自敖岸之山至于和山，凡五山，四百四十里。其祠：泰逢、熏池、武罗皆一牡羊副[①]，婴用吉玉。其二神用一雄鸡瘗之，糈用稌。

【注】

①牡羊副（pì）：劈开羊骨献祭。郭璞《注》："副谓破羊骨磔之以祭也。见《周礼》。"副，同疈，劈开。

【译】

举凡萯山山系首尾，从敖岸山到和山，一共五座山，相距四百四十里。祭祀诸山山神的仪式：泰逢、熏池、武罗三位神劈开一只公羊献祭，玉器用吉玉。骢山和宜苏山的山神用一只公鸡献祭后埋入地下。献祭的米用稻米。

中次四经

《中次四经》厘山之首[①]，曰鹿蹄之山[②]。其上多玉，其下多金。甘水出焉[③]，而北流注于洛，其中多汵石[④]。

【注】

①厘山：山名，毕沅《新校正》以为在河南嵩县西。徐显之《浅注》："《中次四经》所讲的山水，是伊水、洛水之间的山水，水北流入洛，南流

入伊。” ②鹿蹄之山：鹿蹄山，在河南宜阳县东南。因山上有鹿蹄迹而得名。疑是岩画一类。 ③甘水：水名，北流注入洛河。 ④汵石：一本作冷石，即滑石，一种硅酸盐类矿石。袁珂《校注》：“冷石，未闻也；冷或作涂。”郝懿行《笺疏》云：“冷当为汵；《西次四经》‘号山多汵石’是也。”

【译】

《中次四经》所载中部第四列厘山山脉之首山，是鹿蹄山。山上多玉石，山下多铜矿。甘水发源于此山，然后向北流汇入洛水，水中多滑石。

西五十里，曰扶猪之山[①]。其上多礝石[②]。有兽焉，其状如貉而人目，其名曰麐[③]。虢水出焉[④]，而北流注于洛，其中多瑌石。

【注】

①扶猪之山：扶猪山，又名半坡山，在河南宜阳县境。 ②礝（ruǎn）石：即瑌，石次玉者。郭璞《注》：“今雁门山中出礝石，白者如冰，水中有赤色者。” ③麐（yín）：或作“麇”。郭郛《注证》谓是麇鹿，介于骆驼科与鹿科之间的一种偶蹄类动物，行动敏捷，奔跑似兔。 ④虢水：洛水支流。虢为西周封国，东周时迁至洛水流域，虢水或因虢国而得名。

【译】

往西五十里，是扶猪山。山上多礝石。山中有一种野兽，像貉却长着人眼，名叫麇鹿。虢水从此山发源，然后向北流入洛水，水中有很多礝石。

又西一百二十里，曰厘山[①]。其阳多玉，其阴多蒐[②]。有兽焉，其状如牛，苍身，其音如婴儿，是食人，其名曰犀渠[③]。滽滽之水出焉，而南流注于伊水。有兽焉，名曰獅[④]，其状如獳犬而有鳞[⑤]，其毛如彘鬣。

【注】

①厘山：熊耳山东北麓。　②蒐（sōu）：茜草，又名茹藘。郭璞《注》："茅蒐，今之茜草也。"　③犀渠：犀牛。　④獅（xié）：江獭，性凶猛，食鱼、蟹和水禽，行动敏捷狡猾，故称之为獅。参郭郛《注证》。⑤獳（nòu）犬：发怒的猛犬。

【译】

再往西一百二十里，是厘山。山南面多玉石，山北面茜草丛生。山中有一种野兽，像牛，全身青黑色，叫声如婴儿啼哭，吃人，名叫犀渠。滽滽水从这座山发源，然后向南流汇入伊水。还有一种野兽，名叫獅，像獳犬浑身有鳞甲，长在鳞甲间的毛像猪鬃一样。

又西二百里，曰箕尾之山[①]。多穀，多涂石，其上多㻬琈之玉。

【注】

①箕尾之山：箕尾山，卫挺生《今考》以为灵砦山，在河南登封市境。

【译】

再往西二百里，叫作箕尾山。有茂密的构树，有许多涂石，山上还有许多㻬琈玉。

又西二百五十里，曰柄山[1]。其上多玉，其下多铜。滔雕之水出焉[2]，而北流注于洛。其中多羬羊。有木焉，其状如樗，其叶如桐而荚实，其名曰茇[3]，可以毒鱼。

【注】

①柄山：卫挺生《今考》以为即巧女寨山。　②滔雕之水：五河，在河南宜阳、洛宁、卢氏县境。　③茇（pèi）：一作“艾”，凌霄花，一种落叶藤本植物，有毒。

【译】

再往西二百五十里，是柄山。山中多玉石，山下多铜矿。滔雕水从这山发源，然后向北流汇入洛水。山中羬羊成群。还有一种树，像臭椿树，叶子像梧桐而果实带荚，名茇，这种植物能毒死鱼。

又西二百里，曰白边之山[1]。其上多金、玉，其下多青雄黄。

【注】

①白边之山：白边山，即石城山，在河南宜阳东南。

【译】

再往西二百里，是白边山。山中金矿、玉石丰富，山下多石青、雄黄。

又西二百里，曰熊耳之山[1]。其上多漆，其下多棕。浮濠之水出焉[2]，而西流注于洛，其中多水玉，多人鱼。有草焉，其状如苏而赤华，名曰葶苧[3]，可以毒鱼。

【注】

①熊耳之山：熊耳山，在河南境伊河与洛河之间。　②浮濠之水：郭郛《注证》以为是文峪河。　③葶苎（dǐng níng）：醉鱼草。

【译】

再往西二百里，是熊耳山。山上漆树茂密，山下棕树成林。浮濠水由这山发源，然后向西流汇入洛水，水中多水晶石，还有很多人鱼。有一种草，像苏草而开红花，名葶苎，能毒死鱼。

又西三百里，曰牡山[①]。其上多文石，其下多竹箭、竹𥯨。其兽多㸲牛、羬羊，鸟多赤鷩[②]。

【注】

①牡山：卫挺生《今考》以为壮山，在河南卢氏县境。　②赤鷩（bì）：红腹锦鸡。郭璞《注》：即鷩，雉也。

【译】

再往西三百里，是壮山。山上多彩石，山下竹箭、竹𥯨丛生。山中㸲牛、羬羊最多，而禽鸟以赤鷩最多。

又西三百五十里，曰讙举之山[①]。洛水出焉[②]，而东北流注于玄扈之水[③]。其中多马肠之物[④]。此二山者，洛间也[⑤]。

【注】

①讙举之山：讙举山，郝懿行《笺疏》谓即冢领山，在今陕西洛南县西北。　②洛水：洛河。　③玄扈之水：黑潭河。　④马肠之物：蛙类所产卵堆成的长条，宛如马肠。　⑤洛间：犹言洛水之滨。郭

璞《注》：洛水今出上洛县冢领山。《河图》曰："玄扈洛汭。"谓讙举山和玄扈山在此间。

【译】

再往西三百五十里，是讙举山。洛水发源于这座山，然后向东北流入玄扈水。玄扈山中有很多马肠之物。讙举山与玄扈山，在洛水之滨。

凡厘山之首，自鹿蹄之山至于玄扈之山，凡九山，千六百七十里。其神状皆人面兽身。其祠之：毛用一白鸡，祈而不糈[①]，以采衣之[②]。

【注】

①祈而不糈：祈祷而不以精米献祭。 ②以采衣之：给鸡穿上彩衣以为装饰。

【译】

大凡厘山山系之首尾，自鹿蹄山到玄扈山，一共九座山，距离一千六百七十里。诸山山神的形貌都是人面兽身。祭祀山神的仪式：毛物用一白色鸡献祭，不用米，用彩色帛装饰白鸡。

中次五经

《中次五经》薄山之首，曰苟床之山[①]。无草木，多怪石[②]。

【注】

①苟床之山：苟床山，或作苟林山，按其方位当即《中山首经》之

吴林山。　②怪石：奇石。郭璞《注》："怪石似玉也。《书》曰：'铅松怪石'也。"

【译】

《中次五经》所载中部第五列薄山山系之首座山，是苟床山。不生草木，倒是奇石遍地。

东三百里，曰首山[①]。其阴多穀柞，草多荣、芫[②]，其阳多㻬琈之玉，木多槐；其阴有谷，曰机谷[③]，多䲦鸟[④]，其状如枭而三目，有耳，其音如录[⑤]，食之已垫[⑥]。

【注】

①首山：毕沅《新校正》以为即蒲州首山，郭郛《注证》以为山西之首阳山。　②荣：即苍术，菊科多年生草本植物，入药。芫：芫花，可供观赏，茎皮为造纸原料。花、根入药，有毒，可作毒鱼剂。　③机谷：山谷名。　④䲦（dài）鸟：长耳猫头鹰，昼伏夜出，捕食鼠类，为益鸟。　⑤录：郝懿行《笺疏》以为"鹿"之假借。　⑥垫：脚垫病。

【译】

往东三百里，是首山。山北面长着茂密的构树、柞树，草以苍术、芫花居多。山南多㻬琈之玉，树木以槐树居多。山北面有一峡谷，叫做机谷，其中有许多䲦鸟，像猫头鹰而有三只眼睛，还有耳朵，叫声如鹿鸣，人食之可治脚垫病。

又东三百里，曰县劚之山[①]。无草木，多文石。

【注】

①县𠟼（zhǔ）之山：悬𠟼山，形如悬锄，故称。在山西南部、黄河北岸。

【译】

再往东三百里，是悬𠟼山。山上不生草木，而多彩色的石头。

又东三百里，曰葱聋之山。无草木，多摩石[①]。

【注】

①摩石：毕沅《新校正》以为当为“玤”，石之次玉者。

【译】

再往东三百里，是葱聋山。山上草木不生，到处是摩石。

东北五百里，曰条谷之山[①]。其木多槐、桐，其草多芍药、虋冬[①]。

【注】

①条谷之山：条谷山，中条山之一段，在山西中南部。传说中羿所居之地。　②虋（mén）冬：即天门冬，又称麦冬，多年生草本植物，入药。郭璞《注》引《本草经》曰：“虋冬一名满冬。”今作“门”，俗作耳。

【译】

往东北五百里，是条谷山。山上长的树木槐树和桐树比较多，而草大多是芍药、门冬草。

又北十里，曰超山[①]。其阴多苍玉，其阳有井，冬有水而夏竭。

【注】

①超山：麓台山，在山西平遥东南。

【译】

再往北十里，是超山。山北面多苍玉，山南面有一眼水泉，冬天有水而夏天干枯。

又东五百里，曰成侯之山[1]。其上多櫄木[2]，其草多芃[3]。

【注】

①成侯之山：成侯山，在山西境内。 ②櫄（chūn）木：香椿树，落叶乔木，木质细密，叶、果实、树皮、树根、树汁均入药。郭璞《注》以为“似樗树，材中车辕”。 ③芃：郝懿行《笺疏》以为当是“艽”字之讹，秦艽。

【译】

再往东五百里，是成侯山。山上生着茂密的櫄树，草以秦艽居多。

又东五百里，曰朝歌之山[1]。谷多美垩。

【注】

①朝歌之山：朝歌山。毕沅《新校正》谓是殷都朝歌附近之山。如此，则此条不当在此处。

【译】

再往东五百里，叫朝歌山。山谷里多优良垩土。

又东五百里，曰槐山①。谷多金、锡。

【注】

①槐山：毕沅《新校正》以为是薄山以东之山峰，即稷山，在山西稷山县一带。槐，稷之古体。

【译】

再往东五百里，是稷山。山谷中多铜矿和锡矿。

又东十里，曰历山①。其木多槐，其阳多玉。

【注】

①历山：即上文历儿山，在山西垣曲县。

【译】

再往东十里，是历山。山上多生长槐树，山南多玉石。

又东十里，曰尸山①。多苍玉，其兽多麖②。尸水出焉③，南流注于洛水，其中多美玉。

【注】

①尸山：即户山，在河南灵宝一带。毕沅《新校正》据历山方位推定此条为错简。 ②麖（jīng）：黑鹿，体型较一般的鹿大。 ③尸水：户水，洛水支流。

【译】

再往东十里，是户山。山中多苍玉，野兽以麖居多。户水发源于此山，向南流汇入洛水，水中多良玉。

又东十里，曰良余之山[①]。其上多穀、柞，无石。余水出于其阴[②]，而北流注于河；乳水出于其阳[③]，而东南流注于洛。

【注】

①良余之山：良余山，在陕西华阴市西南一带。　②余水：宣水，入渭。　③乳水：沙河，洛水支流。

【译】

再往东十里，是良余山。山上构树、柞树成林，没有石头。余水发源于良余山北麓，然后向北流汇入黄河；乳水发源于南麓，然后向东南流汇入洛水。

又东南十里，曰蛊尾之山[①]。多砺石、赤铜。龙余之水出焉[②]，而东南流注于洛。

【注】

①蛊尾之山：蛊尾山，在陕西洛南县一带。　②龙余之水：杜河，入洛水。

【译】

再往东南十里，是蛊尾山。多粗磨石、红铜矿。龙余水发源于这座山，然后向东南流入洛水。

又东北二十里，曰升山[①]。其木多穀、柞、棘，其草多藷藇、蕙，多寇脱[②]。黄酸之水出焉[③]，而北流注于河，其中多璇玉[④]。

【注】

①升山：三焦山，在陕西华阴一带。　②寇脱：寇脱草，落叶灌木，根、茎髓、花粉均入药。郭璞《注》："生南方，高丈许，似荷叶而茎中有瓤正白。零、桂人植而日灌之，以为树也。"　③黄酸之水：黄酸水，合渭水入河。　④璇玉：玛瑙。郭璞《注》谓"石次玉者也"。

【译】

再往东北二十里，是升山。山上的树以构树、柞树、酸枣树居多，而草则多山药、蕙草，还有寇脱草。黄酸水发源于这座山，然后向北流入黄河，水中有很多璇玉。

又东十二里，曰阳虚之山[①]。多金，临于玄扈之水[②]。

【注】

①阳虚之山：阳虚山，即尖山，在陕西洛南一带。　②玄扈之水：玄扈水，洛水支流。郭璞《注》引《河图》曰："仓颉为帝南巡狩，登阳虚之山，临于玄扈洛汭之水，灵龟负书，丹甲青文以授之。"

【译】

再往东二十里，是阳虚山。山上多铜矿，临近玄扈水。

凡薄山之首，自苟林之山至于阳虚之山，凡十六山，二千九百八十二里。升山，冢也。其祠礼：太牢，婴用吉玉。首山，魋也，其祠：用稌、黑牺、太牢之具、糵酿[①]；干儛[②]，置鼓[③]；婴用一璧。尸水，合天也[④]，肥牲祠之：用一黑犬于上，用一雌鸡于下，刉一牝羊，献血[⑤]。婴用吉玉，采之[6]，糈之[7]。

【注】

①糵（niè）酿：以酒曲造的甜酒。郭璞《注》："以糵作醴酒也。" ②干儛：即万舞，一种武舞。干，楯。 ③置鼓：即植鼓以舞。 ④合天：郭璞《注》谓"天神之所冯（凭）也"。 ⑤献血：以血祭。郭璞《注》：刉犹刲也。《周礼》曰："刉衈奉犬牲。" ⑥采：同"彩"，动词，又加以绘彩之饰。 ⑦糈之：劝神灵降而享祭。郭璞《注》："《特牲·馈食礼》曰'执奠，祝糈'是也。"

【译】

全部薄山山系之首尾，从苟林山起到阳虚山，一共十六座山，距离二千九百八十二里。升山，是众山之宗主，祭祀升山典礼：毛物用猪、牛、羊三牲作祭品，礼玉用吉玉。首山，乃神灵显应之山，祭品用稻米，黑色的猪、牛、羊，甜酒；祭时须舞万舞，击鼓以节舞；礼玉用玉璧一。尸水，天神所依之水，要用肥壮的牲畜献祭；用一黑狗供在上面，用一母鸡供在下面，杀一只母羊，献上血。礼玉用吉玉，并用彩色帛包裹祭品，祝祷请神享用。

中次六经

《中次六经》缟羝之首，曰平逢之山[1]。南望伊、洛，东望谷城之山[2]。无草木，无水，多沙石。有神焉，其状如人而二首，名曰骄虫，是为螫虫[3]，实惟蜂蜜之庐[4]。其祠之：用一雄鸡，禳而勿杀[5]。

【注】

①平逢之山：平逢山，即北邙山，在河南洛阳西南。徐显之《浅注》："《中次六经》所讲的地区，是今华山以东、谷水和洛水之间的地区。" ②谷城之山：谷城山，在河南洛阳西。郭璞《注》："在济北穀城县西，黄石公石在此山下，张良取以合葬尔。" ③螫虫：蜜蜂。 ④蜂蜜之庐：蜂房。郭璞《注》："言群蜂之所舍集。蜜，赤蜂名。" ⑤禳（ráng）而勿杀：祈祷而不杀鸡。郭璞《注》："禳亦祭名，谓禳却恶气也。"

【译】

《中次六经》所载中部第六列缟羝山山系之首座山，叫做平逢山。由此南望可见伊水和洛水，东望可见谷城山。这山不生草木，没有水，到处是沙子石头。山中有一山神，形貌像人而两脑袋，叫做骄虫，是所有螫虫的首领，这里是各种蜜蜂聚集做巢的地方。祭祀山神，祭品用一只公鸡，在祈祷后放掉而不杀。

西十里，曰缟羝之山①。无草木，多金、玉。

【注】

①缟羝之山：缟羝山，即郏山，在河南洛阳附近，平蓬山以西。

【译】

往西十里，是缟羝山。没有草木，多金矿和玉石。

又西十里曰廆山①。其阴多㻬琈之玉。其西有谷焉，名曰雚谷，其木多柳、楮。其中有鸟焉，状如山鸡而长尾，赤如丹火而青喙，名曰鸰鹨[2]，其鸣自呼，服之不眯。交觞之水出于其阳[3]，而南流注于洛。俞随之水出于其阴[4]，而北流注于谷水。

【注】

①廆（guī）山：谷口山，在河南宜阳、新安一带。毕沅《新校正》、郝懿行《笺疏》谓“廆”当为“瘣”省文。　②鸰鹨（líng yāo）：即脊令，又作鹡鸰，羽毛红色，飞时尾羽摇动。　③交觞之水：《水经注》引作“交触水”，在河南洛阳以西。　④俞随之水：孝水，在河南新安东。

【译】

再往西十里，叫廆山。山上盛产琈浮之玉。山北阴面有一道峡谷，叫做藿谷，谷中多生柳树、构树。有一种禽鸟，像野鸡而长着长尾巴，体羽通红如火，嘴巴青色，名叫鸰鹨，它的叫声就是“鸰鹨”，人食之不做恶梦。交觞水从这山南麓流出，然后向南汇入洛水。俞随水发源于山的北麓，然后向北流汇入谷水。

又西三十里，曰瞻诸之山[1]。其阳多金，其阴多文石。谢水出焉[2]，而东南流注于洛。少水出于其阴[3]，而东流注于谷水。

【注】

①瞻诸之山：在河南新安一带。　②谢（xiè）水：洛水支流。③少水：谷水支流。

【译】

再往西三十里，叫瞻诸山。山南面富有铜矿，山北面多出彩石。谢水发源于此山，然后向东南流汇入洛水。少水发源于山北麓，然后向东流汇入谷水。

又西三十里，曰娄涿之山[①]。无草木，多金、玉。瞻水出于其阳[②]，而东流注于洛。陂水出于阴[③]，而北流注于谷水，其中多茈石、文石。

【注】

①娄涿之山：毕沅《新校正》谓“当在今河南永宁县”。　②瞻水：天池河。　③陂水：谷水支流。

【译】

再往西三十里，是娄涿山。山上不生草木，富有金矿和玉石。瞻水发源于此山南麓，然后向东流汇入洛水。陂水发源于山北麓，然后向北流汇入谷水，水中多出紫石、彩石。

又西四十里，曰白石之山[①]。惠水出于其阳[②]，而南流注于洛，其中多水玉。涧水出于其阴[③]，西北流注于谷水，其中多麋石、栌丹[④]。

【注】

①白石之山：白石山，即广阳山，毕沅《新校正》、郝懿行《笺疏》谓在河南渑池东北。　②惠水：洛水支流。　③涧水：涧河，谷水支流。郭璞《注》引《书》曰：“伊洛瀍涧。”　④麋石：画眉石。栌丹：栌木，一种落叶乔木，可为染料，叶、根可入药。

【译】

再往西四十里，是白石山。惠水发源于山的南麓，然后向南流汇入洛水，水中多水晶石。涧水发源于白石山北麓，向西北流汇入谷水，水中多画眉石、栌丹。

又西五十里，曰穀山[①]。其上多穀，其下多桑。爽水出焉[②]，而西北流注于穀水，其中多碧绿。

【注】

①穀山：毕沅《新校正》谓山在河南渑池南。　②爽水：郭璞《注》："世谓之竺麻涧。"

【译】

再往西五十里，是穀山。山上构树成林，山下桑树茂密。爽水发源于此山，然后向西北流入穀水，水中有很多孔雀石。

又西七十二里，曰密山[①]。其阳多玉，其阴多铁。豪水出焉，而南流注于洛，其中多旋龟，其状鸟首而鳖尾，其音如判木。无草木。

【注】

①密山：郭璞《注》谓"今荥阳密县亦有密山，疑非也"。毕沅《新校正》以为在河南新安县境，与《西次三经》之密山不同。

【译】

再往西七十二里，是密山。山南面多玉石，山北面多铁矿。豪水从这座山发源，然后向南流汇入洛水，水中有很多旋龟，其形像是鸟头鳖尾，声音如劈木之声。这座山不生草木。

又西百里，曰长石之山①。无草木，多金、玉。其西有谷焉，名曰共谷，多竹。共水出焉②，西南流注于洛，其中多鸣石③。

【注】

①长石之山：长石山，毕沅《新校正》以为在河南新安县境。　②共水：共河。据说是以共工氏居于此而得名。　③鸣石：发声的石头。郭璞《注》："晋永康元年，襄阳郡上鸣石似玉，色青，撞之声闻七八里。今零陵泉郡县永正乡有鸣石二所，其一状如鼓，俗因名为石鼓。即此类也。"

【译】

再往西一百里，是长石山。没有草木，富有金矿和玉石。山西面有一道峡谷，叫共谷，谷中竹子丛生。共水发源于这座山，向西南流汇入洛水，水中多产鸣石。

又西一百四十里，曰傅山①。无草木，多瑶碧。厌染之水出于其阳②，而南流注于洛，其中多人鱼。其西有林焉，名曰墦冢。谷水出焉，而东流注于洛，其中多珚玉③。

【注】

①傅山：卫挺生《今考》以为即渑池西山。　②厌染之水：毕沅《新校正》校作"厌梁之水"，即厌梁河。　③珚（yān）玉：《水经注》引作"珉玉"，即赤玉。

【译】

再往西一百四十里，是傅山。山上不生草木，多出瑶碧一类美玉。厌梁河发源于山南麓，然后向南流汇入洛水，水中多产人鱼。山西面有一片树林，叫做墦冢。谷水发源于这里，然后向东南流汇入洛水，水中有很多珚玉。

又西五十里，曰橐山[①]。其木多樗，多構木[②]，其阳多金、玉，其阴多铁，多萧[③]。橐水出焉[④]，而北流注于河。其中多修辟之鱼[⑤]，状如黾而白喙[⑥]，其音如鸱，食之已白癣。

【注】

①橐山：即草积山，毕沅《新校正》以为在河南陕县一带。　②構（bèi）木：五棓子树，又称盐树。郭璞《注》："今蜀中有備木，七八月中吐穗，穗成，如有盐粉着状，可以酢羹。"　③萧：牛尾蒿，见《尔雅·释草》。　④橐水：发源于橐山，汇入黄河。　⑤修辟之鱼：长臀华鳊，属鲤科。　⑥黾：青蛙。

【译】

再往西五十里，是橐山。山中多生臭椿树，还有構树，山南面多金矿和玉石，山北面有丰富的铁，还有萧草。橐水发源于此山，然后向北流汇入黄河。水中多有修辟鱼，形状像青蛙却长着白嘴巴，声音如同鹞鹰，人食之能治白癣病。

又西九十里，曰常烝之山[①]。无草木，多垩。潐水出焉[2]，而东北流注于河，其中多苍玉。菑水出焉[3]，而北流注于河。

【注】

①常烝之山：常烝山，即干山，在河南陕县一带。　②潐（qiáo）水：焦水，注于河。　③菑（zī）水：曹水，北流汇于黄河。

【译】

往西九十里，是常烝山。山上草木不生，有多色的垩土。潐水发源于这座山，然后向东北流汇入黄河，水中多有苍玉。菑水也发源于此山，然后向北流汇入黄河。

又西九十里，曰夸父之山[1]。其木多椶、楠，多竹箭。其兽多㸲牛、羬羊，其鸟多鷩。其阳多玉，其阴多铁。其北有林焉，名曰桃林[2]，是广员三百里，其中多马。湖水出焉[3]，而北流注于河，其中多珚玉。

【注】

①夸父之山：夸父山，郝懿行《笺疏》以为即青岗山，一名秦山，在河南灵宝县东南。　②桃林：桃林塞，因多生桃树而得名。毕沅《新校正》以为即夸父所化之邓林。郭璞《注》："今宏农湖县阌乡南谷中是也。饶野马、山羊、山牛也。"　③湖水：鼎湖，传为黄帝铸鼎升天之处。

【译】

再往西九十里，是夸父山。山中多生棕树和楠树，还有小竹丛。野兽以㸲牛、羬羊最多，禽鸟以赤鷩最多。山南面多玉石，山北面多铁矿。这座山北面有一片树林，叫桃林，方圆三百里，其中有很多马。湖水发源于此山，然后向北流汇入黄河，水中多出产珚玉。

又西九十里，曰阳华之山[①]。其阳多金、玉，其阴多青雄黄。其草多藷藇，多苦辛，其状如楸[②]，其实如瓜，其味酸甘，食之已疟。杨水出焉[③]，而西南流注于洛，其中多人鱼。门水出焉[④]，而东北流注于河，其中多玄; 䃤[⑤]。缙姑之水出于其阴[⑥]，而东流注于门水，其上多铜。门水出于河，七百九十里入洛水。

【注】

①阳华之山：阳华山，即华山东南的一段，在豫陕交界处。 ②楸（qiū）：即“楸”也，梓桐树。 ③杨水：杨河，洛水支流。 ④门水：宏农河，发源于阳华山。 ⑤玄䃤（sù）：黑色的磨石，生水中。 ⑥缙（zuó）姑之水：即《水经注》绪茹之水，右弘农涧河。

【译】

再往西九十里，是阳华山。山南面富藏铜矿和玉石，山北面盛产石青、雄黄，山中的草多山药，还有苦辛草，形状似楸木，果实似瓜，其味酸甜，人服食之可治愈疟疾。杨水发源于这座山，然后向西南流汇入洛水，水中多出人鱼。门水也发源于这座山，而后向东北流汇入黄河，水中多出黑色磨石。缙姑水从阳华山北麓发源，而后向东流入门水，缙姑水流经地带有丰富的铜矿。从门水到黄河，流经七百九十里后注入洛水。

凡缟羝山之首，自平逢之山至于阳华之山，凡十四山，七百九十里。岳在其中[①]，以六月祭之[②]，如诸岳之祠法，则天下安宁。

【注】

①岳在其中：西岳华山在其中。　②六月祭之：在六月时祭山神。郭璞《注》：“六月亦岁之中。”

【译】

举凡缟羝山山系之首尾，由平逢山起至阳华山止，一共十四座山，相距七百九十里。有西岳华山在这一山系中，在每年六月时举行隆重的祭祀，祭仪仿祭祀其他山岳之法，这样天下就会安宁。

中次七经

《中次七经》苦山之首，曰休与之山①。其上有石焉，名曰帝台之棋②，五色而文，其状如鹑卵，帝台之石，所以祷百神者也③，服之不蛊。有草焉，其状如蓍，赤叶而本丛生，名曰夙条④，可以为簳⑤。

【注】

①休与之山：休与山，卫挺生《今考》以为在河南灵宝一带，古称桃林，今杨家寨山。与，或作“舆”。谭其骧《论》：“《中次七经》凡十九山……可指实者十二山，起自第六放皋山即今河南伊川县南鸣皋山，东北经嵩山至第十七山即中牟县北牟山，实际方向为东偏北，基本符合。”　②帝台之棋：帝台，神人名，即有台氏。棋，圆形石子，如博棋。　③祷百神：用此石祭祷百神。　④夙条：方竹，或名四方竹。　⑤簳（gǎn）：箭杆。

【译】

中央第七列山系苦山山系之首座山，是休与山。山上有一种石子，是神仙帝台的棋，它们有五种颜色并带着斑纹，形状与鹌鹑蛋相似。神仙帝台的石子，是用来祷祀百神的，人佩带上它就会不受邪毒之气侵染。休与山还有一种草，形状像一般的蓍草，红色的叶子而根茎连结丛生在一起，名称是夙条，可以用来做箭杆。

东三百里，曰鼓钟之山①。帝台之所以觞百神也。有草焉，方茎而黄华，员叶而三成②，其名曰焉酸，可以为毒③。其上多砺，其下多砥。

【注】

①鼓钟之山：鼓钟山，吕调阳《传》卷五："休舆东也。山为今小章谷。"相传天神举觞宴会于此山，因名为鼓钟山。　②三成：即叶有三重。　③为：解除。

【译】

往东三百里，是鼓钟山。帝有台氏在此演奏钟鼓之乐而宴会诸天神。山中有一种草，茎干方形，花黄色，圆圆的叶子有三层，名叫焉酸，可以用来解毒。山上多粗磨石，山下多细磨石。

又东二百里，曰姑媱之山①。帝女死焉，其名曰女尸②，化为䔄草，其叶胥成③，其华黄，其实如菟丘④，服之媚于人⑤。

【注】

①姑媱（yáo）之山：姑媱山，郭璞《注》："或无'之山'字。"吕调阳校作："姑媱之山。"《传》卷五："山盖在葛蔓水入洛之南。"张步天《山海经解》以为："姑媱之山上承鼓钟山，以经云方向道里度之，当在今河南省伊川县境。" ②女尸：帝女之名，或曰帝女之尸。 ③其叶胥成：其叶相重叠。 ④菟丘：即菟丝，一名荒夫草。见《尔雅·释草》。⑤媚于人：郭璞《注》："为人所爱也。《传》曰：'人服媚之如是。'"

【译】

再往东二百里，是姑媱山。天帝女儿死于此山，名叫女尸。她死后化成䔄草，叶子一层一层的，开黄色的花，果实很像菟丝子，女子服食可使她漂亮而讨人喜爱。

又东二十里，曰苦山[①]。有兽焉，名曰山膏[②]，其状如逐[③]，赤若丹火，善詈[④]。其上有木焉，名曰黄棘[⑤]，黄华而员叶，其实如兰，服之不字[⑥]。有草焉，员叶而无茎，赤华而不实，名曰无条[⑦]，服之不瘿。

【注】

①苦山：卫挺生《今考》以为在河南伊川西北。 ②山膏：即山都，猩猩一类动物。 ③逐：毕沅《新校正》、郝懿行《笺疏》以为"遯"字的省借，即"豚"字。 ④善詈（lì）：好骂人。此指猩猩发怒的样子。⑤黄棘：刺黄柏，又名山石榴，可做避孕药。 ⑥字：怀孕，郭璞《注》引《易》曰："女子贞不字。" ⑦无条：紫背天葵，属秋海棠科。

【译】

再往东二十里，是苦山。山中有野兽，名叫山膏，形似小猪，周身红如丹火，发怒的样子像在骂人。山上有树，名叫黄棘，黄花圆叶，果实似兰，女子服食之不生育。山中又有草，圆叶而无茎干，开红花不结实，名叫无条，服食之可使人颈项不生肉瘤。

又东二十七里，曰堵山①。神天愚居之②，是多怪风雨。其上有木焉，名曰天楄③，方茎而葵状，服者不哩④。

【注】

①堵山：吕调阳《传》卷五："堵同渚，谓慎望陂在原上。"卫挺生《今考》以为即伏睹岭。 ②天愚：堵山的山神。 ③天楄（pián）：一种常绿乔木。 ④不哩（yè）：郭璞《注》谓"食不噎也"。

【译】

再往东二十七里，是堵山。山神天愚在这里，所以这里时常刮怪风、下怪雨。山上有一种树，名叫天楄，四方形茎干如葵菜形状，服食之可使人吃饭不噎。

又东五十二里，曰放皋之山①。明水出焉②，南流注于伊水，其中多苍玉。有木焉，其叶如槐，黄华而不实，其名曰蒙木③，服之不惑。有兽焉，其状如蜂，枝尾而反舌，善呼，其名曰文文④。

【注】

①放皋之山：放皋山，郭璞《注》谓"放"或作"效"，又作"牧"。

吕调阳《传》卷五："即发视山。"《水经注》引作"狼皋山"，在今河南宜阳县境。　②明水：据《水经·伊水注》，即石涧水，伊水支流。　③蒙木：檬花树，一种落叶乔木，又名梦冬花、白蚁树等。　④文文：长脚龙蝎。

【译】

再往东五十二里，是放皋山。明水发源于这座山，向南流汇入伊水，水中多有苍玉。山中有树，叶子似槐树叶，开黄色花却不结实，名叫蒙木，服之使人聪明。山中有兽，形似蜜蜂，有分叉的尾巴和倒转的舌头，喜欢呼叫，名叫文文。

又东五十七里，曰大苦之山①。多㻬琈之玉，多麋玉②。有草焉，其状如榆，方茎而苍伤，其名曰牛伤③，其根苍文，服者不厥④，可以御兵。其阳狂水出焉⑤，西南流注于伊水，其中多三足龟⑥，食者无大疾，可以已肿。

【注】

①大苦之山：大苦山，毕沅《新校正》、郝懿行《笺疏》认为在河南登封市东北一带。　②麋玉：毕沅《新校正》以为"麋"当为"麋"，即䵷，一种玉。　③牛伤：野蔷薇，别称墙蘼、墙麻等，落叶小乔木，高可达2米，茎、枝多尖刺。郭璞《注》："犹言牛棘。"　④厥：昏厥，休克。郭璞以为是逆气病，非是。　⑤狂水：白降河，伊水支流。　⑥三足龟：畸形或受伤残足的龟。郭璞《注》："今吴兴阳羡县有君山，山上有池，水中有三足六眼龟。鳖三足者名贲，见《尔雅》。"

【译】

再往东五十里，是大苦山。山中多㻬琈玉，还有麋玉。山上生一种草，叶似榆叶，方棱形茎干上长满了尖刺，名叫牛伤，根茎有青色斑纹，服之使人不得昏厥病，还能治愈兵器所致的外伤。狂水发源于此山南麓，向西南流汇入伊水，水中多生三只脚的残龟，人食其肉就可不生大病，还可消肿。

又东七十里，曰半石之山①。其上有草焉，生而秀，其高丈余，赤叶赤华，华而不实，其名曰嘉荣②，服之者不霆③。来需之水出于其阳④，而西流注于伊水，其中多鲶鱼⑤，黑文，其状如鲋，食者不睡。合水出于其阴⑥，而北流注于洛，多螣鱼⑦，状如鳜，居逵⑧，苍文赤尾，食者不痈，可以为瘘⑨。

【注】

①半石之山：半石山，即青罗山，在河南偃师东南。　②嘉荣：蘘荷，属姜科，多年生草本植物。　③不霆：不惧雷电。郭璞《注》："不畏雷霆霹雳也。"　④来需之水：毕沅《新校正》"需"作"儒"，或作"濡"，小狂河，在登封市西一带。　⑤鲶（lún）鱼：即鳊鱼，属鲤科，肉质鲜美。　⑥合水：洛水支流。　⑦螣（téng）鱼：即鳜鱼，又名桂鱼，体有黑色斑纹，口大，肉质鲜美。　⑧逵：河床上的小沟或穴道。郭璞《注》："水中之穴道交通者。"　⑨为瘘（lòu）：治疗瘘疮。为，治疗。瘘，郭璞《注》："痈属也，中多有虫。《淮南子》曰：'鸡头已瘘。'"

【译】

再往东七十里，是半石山。山上有一种草，初生就结实，高一丈多，红叶红花，开花后不结实，名叫嘉荣，服食之使人不畏惧雷电霹雳。来需水发源于半石山南麓，然后向西流汇入伊水，水中多生鲶鱼，浑身黑色斑纹，形状像鲫鱼，人食其肉不打瞌睡。合水发源于半石山北麓，然后向北流汇入洛水，水中盛产鰧鱼，形状像鳜鱼，常隐伏河床洞穴中，浑身青色斑纹尾巴红色，人食其肉不患痈肿病，还可以治瘘疮。

又东五十里，曰少室之山[①]。百草木成囷[②]。其上有木焉，其名曰帝休[③]，叶状如杨，其枝五衢[④]，黄华黑实，服者不怒。其上多玉，其下多铁。休水出焉[⑤]，而北流注于洛，其中多鯑鱼[⑤]，状如盩蜼而长距，足白而对[⑥]，食者不蛊疾，可以御兵。

【注】

①少室之山：少室山，嵩山西面的高峰。郭璞《注》谓："今在河南阳城西，俗名泰室。" ②囷（qūn）：草木茂密的状态。 ③帝休：疑为梓树。 ④其枝五衢：形容树枝向四面八方延伸的样子。郭璞《注》："言树枝交错，相重五出，有象衢路也。《离骚》曰：'靡萍九衢。'" ⑤休水：河名，属洛水水系。 ⑥鯑（tí）鱼：小鲵，体长约5—9厘米，背面黑色，腹色淡，尾短而侧扁，前肢4指，后肢5指。

【译】

再往东五十里，是少室山。山上各种花草树木丛生如谷仓。有一种树，名叫帝休，叶子与杨树叶相似，树枝像道路一样向四面八方延伸，开黄色花结黑色果实，食之可使人心平气和。山上多玉石，山下多铁矿。休水发源于从这座山，然后向北流汇入洛水，水中多生鯑鱼，形似猕猴，长着公鸡的爪子，对生的足趾白白的，人吃了可治疑心病，还能治疗兵器造成的伤害。

又东三十里，曰泰室之山[①]。其上有木焉，叶状如梨而赤理，其名曰栯木[②]，服者不妒。有草焉，其状如术[③]，白华黑实，泽如蘡薁[④]，其名曰䔄草，服之不昧，上多美石[⑤]。

【注】

①泰室之山：泰室山，郭璞《注》谓即中岳嵩山也，今在阳城县西。 ②栯（yǒu）木：即郁李，又名白棣。 ③术：白术，属菊科，多年生草本植物，入药。 ④蘡薁（yīng yù）：即山蒲桃，又名野葡萄。落叶藤本，枝条细长，叶互生，浆果紫黑色。 ⑤美石：比玉质地差一些的石头。郭璞《注》："次玉者也。启母化为石而生启，在此山，见《淮南子》。"

【译】

再往东三十里，是泰室山。山上有树，叶如梨树叶而带着红色纹理，名叫栯木，人服之可以克服嫉妒心。山中有草，状如苍术或白术，开白色花结黑色浆果，果的光泽像野葡萄，名称是䔄草，服之可使人眼睛明亮。山上还有很多漂亮的石头。

又北三十里，曰讲山[①]。其上多玉，多柘，多柏。有木焉，名曰帝屋[②]，叶状如椒，反伤赤实[③]，可以御凶。

【注】

①讲山：嵩山以北的山岭。　②帝屋：即秦椒，花椒的一种。③反伤：倒刺，郭璞《注》："刺下勾也。"

【译】

再往北三十里，是讲山。山上多玉石，有很多柘树、柏树。有一种树，名叫帝屋，叶子的形状很像花椒，长着倒刺而结红色果实，它可以辟邪气。

又北三十里，曰婴梁之山①。上多苍玉，錞于玄石②。

【注】

①婴梁之山：婴梁山，即将军岭，在河南巩义市境。　②錞于玄石：附着于黑石。郭璞《注》："言苍玉依黑石而生也。或曰：'錞于，乐器名，形似椎头。'"

【译】

再往北三十里，是婴梁山。山上多苍玉，附着在黑色石头上。

又东三十里，曰浮戏之山①。有木焉，叶状如樗而赤实，名曰亢木②，食之不蛊。汜水出焉③，而北流注于河。其东有谷，因名曰蛇谷④，上多少辛⑤。

【注】

①浮戏之山：浮戏山，毕沅《新校正》以为在河南汜水东，世称方山。②亢木：冬青或卫茅，落叶灌木。　③汜（sì）水：汜水河，发源于浮戏山。　④蛇谷：郭璞《注》"言此中出蛇，故以名之"。　⑤少辛：

细辛，马兜铃科多年生草本植物。

【译】

再往东三十里，是浮戏山。山中有一种树，叶子像臭椿树叶果实红色，名叫亢木，人食之可驱虫辟邪。汜水发源于这座山，向北流汇入黄河。浮戏山东面有峡谷，因其中多蛇而名叫蛇谷，谷中多产细辛。

又东四十里，曰少陉之山[①]。有草焉，名曰䔄草[②]，叶状如葵，而赤茎白华，实如蘡薁，食之不愚。器难之水出焉[③]，而北流注于役水[④]。

【注】

①少陉之山：小陉山，又名周山。　②䔄草：又名皇，俗称水稗子。　③器难之水：即古旃然水，在河南荥阳境。郭璞《注》谓“器”或作“嚣”。　④役水：索河，汉代称鸿沟，楚汉的界河。郭璞《注》谓“役”一作“侵”。

【译】

再往东四十里，是少陉山。山中有草，名叫䔄草，叶子似葵菜叶，红色茎干白色花，果实像野葡萄，食之使人增长智慧。器难水发源于这座山，然后向北流入役水。

又东南十里，曰太山[①]。有草焉，名曰梨，其叶状如荻而赤华[②]，可以已疽。太水出于其阳[③]，而东南流注于役水。承水出于其阴[④]，而东北流注于役。

【注】

①太山：今河南新密市赵庄山。郭璞《注》："别有东小太山，今在朱虚县，汶水所出，疑此非也。" ②莪：毕沅《新校正》、郝懿行《笺疏》校作"萩"，指萝卜。 ③太水：贾鲁河，世谓之礼水。 ④承水：可能是荥阳南河，郭璞《注》："谓之清涧水。"

【译】

再往东南十里，是太山。山里有一种草，叫作梨，叶子的形状像蒿草叶而开红色花，可以用来治疗痈疽。太水从这座山的南麓流出，然后向东南流入役水；承水从这座山的北麓流出，然后向东北流入役水。

又东二十里，曰末山[①]。上多赤金。末水出焉[②]，北流注于役。

【注】

①末山：山名，在今河南新密、中牟一带。《水经》作"沫"。 ②末水：水名，发源于末山。

【译】

再往东二十里，是末山。山上多红铜矿。末水发源于这座山，向北流汇入役水。

又东二十五里，曰役山[①]。上多白金，多铁。役水出焉，北流注于河。

【注】

①役山：即河南中牟县北牟山。吕调阳《传》卷五作"侵山"。

【译】

再往东二十五里，是役山。山上多银矿，还有铁矿。役水发源于这座山，向北流汇入黄河。

又东三十五里，曰敏山[①]。上有木焉，其状如荆，白华而赤实，名曰蓟柏[②]，服者不寒[③]。其阳多㻬琈之玉。

【注】

①敏山：毕沅《新校正》以为即郑州一带梅山。　②蓟（jì）柏：即翠柏，丛生灌木，叶可入药。　③不寒：耐寒。

【译】

再往东三十五里，是敏山。山上生一种树，形状似牡荆，白花而红果，名叫蓟柏，食其果实可使人不怕寒冷。敏山南面多㻬琈玉。

又东三十里，曰大騩之山[①]。其阴多铁、美玉、青垩。有草焉，其状如蓍而毛，青华而白实，其名曰蒗[②]，服之不夭[③]，可以为腹病。

【注】

①大騩之山：大騩山，即具茨山。郭璞《注》以为："今荥阳密县有大騩山。騩，因沟水所出。"在今新密市。　②蒗（láng）：狼毒，药草名，有毒。　③不夭：不夭折。夭，或作"芺"。

【译】

再往东三十里，是大騩山。山北富有铁、优质玉石、青色垩土。山中有一种草，形似蓍草而有绒毛，花青色果实白色，名称是蒗，食之可以不夭折，还可以治疗各种肠胃疾病。

凡苦山之首，自休与之山至于大騩之山，凡十有九山，千一百八十四里，其十六神者，皆豕身而人面。其祠：毛牷用一羊羞[①]，婴用一藻玉瘗[②]。苦山、少室、太室皆冢也，其祠之：太牢之具，婴以吉玉。其神状皆人面而三首，其余属皆豕身人面也。

【注】

①羊羞：言以羊为祭品。　②藻玉：有五彩之玉。

【译】

全部苦山山系，自休与山起到大騩山止，一共十九座山，相距一千一百八十四里。其中有十六山山神，形貌都是猪身人面。祭祀这些山神的祭礼：毛物用纯色羊一只献祭，玉器用藻玉一块埋入地下。苦山、少室山、太室山都是诸山的宗主。祭祀这三山之神：毛物用猪、牛、羊三牲作祭品，玉器用吉玉。这三个山神的形貌都是人面三首，其余的山神都是猪身人面。

中次八经

《中次八经》荆山之首，曰景山[①]。其上多金、玉，其木多杼、檀[②]。睢水出焉[③]，东南流注于江[④]，其中多丹粟，多文鱼[⑤]。

【注】

①景山：郭璞《注》谓“今在南郡界中”。毕沅《新校正》以为湖北房县西南之马塞山。徐显之《浅注》谓此经包括今鄂西北汉水以南之地，向东延伸至大别山之南北。 ②杼（shù）：栎树。 ③睢水：即沮水，至湖北江陵荆州一带入长江。 ④江：长江。 ⑤文鱼：花鱼，花鲢。身上有斑彩。

【译】

《中次八经》所载中部第八列荆山山系之第一山，是景山。山上富有铜矿和玉石，树木以柞树和檀树最多。睢水发源于这座山，向东南流入江水，水中多有丹砂，多生花鲢。

东北百里，曰荆山①。其阴多铁，其阳多赤金。其中多牦牛②，多豹虎。其木多松柏，其草多竹，多橘櫾③。漳水出焉④，而东南流注于睢，其中多黄金，多鲛鱼⑤。其兽多闾麋⑥。

【注】

①荆山：郭璞《注》：“今在新城沐乡县南。”即今湖北南漳县西南一带。 ②牦牛：郭璞《注》：“旄牛属也，黑色。出西南徼外也。” ③櫾（yòu）：即柚子，似橘而大，皮厚味酸。 ④漳水：源出荆山，至今当阳市入沮水。 ⑤鲛鱼：扬子鳄。郭璞《注》：“鲋鱼类也。皮有珠文而坚，尾长三四尺，末有毒，螫人。皮可饰刀剑口，错治材角。今临海郡亦有之。” ⑥闾麋：似鹿而体型较大。

【译】

往东北一百里，是荆山。山北面富蕴铁矿，山南面多红铜矿。山中有许多牦牛，还有很多豹子和老虎。树以松柏最多，草以丛生小竹为多，还有成片的橘树和柚树。漳水发源于这座山，向东南流汇入睢水，水里蕴藏着黄金，有很多鳄鱼。山里生活着许多山驴和麋鹿。

又东北百五十里，曰骄山[①]。其上多玉，其下多青雘。其木多松、柏，多桃枝、钩端。神鼍围处之[②]，其状如人面，羊角虎爪，恒游于雎、漳之渊[③]，出入有光。

【注】

①骄山：即紫山，在景山东南，湖北远安县一带。　②鼍（tuó）围：鳄鱼群。　③雎漳之渊：沮水和漳水的深渊。

【译】

再向东北一百五十里，是骄山。山上多玉石，山下青雘丰富。树木以松柏居多，遍地丛生桃枝和钩端等小竹。山神鼍围在山中，形貌似人面，长着羊角虎爪，常在睢水和漳水的深渊里畅游，出入时会发出光芒。

又东北百二十里，曰女几之山[①]。其上多玉，其下多黄金。其兽多豹虎，多闾、麋、麖、麂，其鸟多白鷮[②]，多翟，多鸩[③]。

【注】

①女几之山：女几山，徐显之《浅注》谓即湖北谷城县薤山女儿峰。②白鷮（jiāo）：长尾雉，似雉而长尾，走且鸣。　③鸩：蛇雕，食腹蛇。

郭璞《注》:“大如雕,紫绿色,长颈赤喙,食蝮蛇头。雄名运日,雌名阴谐也。”

【译】

再往东北一百二十里,是女几山。山上多玉石,山下多金矿。野兽多豹子和老虎,还有山驴、麋鹿、麖、麂,这里禽鸟以白鵁最多,还有长尾巴野鸡,鸩鸟也很多。

又东北二百里,曰宜诸之山①。其上多金、玉,其下多青雘。洈水出焉②,而南流注于漳③,其中多白玉。

【注】

①宜诸之山:宜诸山,又称洈山,在湖北当阳县境。　②洈(wéi)水:发源于宜诸山,在当阳境内。　③南流注于漳:郭璞《注》:“今洈水出南郡东洈山,至华容县入江也。”

【译】

再往东北二百里,是宜诸山。山上多铜矿和玉石,山下多青雘。洈水发源于这座山,然后向南流汇入漳水,水中多见白色玉石。

又东北三百五十里,曰纶山①。其木多梓、楠,多桃枝,多柤、栗、橘、柚②,其兽多闾、麈、羚、㲋③。

【注】

①纶山:大洪山,在湖北京山县境。　②柤:山楂。郭璞《注》:“似梨而酢濇。”　③㲋(chán):雪豹。郭璞《注》:“似菟而鹿脚,青色。”

【译】

再往东北三百五十里，是纶山。山中有茂密的梓树、楠树，有很多桃枝，还有柤树、栗子树、橘树、柚树，野兽以山驴、麈、羚羊、雪豹最多。

又东北二百里，曰陆郈之山[①]。其上多㻬琈之玉，其下多垩，其木多杻、橿。

【注】

①陆郈之山：陆郈山，卫挺生《今考》以为“在大洪山与光山之间，略当桐柏山南段之一山”。在今湖北孝感境。

【译】

再往东二百里，是陆郈山。山下多㻬琈之玉，山下多各色垩土，树木以杻树和橿树最多。

又东百三十里，曰光山[①]。其上多碧，其下多木。神计蒙处之[②]，其状人身而龙首，恒游于漳渊，出入必有飘风暴雨。

【注】

①光山：在河南光山县。　②计蒙：神名，或以为是龙图腾。

【译】

再往东一百三十里，是光山。山上多有碧玉，山下树木众多。神仙计蒙在这座山，形貌是人身龙头，常常畅游于漳水深渊，出入水中一定有急风暴雨伴随。

又东百五十里，曰岐山[①]。其阳多赤金，其阴多白珉[②]，其上多金、玉，其下多青雘，其木多樗。神涉䵹处之[③]，其状人身而方面、三足。

【注】

①岐山：大别山中的天台山，在湖北麻城一带。　②珉（mín）：石似玉者。　③神涉䵹：即扬子鳄，或以为是龙图腾。

【译】

再往东一百五十里，是岐山。山南面多红铜矿，山北面多白色珉石，山上富有铜矿和玉石，山下有很多青雘，树以臭椿居多。神涉䵹在这座山上，形貌是人身、方面、三只脚。

又东百三十里，曰铜山[①]。其上多金、银、铁，其木多穀、柞、柤、栗、橘、櫾，其兽多豞[②]。

【注】

①铜山：卫挺生《今考》以为即湖北麻城石门山。　②豞：豹子。

【译】

再往东一百三十里，是铜山。上有很多铜、银、铁矿，山里的树多是构树、柞树、柤树、栗子树、橘子树、柚子树，野兽则是豹子居多。

又东北一百里，曰美山[①]。其兽多兕牛，多闾麈，多豕、鹿，其上多金，其下多青雘。

【注】

①美山：湖北罗田大同尖山，或以为是安徽金寨县梅山。

【译】

再往东北一百里，是美山。山中野兽多野牛，还有很多山驴、麈，以及野猪、鹿，山上多铜矿，山下多青雘。

又东北百里，曰大尧之山[①]。其木多松、柏，多梓、桑，多机[②]，其草多竹，其兽多豹、虎、羚、㚟。

【注】

①大尧之山：大尧山，即天柱山，在安徽岳西县境。　②机：即桤木，又称青冈木，出蜀中。

【译】

再往东北一百里，是大尧山。山里松树和柏树成林，还有很多梓树和桑树，以及许多机树，这里的小竹子丛生，豹子、老虎、羚羊、鼠兔等野兽出没。

又东北三百里，曰灵山[①]。其上多金、玉，其下多青雘，其木多桃、李、梅、杏[②]。

【注】

①灵山：可能是潜山，在安徽六安附近。　②梅：即春梅，果实青或黄色，可食。郭璞《注》："似杏而酢也。"

【译】

再往东北三百里，是灵山。山上多铜矿和玉石，山下多青雘，这里有成片的桃树、李树、梅树、杏树。

又东北七十里，曰龙山[1]。上多寓木[2]，其上多碧，其下多赤锡，其草多桃枝、钩端。

【注】

①龙山：郭郛《注证》以为是八公山，在安徽淮南寿县一带。②寓木：一种共生植物，寄生于树上，又称茑。郭璞《注》："寄生也。一名'宛童'，见《尔雅》。"

【译】

再往东北七十里，是龙山。山上多见寄生于树的茑，还多碧玉，山下有很多红锡土，而且随处可见桃枝、钩端之类的小竹丛。

又东南五十里，曰衡山[1]。上多寓木、穀、柞，多黄垩、白垩。

【注】

①衡山：在安徽当涂境，汉代称南岳。

【译】

再往东南五十里，是衡山。山上多生寄生的茑草和构树、柞树，还多黄垩土、白垩土。

又东南七十里，曰石山[1]。其上多金，其下多青雘，多寓木。

【注】

①石山：即铜官山，在安徽铜陵一带。

【译】

再往东南七十里，是石山。山上多铜矿，山下富有青雘，还有许多寄生于树上的萬木。

又南百二十里，曰若山①。其上多㻬琈之玉，多赭②，多邽石③，多寓木，多柘。

【注】

①若山：九华山，在今安徽青阳县境。郭璞《注》曰："若，或作'前'。" ②赭：赤土，可做颜料。 ③邽石：毕沅《新校正》以为"封石"，字当作"玤"，比玉质地稍差的石头。

【译】

再往南一百二十里，是若山。山上多㻬琈玉，以及赭石，还有封石，到处是寄生于树上的萬木，以及许许多多的柘树。

又东南一百二十里，曰彘山①。多美石，多柘。

【注】

①彘山：即今黄山，在今安徽黄山市。

【译】

再往东南一百二十里，是彘山。有很多漂亮的石头，成片的柘树。

又东南一百五十里，曰玉山①。其上多金、玉，其下多碧、铁，其木多柏②。

【注】

①玉山：在今安徽绩溪县一带。　　②柏：郭璞《注》谓一作“楢”，实即榆树。

【译】

再往东南一百五十里，是玉山。山上蕴藏丰富的铜矿和玉石，山下有很多碧玉和铁矿，这里的柏树连成一片。

又东南七十里，曰讙山①。其上多檀，多邽石，多白锡②。郁水出于其上③，潜于其下，其中多砥砺。

【注】

①讙山：卫挺生《今考》以为湖田山，浙江水的发源地，在安徽绩溪以西。　　②白锡：即白腊。　　③郁水：新安江，在浙江境内。

【译】

再往东南七十里，是讙山。这里的檀树很多，还多封石，又多白锡土。郁水发源于山顶，潜流到山下，水中有很多磨石。

又东北百五十里，曰仁举之山①。其木多穀、柞。其阳多赤金，其阴多赭。

【注】

①仁举之山：仁举山，即大獒山，在安徽绩溪东北。

【译】

再往东北一百五十里，是仁举山。这里的构树和柞树很多。山南面多红铜矿，山北面多赭石。

又东五十里，曰师每之山[1]。其阳多砥砺，其阴多青雘。其木多柏，多檀，多柘，其草多竹。

【注】

①师每之山：师每山，在今安徽绩溪以北丛山关一带。

【译】

再往东五十里，是师每山。山南多磨石，山北多青雘。山中的柏树很多，还有很多檀树、柘树，以及大量丛生的小竹子。

又东南二百里，曰琴鼓之山[1]。其木多榖、柞、椒[2]、柘，其上多白珉，其下多洗石。其兽多豕鹿，多白犀，其鸟多鸩。

【注】

①琴鼓之山：琴鼓山，即大鄣山，在安徽歙县南部。 ②椒：郭璞《注》谓“椒，为树小而丛生，下有草木则蠚死”。

【译】

再往东南二百里，是琴鼓山。这里的构树、柞树、椒树、柘树特多，山上多见白色珉石，山下多洗石。这里的野猪、鹿最多，还有白色犀牛，鸩鸟也很多。

凡荆山之首，自景山至琴鼓之山，凡二十三山，二千八百九十里。其神状皆鸟身而人面。其祠：用一雄鸡祈瘗[1]，用一藻圭，糈用稌。骄山，冢也，其祠：用羞酒少牢祈瘗，婴毛一璧。

【注】

①祈瘗：祈祷之后掩埋。郭璞《注》："祷请已，薶之也。"

【译】

荆山一系之首尾，自景山起至琴鼓山止，共二十三座山，中间相距二千八百九十里。诸山神形貌都是鸟身人面。祭祀山神的祭礼：毛物用一只公鸡祭祀后埋入地下，用一块藻圭，祀神的米用稻米。骄山，是诸山之宗。祭祀骄山山神的仪式：进献美酒和猪、羊来祭祀而后埋入地下，玉器用玉璧一个。

中次九经

《中次九经》岷山之首，曰女几之山[①]。其上多石涅[②]，其木多杻、橿，其草多菊、术。洛水出焉，东注于江，其中多雄黄[③]，其兽多虎、豹。

【注】

①女几之山：女几山，即女伎山，毕沅《新校正》、郝懿行《笺疏》以为在四川双流县附近。徐旭生《读山海经札记》谓"此节所载当均在岷江西岸"。　②石涅：石墨。　③雄黄：是四硫化四砷的俗称，又称作石黄、黄金石、鸡冠石，通常为橘黄色粒状固体或橙黄色粉末，质软，性脆。郭璞《注》谓"雄黄亦出水中"。

【译】

《中次九经》所载中部第九山系岷山山脉之首山，是女几山。山上多产石涅，这里的杻树、橿树成片，野菊、苍术或白术很多。洛水发源于这座山，向东流汇入长江。山里多雄黄，老虎、豹子等野兽成群结队。

又东北三百里，曰岷山[①]。江水出焉，东北流注于海[②]，其中多良龟[③]，多鼍[④]。其上多金、玉，其下多白珉。其木多梅棠。其兽多犀象，多夔牛[⑤]。其鸟多翰鷩[⑥]。

【注】

①岷山：郭璞《注》："岷山今在汶山郡广阳县西，大江所出。"谭其骧《论》以为郭说是。　②江水：岷江。郭璞《注》："至广阳县入海。"　③良：善。　④鼍：即扬子鳄。郭璞《注》："似蜥蜴，大者长二丈，有鳞，彩皮可以冒鼓。"　⑤夔牛：野牛的一种。郭璞《注》："今蜀山中有大牛，重数千斤，名为夔牛。晋太兴元年，此牛出上庸，郡人弩射杀，得三十八担肉。即《尔雅》所谓'魏'。"　⑥翰鷩：白翰和赤鷩。

【译】

再往东北三百里，是岷山。岷江发源于岷山，向东北流汇入大海，水中有许多良龟，还有鼍。山上铜矿和玉石储量丰富，山下多白色珉石。山中的梅树和海棠树最多，犀牛大象成群，还有夔牛。这里栖息着许多白翰鸟和赤鷩鸟。

又东北一百四十里，曰崃山[①]。江水出焉，东流注于大江。其阳多黄金，其阴多麋、麈。其木多檀、柘，其草多薤、韭，多药[②]、空夺[③]。

【注】

①崃山：即邛崃山，在今四川阿坝州南。郭璞《注》："邛来山，今

在汉嘉严道县，南江水所自出也。山有九折坂，出狛，狛似熊而黑白驳，亦食铜、铁也。” ②药：白芷叶，可入药。 ③空夺：即空脱、寇脱，又名蛇蜕、龙衣等，蛇所脱皮，入药。

【译】

再往东北一百四十里，是邛崃山。江水发源于这座山，向东流汇入长江。山南多铜矿，山北到处有麋鹿和麈。这里的檀树和柘树连片成林，野薤菜和野韭菜也很多，还有许多白芷和寇脱。

又东一百五十里，曰崌山[①]。江水出焉[②]，东流注于大江。其中多怪蛇[③]，多鰲鱼[④]。其木多楢[⑤]、杻，多梅、梓。其兽多夔牛、羚、㚟、犀、兕，有鸟焉，状如鸮而赤身白首，其名曰窃脂[⑥]，可以御火。

【注】

①崌（jū）山：吕调阳《传》卷五：“今彭县北九十里曰五峰山，脉自茂州南来，五峰拔起，高入云天，即此经之崌山、《禹贡》之蒙山、《海内东经》之曼山也。”谭其骧《论》以为“应指宝兴县北境山，与芦山、大邑、崇庆、汶川西境接壤”。 ②江水：沫水，青衣江上源之一。 ③怪蛇：中华鼍，即鳄鱼。郭璞《注》：“今永昌郡有钩蛇，长数丈，尾岐，在水中钩取岸上人、牛、马啖之，又呼马绊蛇，谓此类也。” ④鰲（zhì）鱼：即鲥鱼，体侧扁，银灰色，为名贵鱼类。⑤楢（yóu），即楢树。郭璞《注》：“刚木也，中车材。” ⑥窃脂：郭郛《注证》谓为蜡嘴雀的一种，赤身白头。

【译】

再往东一百五十里，是崌山。江水发源于此山，向东流入长江。水中多怪蛇，还有很多鲥鱼。山上楢树和杻树成林，还有梅树与梓树。夔牛、羚羊、㚟、犀牛、兕等野兽成群结队，有一种鸟，形如猫头鹰而红身白首，名叫窃脂，人们看到它就引起警惕，因而避免火灾。

又东三百里，曰高梁之山①。其上多垩，其下多砥砺。其木多桃枝、钩端。有草焉，状如葵而赤华，荚实，白柎，可以走马。

【注】

①高梁之山：高梁山，毕沅《新校正》谓大剑山，在四川剑阁、广元一带。

【译】

再往东三百里，是大剑山。山上产垩土，山下产磨石。这儿桃枝竹和钩端竹成丛。有一种草，形状像葵菜而有红花，果实带荚，花萼是白色的，给马吃了可使马跑得更快。

又东四百里，曰蛇山①。其上多黄金，其下多垩。其木多栒，多豫樟，其草多嘉荣、少辛。有兽焉，其状如狐，而白尾长耳，名㹃狼②，见则国内有兵。

【注】

①蛇山：即大巴山。　②㹃（shì）狼：狼的亚种，如狐，白尾，产于川东北。

【译】

再往东四百里，是蛇山。山上多金矿，山下多垩土。这里栒树很多，还有许多豫章树，嘉荣、细辛等草也很多。山里有兽，形状似狐，白尾巴长耳朵，名叫㢔狼，它出现的国家将会有战争。

又东五百里，曰鬲山①。其阳多金，其阴多白珉。蒲鸏之水出焉②，而东流注于江，其中多白玉。其兽多犀、象、熊、罴，多猨、蜼③。

【注】

①鬲山：卫挺生《今考》以为即观面山，在今重庆市开州区。 ②蒲鸏（hōng）之水：蒲水和鸏水。 ③蜼（wèi）：金丝猴。郭璞《注》："蜼似猕猴，鼻露上向，尾四五尺，头有岐，苍黄色，雨则自县树，以尾塞鼻孔，或以两指塞之。"

【译】

再往东五百里，是鬲山。山南多铜矿，山北多白色珉石。蒲鸏水发源于这山，向东流汇入长江，水中有很多白色玉石。山中犀牛、大象、熊、罴成群，还有许多猿和金丝猴。

又东北三百里，曰隅阳之山①。其上多金、玉，其下多青雘。其木多梓、桑，其草多茈②。徐之水出焉③，东流注于江，其中多丹粟。

【注】

①隅阳之山：隅阳山，大巴山东南余脉，在四川达州市东北一带。

②茈：即紫草、大紫草，入药，可作紫色染料。　③徐之水：徐水，即瀼河。

【译】

再往东北三百里，是隅阳山。山上富藏铜矿和玉石，山下多青雘。这里梓树和桑树成林，紫草丛生。徐水发源于此山，向东流汇入长江，水中多丹沙。

又东二百五十里，曰岐山[①]。其上多白金，其下多铁。其木多梅、梓，多杻、楢。减水出焉[②]，东南流注于江。

【注】

①岐山：今重庆奉节之横断山。　②减水：分水河。

【译】

再往东二百五十里，是岐山。山上多银矿，山下多铁矿。这里梅树和梓树成林，还有杻树和楢树。减水发源于此山，向东南流汇入长江。

又东三百里，曰勾祢之山[①]。其上多玉，其下多黄金。其木多栎柘，其草多芍药。

【注】

①勾祢（mí）之山：勾祢山，即白帝城山，在今重庆奉节一带。

【译】

再往东三百里，是勾祢山。山上多玉石，山下多金矿。这里栎树和柘树成片，还有很多芍药。

又东一百五十里，曰风雨之山[①]。其上多白金，其下多石涅。其木多椰、樿[②]，多杨。宣余之水出焉[③]，东流注于江，其中多蛇。其兽多闾、麋，多麈、豹、虎，其鸟多白鵺[④]。

【注】

①风雨之山：风雨山，即巫山，在今重庆巫山境。 ②椰（zōu）：川箭竹，可作箭杆、笔管等，杆高约3米，直径约10毫米。樿（shàn）：黄杨树，一种常绿灌木。 ③宣余之水：宣余水，即大宁河，在重庆巫山境。 ④白鵺（jiāo）：长尾白雉。

【译】

再往东一百五十里，是风雨山。山上多银矿，山下多石墨。椰树和樿树成片，杨树也不少。宣余水发源于此山，向东流汇入长江，水中有很多水蛇。山里山驴和麋鹿成群，还有许多麈、豹子、老虎，白鵺也很多。

又东北二百里，曰玉山[①]。其阳多铜，其阴多赤金。其木多豫樟、楢、杻。其兽多豕、鹿、羚、㚟，其鸟多鸩。

【注】

①玉山：卫挺生《今考》谓即凤凰岭，在今重庆乌溪县境。

【译】

再往东二百里，是玉山。山南多铜矿，山北多红铜矿。这里豫章树、楢树、杻树数量最多。野猪、鹿、羚羊、㚟成群，有很多鸩鸟。

又东一百五十里，曰熊山[①]。有穴焉，熊之穴，恒出神人。夏启而冬闭；是穴也，冬启乃必有兵[②]。其上多白玉，其下多白金。其木多樗、柳，其草多寇脱。

【注】

①熊山：卫挺生《今考》以为即湖北巴东县之珍珠岭。　②冬启乃必有兵：冬天开启一定会有战事。郭璞《注》："今邺西北有鼓山，下有石鼓，象县著山旁，鸣则有军事。兴此穴殊象而同应。"

【译】

再往东一百五十里，是熊山。山中有洞穴，是熊的巢穴，常有神人出入。洞穴夏季开启而冬季关闭；这洞穴，如果冬季开启就一定会有战争。山上多白玉，山下多银矿。山里臭椿树和柳树成林，还有很多寇脱草。

又东一百四十里，曰騩山[①]。其阳多美玉、赤金，其阴多铁。其木多桃枝、荆、芑[②]。

【注】

①騩山：将军山，在湖北秭归一带。　②芑：即葩，芭蕉。

【译】

再往东一百四十里，是騩山。山南多美玉、红铜矿，山北多铁矿。有大片的桃枝竹、牡荆树、芭蕉。

又东二百里，曰葛山[①]。其上多赤金，其下多瑊石[②]。其木多柤、栗、橘、櫾、楢、杻，其兽多羚、㚟，其草多嘉荣。

【注】

①葛山：香炉山，在湖北宜昌兴山县一带。　②瑊（jiān）石：质地稍差的玉。

【译】

再往东二百里，是葛山。山上多红铜矿，山下多瑊石。这里柤树、栗子树、橘子树、柚子树、楢树、杻树成林，羚羊和雪豹成群，还有很多蘘荷。

又东一百七十里，曰贾超之山[①]。其阳多黄垩，其阴多美赭。其木多柤、栗、橘、櫾，其中多龙修[②]。

【注】

①贾超之山：贾超山，或曰在湖北境，或曰在四川境内。吕调阳《传》卷五："山在綦江县治，为清溪、松坎河会处。贾，估也。贾超，审所逾也，两水形似之。"　②龙修：龙须草，纤维可造纸，根茎入药。郭璞《注》谓"龙须也，似莞而细，生山石穴中，茎倒垂，可以为席"。

【译】

再往东一百七十里，是贾超山。山南多黄垩土，山北多赭石。这里的柤树、栗子树、橘子树、柚子树很多，还有龙须草也很多。

凡岷山之首，自女几山至于贾超之山，凡十六山，三千五百里。其神状皆马身而龙首。其祠：毛用一雄鸡瘗，糈用稌。文山、勾㭨、风雨、騩之山，是皆冢也。其祠之：羞酒[①]，少牢具，婴毛一吉玉。熊山，席也[②]，其祠：羞酒，太牢具，婴毛一璧。干儛，用兵以禳[3]；祈，璆冕舞[4]。

【注】

①羞酒：先进酒以酹神。 ②席：首领。 ③禳：祓除之祭名。 ④璆（qiú）冕舞：戴着用美玉装饰的冕服起舞。郭璞《注》："祈，求福祚也，祭用玉；舞者冕服也，美玉曰璆。"

【译】

全部岷山系的首尾，从女几山起到贾超山为止，共十六座山，中间相距三千五百里，诸山神都是马身龙首。祭祀山神的仪式：毛物用公鸡一只作祭品埋入地下，祭米用稻米。文山、勾栋山、风雨山、騩山，是诸山的宗主。祭祀这几位山神的仪式：进献美酒，用猪、羊作祭品，玉器用吉玉一块。熊山，是诸山的首领。祭祀这位山神的仪式：进献美酒，用猪、牛、羊齐全的三牲献祭，礼玉用玉璧一块。手执盾牌而舞，目的是禳除战争灾祸；祈求福祥，就戴着用美玉装饰的冕服而舞。

中次十经

《中次十经》之首，曰首阳之山[1]。其上多金、玉，无草木。

【注】

①首阳之山：首阳山，徐显之《浅注》、张步天《山海经解》以为在河南偃师县北。或以为在甘肃陇西。吕调阳《传》卷五："此经所志，陇首以西会宁、安定诸山也。"吕说不可信。

【译】

《中次十经》所载中部第十山系之首山，是首阳山。山上富有铜矿和玉石，没有花草树木。

又西五十里，曰虎尾之山①。其木多椒、椐，多封石。其阳多赤金，其阴多铁。

【注】

①虎尾之山：虎尾山，张步天《山海经解》谓即神尾山，在河南偃师县东北。

【译】

再往西五十里，是虎尾山。这里花椒树、椐树丛生，到处都是封石。山南富有红铜矿，山北多铁矿。

又西南五十里，曰繁缋之山①。其木多楢、杻，其草多枝勾②。

【注】

①繁缋（huì）之山：繁缋山，张步天《山海经解》以为在洛阳东北境。 ②枝勾：一种落叶灌木，小枝顶端有刺，故名枝勾。根可入药，名鹿蹄根。

【译】

再往西南五十里，是繁缋山。这里楢树和杻树成片，遍地是桃枝、钩端之类的小竹丛。

又西南二十里，曰勇石之山[①]。无草木，多白金，多水。

【注】

①勇石之山：勇石山，以道里计，当在河南新安县北。吕调阳《传》卷五："用兵踊跃曰勇。勇石，趋而蹶石踅踊欲仆也。显圣湫水西流折西北象足蹶形也。"

【译】

再往西南二十里，是勇石山。不生草木，富有银矿，到处是流水。

又西二十里，曰复州之山[①]。其木多檀，其阳多黄金。有鸟焉，其状如鸮，而一足彘尾，其名曰跂踵[②]，见则其国大疫[③]。

【注】

①复州之山：复州山，在今河南新安县北。　②跂踵：鬼鸮，猫头鹰的一种。郭璞《注》引《铭》曰："跂踵为鸟，一足似夔。不为乐兴，反以来悲。"

【译】

再往西二十里，是复州山。这里檀树很多，山南富藏金矿。山中有禽鸟，形似猫头鹰，却长着一只爪子和猪尾巴，名称跂踵，它现身的地方会发生大瘟疫。

又西三十里，曰楮山[①]。多寓木，多椒、椐，多柘，多垩。

【注】

①楮山：在河南孟津县南。郭璞《注》："一作渚州之山。"

【译】

再往西三十里，是楮山。山上是茂密的寄生树，花椒树、椐树很多，柘树也不少，还有大量的垩土。

又西二十里，曰又原之山[1]。其阳多青雘，其阴多铁，其鸟多鸜鹆[2]。

【注】

①又原之山：又原山，在河南新安县境。 ②鸜鹆（qú yù）：鸲鹆，俗名八哥。郭璞《注》引《左传》："鸜鹆来巢"。

【译】

再往西二十里，是又原山。山南富有青雘，山北面多铁矿，山里有很多八哥。

又西五十里，曰涿山[1]。其木多榖、柞、杻，其阳多㻬琈之玉。

【注】

①涿山：在河南新安县西北。

【译】

再往西五十里，是涿山。这里构树、柞树、杻树成林，山南面多㻬琈玉。

又西七十里，曰丙山[①]。其木多梓、檀，多弞杻[②]。

【注】

①丙山：即韶山，在河南偃师、渑池之间。　②弞（shěn）杻：弯曲的杻树。

【译】

再往西七十里，是丙山。这里梓树、檀树成林，还有很多弯曲的杻树。

凡首阳山之首，自首山至于丙山，凡九山[①]，二百六十七里。其神状皆龙身而人面。其祠之：毛用一雄鸡瘗，糈用五种之糈。堵山，冢也，其祠之：少牢具，羞酒祠，婴毛一璧瘗。騩山，席也，其祠：羞酒，太牢具；合巫祝二人儛，婴一璧。

【注】

①九山：卫挺生《今考》："此九山在渭源与江源区间，而亦编入《中山经》，殆因其在黄帝、颛顼之传说史中，偶有传说及之。"

【译】

全部首阳山一系的首尾，从首阳山起到丙山止，共九座山，中间距离二百六十七里。诸山神形貌都是龙身人面。祭祀山神的祭礼：毛物用公鸡一只，献祭后埋地，米用五种。堵山，是诸山的宗主，祭祀这位山神的礼仪：用猪、羊二牲献祭，进献美酒，玉器用玉璧一，献祭后埋入地下。騩山，是诸山的首领，祭祀騩山山神要进献美酒，用猪、牛、羊齐全的三牲献祭；让女巫男祝一起跳舞侑神，礼玉用一玉璧。

中次十一经

《中次一十一山经》荆山之首[①]，曰翼望之山[②]。湍水出焉[③]，东流注于济[④]。贶水出焉[⑤]，东南流注于汉，其中多蛟[⑥]。其上多松、柏，其下多漆、梓。其阳多赤金，其阴多珉。

【注】

①中次一十一山经：袁珂《校注》以为当作“中次一十一山”，刘秀校录改山为经。荆山：古荆山，即河南熊耳山至伏牛山。传为黄帝铸鼎处。　②翼望之山：翼望山，伏牛山东南麓，在河南内乡县西北。③湍水：湍河。郭璞注：“今湍水径南阳穰县而入清水。”　④济：即济水，又称清水，今称白河。　⑤贶（kuàng）水：淅川，发源于伏牛山，注入汉江。　⑥蛟：大型鳄鱼。郭璞《注》：“似蛇而四脚，小头细颈，有白瘿。大者十数围，卵如一、二石瓮，能吞人。”

【译】

中部第十一列山系荆山山系的第一座山，是翼望山。湍水发源于这座山，向东流汇入济水。贶水也发源于此，向东南流汇入汉水，水中有很多鳄鱼出没。山上松树、柏树成林，山下漆树和梓树遍布。山南多红铜矿，山北多珉石。

又东北一百五十里，曰朝歌之山[①]。沅水出焉[②]，东南流注于荥[③]，其中多人鱼。其上多梓、楠，其兽多羚、麋。有草焉，名曰莽草[④]，可以毒鱼。

【注】

①朝歌之山：朝歌山，卫挺生《今考》以为扶予山，在河南舞阳县一带。与《中次五经》之朝歌山同名不同地。　②潕（wǔ）水：即舞水。郭璞谓："今在南阳舞阳县。"　③荥：即汝水。　④莽草：即芒草，细节茴香。

【译】

再往东北一百五十里，是朝歌山。潕水发源于此山，向东南流汇入汝水，水中多生人鱼。山上梓树、楠木茂密，这里羚羊、麋鹿成群。有一种草，名叫莽草，可以用来毒鱼。

又东南二百里，曰帝囷之山[①]。其阳多㻬琈之玉，其阴多铁。帝囷之水出于其上，潜于其下，多鸣蛇。

【注】

①帝囷之山：帝囷山，徐显之《浅注》以为是桐柏山地区某山。

【译】

再往东南二百里，是帝囷山。山南多㻬琈玉，山北多铁矿。帝囷水从发源于山顶，潜流到山下，水中有很多中华鼍。

又东南五十里，曰视山[①]。其上多韭。有井焉，名曰天井，夏有水，冬竭。其上多桑，多美垩、金、玉。

【注】

①视山：桐柏山区某山，在河南泌阳县西北。

【译】

再往东南五十里，是视山。山上遍地野韭菜。山中有井，叫天井，夏季有水，冬季枯竭。山上桑树茂密，还有优质垩土、铜矿和玉石。

又东南二百里，曰前山①。其木多槠②，多柏。其阳多金，其阴多赭。

【注】

①前山：即尖山，又称坚山，在河南信阳一带。 ②槠（zhū）：槠栎树，一种常绿乔木。据郭璞《注》，槠树似柞子可食，冬夏生，作屋柱抗腐。或作“储”。

【译】

再往东南二百里，是前山。这里槠树很多，还有不少柏树。山南多铜矿，山北多赭石。

又东南三百里，曰丰山①。有兽焉，其状如猿，赤目赤喙黄身，名曰雍和，见则其国有大恐。神耕父处之，常游清泠之渊②，出入有光，见则其国为败。有九钟焉，是知霜鸣③。其上多金，其下多榖、柞、杻、橿。

【注】

①丰山：毕沅《新校正》谓在河南南阳东北。 ②清泠之渊：即青领水。郭璞《注》：“清泠水在西号郊县山上，神来时，水赤有光耀，今有屋祠之。” ③知霜鸣：霜落则鸣。郭璞《注》谓：“霜降则钟鸣，故言知也。物有自然感应而不可为也。”

【译】

再往东南三百里，是丰山。山中有野兽，形似猿猴，却长着红眼睛、红嘴巴、黄身子，名叫雍和，所现身之国会发生大恐怖。旱鬼耕父住在这座山里，常常畅游于清泠渊，出入时都会发出光芒，它所现身之国会出现衰败。山中有九口钟，能应和霜降而鸣响。山上富有金矿，山下的构树、柞树、杻树、橿树十分茂密。

又东北八百里[1]，曰兔床之山[2]。其阳多铁，其木多藷芎，其草多鸡榖[3]，其本如鸡卵，其味酸甘，食者利于人。

【注】

①八百里：徐显之《浅注》以为是八十里之误。　②兔床之山：兔床山，在河南新郑附近。　③鸡榖：鸡果，即猕猴桃。袁珂《校注》曰："经文鸡榖，汪绂本、《百子全书》本并作鸡穀。郝懿行云：'榖字古有构音。'则以作鸡榖为是。下文（《中次十二经》）夫夫山又作鸡鼓，亦即鸡榖也。"

【译】

再往东北八百里，是兔床山。山南面富藏铁矿，山里槠树和芋树成片，鸡榖树遍野，它的果实像鸡蛋，味道酸中带甜，服食有益健康。

又东六十里，曰皮山[1]。多垩，多赭，其木多松、柏。

【注】

①皮山：河南卢氏县赤麻岩。

【译】

再往东六十里，是皮山。山多垩土，还有赭石，这里松树和柏树满山满谷。

又东六十里，曰瑶碧之山[①]。其木多梓、楠，其阴多青雘，其阳多白金。有鸟焉，其状如雉，恒食蜚[②]，名曰鸩[③]。

【注】

①瑶碧之山：瑶碧山，在河南汝阳东，因山多树木，青翠可人，故山名瑶碧。　②蜚：蚊。　③鸩：食蚊鹰，蚊母鸟，专吃蚊虫。郭璞《注》以为"此更一种鸟，非食蛇之鸩也"。

【译】

再往东六十里，是瑶碧山。这里的梓树和楠树满山遍野，山北盛产青雘，山南多出白银。山中有鸟，状如野鸡，常吃蚊虫，名叫鸩鸟。

又东四十里，曰支离之山[①]。淯水出焉，南流注于汉[②]。有鸟焉，其名曰婴勺[③]，其状如鹊，赤目、赤喙、白身，其尾若勺，其鸣自呼。多㸲牛，多羬羊。

【注】

①支离之山：支离山，毕沅《新校正》据《水经》及《文选注》作"攻离之山"，在河南嵩县一带，疑即双鸡岭。　②汉：汉水。郭璞《注》："今济水出郦县西北山中，南入汉。"　③婴勺：鹦鸲、勺鸡，雉科，嘴红色。

【译】

再往东四十里，是支离山。淯水发源于这座山，向南流汇入汉水。山中有鸟，名叫婴勺，状如喜鹊，红眼睛、红嘴巴、白身子，尾似酒勺，它的叫声像是“婴勺”。山中还有成群的㸲牛、羬羊。

又东北五十里，曰祑篙之山①。其上多松、柏、机、桓②。

【注】

①祑篙（zhì diāo）之山：祑篙山，《广韵》引作祑藺之山，在河南嵩县南。　②桓：原作“柏”，从毕沅《新校正》及郝懿行《笺疏》改。郭郛《注证》以为桓即无患子。

【译】

再往东北五十里，是祑篙山。山上松树、柏树、桤树、桓树十分茂密。

又西北一百里，曰堇理之山①。其上多松、柏，多美梓，其阴多丹雘，多金，其兽多豹虎。有鸟焉，其状如鹊，青身白喙、白目、白尾，名曰青耕②，可以御疫，其鸣自叫。

【注】

①堇（qín）理之山：堇理山，即析邑山，在河南内乡县境。　②青耕：青翅鹊。

【译】

再往西北一百里，是堇理山。山上松树、柏树茂密，还有很多梓树，山北面多出青雘，并且多铜矿。这里豹子和老虎出没，山中有鸟，状如喜鹊，青色羽毛，白色嘴巴，白眼睛，白尾巴，名叫青耕，人饲养它可避瘟疫，它的叫声便是自己名称的读音。

又东南三十里，曰依轱之山[①]。其上多杻、橿，多苴[②]。有兽焉，其状如犬，虎爪有甲，其名曰獜[③]，善驶坌[④]，食者不风[⑤]。

【注】

①依轱（gū）之山：依轱山，在河南内乡县西北。　②苴（zhǎ）：椐树，即春榆。　③獜（lìn）：犬的亚种，体有斑点。　④驶坌（yǎng fèn）：跳跃状。　⑤不风：祛风湿。

【译】

再往东南三十里，是依轱山。山上杻树和橿树成片，柤树也不少。山中有野兽，状如狗，长着老虎爪子，身披鳞甲，名叫獜，擅长跳跃腾扑，人食其肉不患风痺病。

又东南三十五里，曰即谷之山[①]。多美玉，多玄豹[②]，多闾麋，多羚、麢。其阳多珉，其阴多青雘。

【注】

①即谷之山：即谷山，即鸡公山，在河南内乡县西北。　②玄豹：黑豹，金钱豹的亚种。

【译】

再往东南三十五里，是鸡公山。这里多美玉，有很多黑豹，还有不少的山驴和麋，羚羊和雪豹也很多。山南面多珉石，山北面多青色颜料。

又东南四十里，曰鸡山[1]。其上多美梓，多桑，其草多韭。

【注】

①鸡山：即鸡头山，在河南信阳一带。

【译】

再往东南四十里，是鸡头山。山上到处是挺拔的梓树，还有茂密的桑树，野韭菜也很多。

又东南五十里，曰高前之山[1]。其上有水焉，甚寒而清，帝台之浆也[2]，饮之者不心痛。其上有金，其下有赭。

【注】

①高前之山：高前山，即高泉山，在河南内乡。前，或作“潜”。

②帝台之浆：有郃氏之神泉。郭璞《注》谓：“今河东解县南檀首山上，有水潜出，停不流，俗名为盎浆，即此类也。”

【译】

再往东南五十里，是高前山。山上有条溪水，水冰凉而清洌，是有郃氏的神泉，人饮之不患心痛病。山上有丰富的铜矿，山下多赭石。

又东南三十里，曰游戏之山[1]。多杻、橿、穀，多玉、多封石。

【注】

①游戏之山：游戏山，在河南内乡县。

【译】

再往东南三十里，是游戏山。这里杻树、橿树、构树成林连片，还有丰富的玉石，以及封石。

又东南三十五里，曰从山[①]。其上多松、柏，其下多竹。从水出于其上，潜于其下，其中多三足鳖[②]，枝尾，食之无蛊、疫。

【注】

①从山：在河南内乡县南。　②三足鳖：又名能，见《尔雅》，实即是畸形的鳖。

【译】

再往东南三十五里，是从山。山上到处是松树和柏树，山下的竹林茂密。从水发源于山中，潜流至山下，水中多生三足鳖，有开叉的尾巴，人食其肉不患寄生虫病、不感染时疫。

又东南三十里，曰婴硜之山[①]。其上多松、柏，其下多梓、櫄。

【注】

①婴硜之山：婴硜山，在河南邓州市西南。

【译】

再往东南三十里，是婴硜山。山上处处是松树、柏树，山下有茂密的梓树、櫄树。

又东南三十里，曰毕山[①]。帝苑之水出焉[②]，东北流注于视，其中多水玉，多蛟，其上多㻬琈之玉。

【注】

①毕山：毕沅《新校正》以为即旱山，在河南泌阳一带。 ②帝苑之水：大沙河，东北流入汝河、洪河，在安徽入淮河。

【译】

再往东南三十里，是毕山。帝苑水发源于毕山，向东北流汇入溉水，水中多水晶石，有很多鳄鱼。山上有丰富的㻬琈玉。

又东南二十里，曰乐马之山[①]。有兽焉，其状如彙，赤如丹火，其名曰狼[②]，见则其国大疫。

【注】

①乐马之山：乐马山，在河南泌阳东南一带。 ②狼（lì）：鼩鼱，体小，尾短，嗅觉灵敏，昼伏夜出，捕食虫类。

【译】

再往东南二十里，是乐马山。山有野兽，状如刺猬，全身红如丹火，名叫狼，出现之地会发生大瘟疫。

又东南二十五里，曰葴山[①]。视水出焉，东南流注于汝水，其中多人鱼，多蛟，多颉[②]。

【注】

①葴（zhēn）山：在河南泌阳南。 ②颉（xié）：小爪水獭。

【译】

再往东南二十五里，是葴山。视水发源于此山，向东南流汇入汝水，水中有很多人鱼，又有很多蛟，还有很多的小爪水獭。

又东四十里，曰婴山[①]。其下多青雘，其上多金、玉。

【注】

①婴山：在河南舞阳县南。

【译】

再往东四十里，叫婴山。山下多青色颜料石，山上有丰富的铜矿和玉石。

又东三十里，曰虎首之山[①]。多苴、椆[②]、椐。

【注】

①虎首之山：虎首山，在河南遂平县西北。　②椆（chóu）：椆木树，又名铁青刚，木质细密。

【译】

再往东三十里，是虎首山。这里有茂密的柤树、椆树、椐树。

又东二十里，曰婴侯之山[①]。其上多封石，其下多赤锡。

【注】

①婴侯之山：婴侯山，在河南遂平县西南。吕调阳《传》卷五："山即婴侯水所出。"

【译】

再往东二十里，是婴侯山。山上多封石，山下多红色锡土。

又东五十里，曰大孰之山[①]。杀水出焉[②]，东北流注于视水，其中多白垩。

【注】

①大孰之山：大孰山，在河南驻马店一带。　②杀水：沙河，东北流入汝水。

【译】

再往东五十里，是大孰山。杀水发源于这座山，向东北流入汝水，河里多出白色垩土。

又东四十里，曰卑山[①]。其上多桃、李、苴、梓，多累[②]。

【注】

①卑山：在河南确山县境。　②累：即虆，紫藤。郭璞《注》："今虎豆、狸豆之属。累，一名縢，音'诔'。"

【译】

再往东四十里，是卑山。山上桃树、李树、柤树、梓树遍布，还有很多紫藤树。

又东三十里，曰倚帝之山[①]。其上多玉，其下多金。有兽焉，其状如鼣鼠[②]，白耳白喙，名曰狙如[③]，见则其国有大兵。

【注】

①倚帝之山：倚帝山，在河南镇平县西北。吕调阳校作“倚带之山”，《传》卷五：“山在信阳州南四十余里，曰桃花山，有谭家河导源西北流折而北，象倚带形，即古申水。” ②䶂（fèi）鼠：艾鼬。郭璞《注》引《尔雅》说，鼠有十三种，中有此鼠，形所未详也。 ③狙如：即伶鼬，鼬科食肉动物。

【译】

再往东三十里，是倚帝山。山上多玉石，山下有丰富的铜矿。山中有兽，状如䶂鼠，白耳朵，白嘴巴，名叫狙如，它所出现之地会发生大的战争。

又东三十里，曰鲵山①。鲵水出于其上，潜于其下，其中多美垩。其上多金，其下多青雘。

【注】

①鲵（ní）山：在河南信阳市明港镇西北，山下有湖。

【译】

再往东三十里，是鲵山。鲵水发源于山顶，潜流到山下，这里垩土质地优良。山上多金矿，山下有丰富的青色颜料石。

又东三十里，曰雅山①。澧水出焉②，东流注于视水，其中多大鱼。其上多美桑，其下多苴，多赤金。

【注】

①雅山：吕调阳校作“雉山”，《传》卷五：“山在光山县南新店塘。”

今河南光山县境。　②澧水：郭璞《注》：“今澧水出南阳。”吕调阳《传》卷五：“澧水今名潢河，流至光州东北名曰白露河，一作醴水，言白浊似醴也。其水东北流右合诸小水象雉飞前其爪距之形，故山得名。”

【译】

再往东三十里，是雉山。澧水发源于此山，向东流汇入视水，水中有很多大鱼。山上桑树生长茂密，山下还有柤树，蕴藏着丰富的红铜矿。

又东五十里，曰宣山[①]。沦水出焉[②]，东南流注于视水，其中多蛟。其上有桑焉，大五十尺，其枝四衢[③]，其叶大尺余，赤理黄华青柎，名曰帝女之桑[④]。

【注】

①宣山：在河南正阳县一带。　②沦水：洪河。　③其枝四衢：言树枝向四面伸展而出，如道路四通八达。　④帝女之桑：特别大的的桑树。郭璞《注》：“妇女主蚕，故以名桑。”

【译】

再往东五十里，是宣山。沦水发源于此，向东南流汇入视水，水中有很多蛟。山上有桑，树干合抱达五十尺，树枝交叉伸向四方，树叶直径一尺多，红色纹理、黄色花朵、青色花萼，名叫帝女桑。

又东四十五里，曰衡山[①]。其上多青雘，多桑，其鸟多鸜鹆。

【注】

①衡山：河南南阳雉衡山，非南岳。

【译】

再往东四十五里，是衡山。山上盛产青色颜料石，还有茂密的桑树，这里的八哥很多。

又东四十里，曰丰山[①]。其上多封石，其木多桑，多羊桃[②]，状如桃而方茎，可以为皮张[③]。

【注】

①丰山：在河南南阳一带。 ②羊桃：一名鬼桃，即猕猴桃。 ③为皮张：治疗皮肤肿痛。

【译】

再往东四十里，是丰山。山上多封石，这里桑树繁茂，还有大量的羊桃，形似桃树却是方茎干，可以用它医治皮肤肿胀病。

又东七十里，曰妪山[①]。其上多美玉，其下多金，其草多鸡谷。

【注】

①妪山：在河南南阳北。

【译】

再向东七十里，是妪山。山上多美玉，山下多铜矿，这里的猕猴桃结得最为繁盛。

又东三十里，曰鲜山[①]。其木多楢、杻、苴，其草多虋冬。其阳多金，其阴多铁。有兽焉，其状如膜犬，赤喙、赤目、白尾，见则其邑有火，名曰狢即②。

【注】

①鲜山：在河南嵩山县境。　②狢（yí）即：兽名，即小熊猫。

【译】

再往东三十里，是鲜山。这里的楢树、杻树、柤树特别茂密，蔷薇也多。山南面富有铜矿，山北面多铁矿。山中有兽，状如膜犬，长着红嘴巴、红眼睛、白尾巴，它出现的地方一定会有火灾，名叫狢即。

又东三十里，曰皋山①。其阳多金，其阴多美石。皋水出焉，东流注于澧水，其中多脃石②。

【注】

①皋山：旧本作章山，当以毕沅《新校正》本皋山为是，在河南境。②脃（cuì）石：即脆石，一种小而软的石子，上有花纹。

【译】

再向东三十里，是皋山。山南面多铜矿，山北面多漂亮的石头。皋水发源于这座山，向东流入汇澧水，水中有许多脃石。

又东二十五里，曰大支之山①。其阳多金，其木多榖、柞，无草木。

【注】

①大支之山：大支山，或作大克山，郭郛《注证》认为在河南叶县附近。

【译】

再往东二十五里，是大支山。山南面蕴藏大量铜矿，这里的构树和柞树满山遍野，但山上不长草。

又东五十里，曰区吴之山①。其木多苴。

【注】

①区吴之山：区吴山，张步天《山海经解》以为在安徽岳西县境。

【译】

再往东五十里，是区吴山。这里柤树长得特别繁盛。

又东五十里，曰声匈之山①。其木多穀，多玉，上多封石。

【注】

①声匈之山：声匈山，张步天《山海经解》以为在安徽岳西县境。

【译】

再往东五十里，是声匈山。这里构树茂密，到处是玉石，山上还多封石。

又东五十里，曰大騩之山①。其阳多赤金，其阴多砥石。

【注】

①大騩之山：大騩山，已见《中次七经》，但只同名，非同一山。此处当指毕山，在河南泌阳一带。

【译】

再往东五十里，是大騩山。山南面多红铜矿，山北面多细磨石。

又东十里，曰踵臼之山[①]。无草木。

【注】

①踵臼之山：踵臼山，在河南确山县一带。

【译】

再往东十里，是踵臼山。不生草木。

又东北七十里，曰历石之山[①]。其木多荆、芑，其阳多黄金，其阴多砥石。有兽焉，其状如狸，而白首、虎爪，名曰梁渠[②]，见则其国有大兵。

【注】

①历石之山：历石山，在湖北当阳一带。历，或作“磨”。②梁渠：花面狸，善攀援，群居洞穴中，肉味鲜美。

【译】

再往东北七十里，是历石山。这里牡荆和枸杞最多，山南面富有金矿，山北面多细磨石。山中有兽，状如野猫，白色的脑袋、老虎的爪子，名叫梁渠，它现身的地方会发生大的战争。

又东南一百里，曰求山[①]。求水出于其上，潜于其下，中有美赭。其木多苴，多䈄。其阳多金，其阴多铁。

【注】

①求山：大别山脉之木兰山，在湖北黄陂一带。

【译】

再往东南一百里，是求山。求水发源于山顶，潜流到山下，这里的赭石质地优良。山中到处是柤树，箭竹丛生。山南面有丰富的铜矿，山北面多铁矿。

又东二百里，曰丑阳之山①。其上多椆、椐。有鸟焉，其状如乌而赤足，名曰𪃍䳜②，可以御火。

【注】

①丑阳之山：丑阳山，河南信阳新县之东南山。　②𪃍䳜（zhǐ tú）：地鸦，足红色。

【译】

再往东二百里，是丑阳山。山上椆树和椐树成林。山中有鸟，形状像乌鸦，长着红爪子，名叫𪃍䳜，人饲养它可以禳除火灾。

又东三百里，曰奥山①。其上多柏、杻、橿，其阳多㻬琈之玉。奥水出焉②，东流注于视水。

【注】

①奥山：也属大别山脉。　②奥水：史河，东北流汇入淮河。

【译】

再往东三百里，是奥山。山上松树、杻树、橿树茂密，山南面多㻬琈玉。奥水发源于此，向东流汇入视水。

又东三十五里，曰服山[①]。其木多苴，其上多封石，其下多赤锡。

【注】

①服山：独山，在安徽六安县境。

【译】

再往东三十五里，是服山。这里柤树特多，山上有丰富的封石，山下多红色锡土。

又东三百里，曰杳山[①]。其上多嘉荣草，多金、玉。

【注】

①杳山：六山，在安徽六安县境。

【译】

再往东三百一十里，是杳山。满山嘉荣草，还有丰富的金矿和玉石。

又东三百五十里，曰凡山[①]。其木多楢、檀、杻，其草多香。有兽焉，其状如彘，黄身、白头、白尾，名曰闻豨[②]，见则天下大风。

【注】

①凡山：小关山，在安徽合肥庐江县一带。　②闻豨（lín）：野猪。郭注谓一本作“闻貉”。

【译】

再往东三百五十里，是凡山。这里的楢树、檀树、杻树很茂密，还长着各种香草。山中有兽，形状像猪，黄身、白首、白尾巴，名叫闻猕，一出现预示着天将要刮大风。

凡荆山之首，自翼望之山至于凡山，凡四十八山，三千七百三十二里。其神状皆彘身人首。其祠：毛用一雄鸡祈，瘗用一珪，糈用五种之精[1]。禾山，席也，其祠：太牢之具，羞瘗，倒毛[2]；用一璧，牛无常。堵山、玉山，冢也，皆倒祠，羞毛少牢，婴毛吉玉。

【注】

①五种之精：备五谷之美者。 ②倒毛：一种祭祀仪式，将献祭的毛物倒着埋入地下。

【译】

荆山山脉的开端，自翼望山起到凡山，共有四十八座山，其间共计三千七百三十二里。诸山神都是猪身人头。祭祀山神的仪式：毛物用一只公鸡献祭后掩埋，玉器用一块玉珪，祀神的米用黍、稷、稻、粱、麦五种。禾山，是诸山的首领，祭祀禾山山神的仪式：毛物用猪、牛、羊齐全的三牲，献祭后埋入地下，而且将牲畜倒着埋；玉器用一块玉璧，但也不必三牲齐备。堵山、玉山，是诸山的宗主，祭祀后都要将牲畜倒着埋，进献的祭祀品是用猪、羊，玉器要用一块吉玉。

中次十二经

《中次十二经》洞庭山之首[1]，曰篇遇之山[2]。无草木，多黄金。

【注】

①洞庭山：即君山，在湖南岳阳一带。吕调阳《传》卷五："此经所志，洞庭以西以东诸洞山也。" ②篇遇之山：篇遇山，张步天《山海经解》以为在湖北秭归县境之长江南岸。郭璞《注》谓"篇"或作"肩"。

【译】

《中次十二经》所载中部第十二列洞庭山系第一山，是篇遇山。山上不生草木，蕴藏着丰富的金矿。

又东南五十里，曰云山①。无草木。有桂竹②，甚毒，伤人必死。其上多黄金，其下多瑻琈之玉。

【注】

①云山：大同山，在湖南石门县。 ②桂竹：即筀竹，一种又粗又大的竹子。郭璞《注》："今始兴郡桂阳县出筀竹，大者围二尺，长四丈。又交趾有篥竹，实中，劲强，有毒，锐以刺虎，中之则死，亦此类也。"

【译】

再往东南五十里，是云山。那里寸草不生。有一种桂竹，毒性特别大，枝叶刺着人必死。山上多金矿，山下多瑻琈玉。

又东南一百三十里，曰龟山①。其木多榖、柞、椆、椐，其上多黄金，其下多青雄黄，多扶竹②。

【注】

①龟山：湖南石门县的五雷山。 ②扶竹：扶老竹，中实而高节，

可以做拐杖。郭璞《注》："邛竹也，高节，实中，中杖也，名之扶老竹。"

【译】

再往东南一百三十里，是龟山。这里的构树、柞树、椆树、椐树特别繁盛，山上多金矿，山下多石青、雄黄，还有很多扶老竹。

又东七十里，曰丙山[①]。多筀竹，多黄金、铜、铁，无木。

【注】

①丙山：大基山，在湖南常德澧县。

【译】

再往东七十里，是丙山。山上有茂密的筀竹，还有丰富的金、铜、铁矿，但不生树木。

又东南五十里，曰风伯之山[①]。其上多金、玉，其下多痠石[②]、文石，多铁。其木多柳、杻、檀、楮。其东有林焉，名曰莽浮之林[③]，多美木、鸟、兽。

【注】

①风伯之山：风伯山，即长石岭，在湖南、湖北交界处。　②痠（suān）石：砭石的一种，可以用来刮痧。　③莽浮之林：莽莽苍苍的森林。

【译】

再往东南五十里，是风伯山。山上铜矿和玉石储量很高，山下多痠石、色彩斑斓的好石，还有丰富的铁矿。这里柳树、杻树、檀树、构树连片成林。在山东面有一片树林，叫莽浮林，其中有许多材质优良的树木和禽鸟、野兽。

又东一百五十里，曰夫夫之山[1]。其上多黄金，其下多青雄黄。其木多桑、楮，其草多竹、鸡鼓。神于儿居之[2]，其状人身而手操两蛇，常游于江渊，出入有光。

【注】

①夫夫之山：夫夫山，又称大夫山，在湖南岳阳市华容县一带。②神于儿：名为于儿的神。

【译】

再往东一百五十里，是夫夫山。山上多金矿，山下多石青、雄黄。这里桑树、构树茂密，竹子、猕猴桃最为繁盛。叫于儿的神住在这里，它的形状是人身、手握两蛇，常常游玩于长江的深渊，出入水中时都有闪光。

又东南一百二十里，曰洞庭之山[1]。其上多黄金，其下多银、铁。其木多柤、梨、橘、櫾，其草多葌、蘪芜、芍药、芎䓖[2]。帝之二女居之[3]，是常游于江渊，澧、沅之风，交潇湘之渊[4]，是在九江之间[5]，出入必以飘风暴雨。是多怪神，状如人而载蛇，左右手操蛇。多怪鸟。

【注】

①洞庭之山：洞庭山，即君山。郭璞《注》：今长沙巴陵县西又有洞庭陂，潜伏通江。《离骚》曰："邅吾道兮洞庭……洞庭波兮木叶下。"皆谓此也。　②蘪芜：即川芎，一种香草，似蛇床而香。　③帝之二

女：天帝的两个女儿。郭璞《注》："天帝之二女而处江为神，即《列仙传》江妃二女也。《离骚》《九歌》所谓湘夫人，称帝子者是也。" ④潇湘之渊：湘江的回水处。郭璞《注》："此言二女游戏江之渊府，则能鼓三江，令风波之气共相交通，言其灵响之意也。江、湘、沅水皆共会巴陵头，故号为三江之口，澧又去之七八十里而入江焉。" ⑤九江之间：注入洞庭湖的九条水之间。郭璞《注》引《地理志》："九江今在浔阳南，江自浔阳而分为九，皆东会于大江。《书》曰：'九江孔殷。'"是也。吕调阳《传》卷五："湘水大派凡九：曰湘，曰观，曰营，曰耒，曰洣，曰渌，曰涟，曰浏，曰汨，皆湘流所合，谓之九江也。"

【译】

再往东南一百二十里，是君山。山上多金矿，山下多银和铁矿。这里柤树、梨树、橘子树、柚子树很茂密，兰草、蘼芜、芍药、川芎等香草遍地都是。天帝的两个女儿住在这里，她们常在江水的深渊中游玩。从澧水和沅水吹来的清风，在清冷的湘水之渊交会，这里正是九条江水汇合之地，帝女出入时都有急风暴雨相伴随。君山中还有很多怪神，形貌似人佩戴着蛇，两只手也握着蛇。这里还有许多怪鸟。

又东南一百八十里，曰暴山[①]。其木多棕、楠、荆、芑、竹、箭、䉋、箘。其上多黄金、玉，其下多文石铁。其兽多麋、鹿、麂，〔其鸟多〕就[②]。

【注】

①暴山：大云山，在湖南临湘县一带。 ②就：同"鹫"，雕，一种猛禽，见《广雅》。袁珂《校注》据王念孙校本增入"其鸟多"三字。

【译】

再往东南一百八十里，是暴山。山里棕树、楠木、牡荆、枸杞和竹子、箭竹、𥰭竹、箘竹漫山遍野。山上多金矿、玉石，山下多漂亮石头和铁矿。麋鹿、鹿、麂成群结队，这里的禽鸟大多是鹫鹰。

又东南二百里，曰即公之山[①]。其上多黄金，其下多㻬琈之玉。其木多柳、杻、檀、桑。有兽焉，其状如龟，而白身赤首，名曰蛫[②]，是可以御火。

【注】

①即公之山：即公山，又名梧桐山，在湖北通城县，位于湘、鄂、赣三省交界处。　②蛫（guǐ）：缺齿鼹，外形似鼠，善掘土为洞，体棕红色。

【译】

再往东南二百里，是即公山。山上多金矿，山下多㻬琈玉。柳树、杻树、檀树、桑树漫山遍野。山中有一种野兽，形似乌龟，白身子红脑袋，名叫蛫，用它可以禳除火灾。

又东南一百五十九里，曰尧山[①]。其阴多黄垩，其阳多黄金。其木多荆、芑、柳、檀，其草多藷萸、茉。

【注】

①尧山：在湖北最南部之崇阳县一带，据传帝尧巡狩曾到此山，故名。

【译】

再往东南一百五十九里，是尧山。山北面多黄垩土，山南面多金矿。这里牡荆、枸杞、柳树、檀树漫山遍野，山药、苍术或白术也很茂盛。

又东南一百里，曰江浮之山[1]。其上多银、砥砺。无草木，其兽多豕、鹿。

【注】

①江浮之山：江浮山，即九宫山，在湖北东南之通山县。

【译】

再往东南一百里，是江浮山。山上多银矿、磨石。这里树木不生，野猪、鹿成群。

又东南二百里，曰真陵之山[1]。其上多黄金，其下多玉。其木多榖、柞、柳、杻，其草多荣草。

【注】

①真陵之山：真陵山，即幕府山，在湖北阳新县一带，与江西接壤。

【译】

再往东南二百里，是真陵山。山上多金矿，山下多玉石。这里构树、柞树、柳树、杻树繁盛，还有很多可以医治风痹病的荣草。

又东南一百二十里，曰阳帝之山[1]。多美铜，其木多橿、杻、檿、楮，其兽多羚、麝。

【注】

①阳帝之山：阳帝山，即珉山，在江西九江瑞昌县一带。

【译】

再往东南一百二十里，是阳帝山。到处是优质的铜矿。这里随处可见橿树、杻树、山桑树、楮树，还有成群结队的羚羊和麝香鹿。

又南九十里，曰柴桑之山[1]。其上多银，其下多碧，多泠石、赭。其木多柳、芑、楮、桑，其兽多麋鹿，多白蛇、飞蛇[2]。

【注】

①柴桑之山：柴桑山，即今庐山。　②飞蛇：即螣蛇，实即飞蜥，体侧有黄色翼膜，生活在树上。

【译】

再往南九十里，是庐山。山上有丰富的银矿，山下多碧玉，到处是柔软的泠石、赭石。这里随处可见柳树、枸杞、楮树、桑树，麋鹿、鹿成群，还有许多白蛇、飞蜥。

又东二百三十里，曰荣余之山[1]。其上多铜，其下多银。其木多柳、芑，其虫多怪蛇、怪虫。

【注】

①荣余之山：荣余山，即石门山，在江西九江之湖口、彭泽二县之间。

【译】

再往东二百三十里，是荣余山。山上多铜矿，山下多银矿。这里满山是柳树、枸杞，还有很多怪蛇、怪虫。

凡洞庭山之首，自篇遇之山至于荣余之山，凡十五山，二千八百里。其神状皆鸟身而龙首。其祠：毛用一雄鸡、一牝豚钊[①]，糈用稌。凡夫夫之山、即公之山、尧山、阳帝之山，皆冢也，其祠：皆肆瘗[②]，祈用酒，毛用少牢，婴毛一吉玉。洞庭、荣余山，神也，其祠：皆肆瘗，祈酒太牢祠[③]，婴用圭璧十五，五采惠之[④]。

【注】

①钊（jī）：割开、划开。 ②肆瘗：陈列祭品然后埋藏。郭璞《注》："肆，陈之也。陈牲、玉而后埋藏之。" ③祈酒：即祈用酒，承上省略"用"字。 ④惠：郝懿行《笺疏》以为义同藻绘之绘。

【译】

整个洞庭山山系，从篇遇山起到荣余山，共有十五座山，间距二千八百里。此间山神形貌都是鸟身龙首。祭祀山神的礼仪是：毛物用一公鸡、一母猪献祭，米用稻米。凡夫夫山、即公山、尧山、阳帝山，都是众山的宗主，祭祀的祭礼：都要先陈列牲畜、玉器而后埋入地下，祈祷用美酒献祭，毛物用猪、羊二牲，玉器用吉玉。洞庭山、荣余山是神山，祭祀山神的祭礼：都要先陈列牲畜、玉器而后埋入地下，祈祷用美酒及猪、牛、羊齐全的三牲，礼玉十五块玉圭、十五块玉璧，并用青、黄、赤、白、黑五色装饰贡品。

右《中经》之山志[①]，大凡百九十七山，二万一千三百七十一里。大凡天下名山五千三百七十，居地[②]，大凡六万四千五十六里。

【注】

①《中经》：即《中山经》。山志：有关山的记载。　②居地：所在之地。

【译】

以上《中山经》所记载的山，总计一百九十七座，其间距离二万一千三百七十一里。总计天下名山共有五千三百七十座，所在之地，其间距离一共六万四千零五十六里。

禹曰①：天下名山，经五千三百七十山②，六万四千五十六里，居地也。言其《五臧》③，盖其余小者甚众，不足记云。天地之东西二万八千里，南北二万六千里，出水之山八千里，受水者八千里。出铜之山四百六十七，出铁之山三千六百九十。此天地之所分壤树谷也④，戈矛之所发也⑤，刀铩之所起也⑥。能者有余，拙者不足⑦。封于太山，禅于梁父，七十二家，得失之数，皆在此内，是谓国用⑧。

【注】

①禹曰：这是编书者假托禹言，毕沅《新校正》、郝懿行《笺疏》均以为此段“盖周人相传旧语，故《管子》援入《地数篇》，而校书者附著《五臧山经》之末”。袁珂《校注》则以为是管仲对齐桓公之言。　②经：经历，言禹所经过。　③五臧：即南、西、北、东、中五方。　④分壤树谷：划分土壤，栽种五谷。　⑤戈矛之所发：戈矛武器的起源地。⑥刀铩（shā）：郝懿行《笺疏》校作“刀币”。　⑦“能者”二句：郝懿行《笺疏》、毕沅《新校正》校作“俭则有余，奢则不足”。　⑧国用：

国之大计，指以上所述内容。

【译】

大禹说：天下有名的大山，所经历的有五千三百七十座，其间距离六万四千又五十六里，分布在大地上。之所以只述其中五大山系，大约是因为小山很多，不必一一记录。大地东西相距二万八千里，南北二万六千里，有水发源的山八千里，水流经的山八千里。产铜的山四百六十七座，出铁的山三千六百九十座。这些都是划分土壤并据此种植五谷的依据，也是戈矛等武器所自出，铸造钱币的起始。掌握这些知识的能者觉得各种资源绰绰有余，笨拙的人觉得还不足。古代帝王在泰山祭天，在梁父祭地者，共有七十二家，国家存亡治乱的规律，都在这里了，这就是所谓国之大计。

右《五臧山经》五篇，大凡一万五千五百三字[①]。

【注】

①指《五臧山经》共计有15503字。郝懿行《笺疏》谓“今二万一千二百六十五字”。与此不符。

【译】

以上《五臧山经》五篇，总计有一万五千五百零三字。

卷六　海外南经

地之所载，六合之间[①]，四海之内[②]，照之以日月[③]，经之以星辰，纪之以四时[④]，要之以太岁[⑤]，神灵所生，其物异形[⑥]，或夭或寿，唯圣人能通其道[⑦]。

【注】

①六合：东、西、南、北、上、下六方为六合。郭璞《注》："四方、上、下为六合也。"此段文字又见于《列子·汤问》，并冠以"禹曰"，故学者们以为非《山海经》原文，而是整理者的案语。　②四海：四方荒远之地。《淮南子·地形训》此句作"四极"。　③照：毕沅《新校正》作"昭"。　④纪：安排。四时：指春、夏、秋、冬四季。　⑤要（yāo）：约定。太岁：木星，也称岁星。古人以此纪年。⑥异形：《列子·汤问》作"其形"，毕沅《新校正》、郝懿行《笺疏》以为作"其形"是，与下句"或寿或夭"相对成文。　⑦唯圣人能通其道：只有圣人能通晓其中的道理。郭璞《注》："言自非穷理尽性者则不能原极其情变。"张步天《山海经解》以为此段为《海经》之序。

【译】

凡大地所承载的，宇宙之间，四海之内，被日月星辰所照耀，被四季变化所安排，以岁星的运行规定纪年，那些神妙的灵气所生万物，各有各的形状，寿命有长有短，只有圣人才能明了其中的道理。

海外自西南陬至东南陬者①。

【注】

①陬（zōu）：角落。郭璞《注》："犹隅也。"袁珂《校注》认为《山海经》海外各经文字，皆是因图以为文，先有图画，后有文字，文字仅是图画的说明。故此标题也从图画的顺序曰："海外自西南陬至东南陬者。"以下各篇均同。

【译】

海外从西南角到东南角。

结匈国在其西南①，其为人结匈②。

【注】

①结匈国：毕沅《新校正》云："《淮南子·地形训》有结胸民，作'胸'，非。"其：指《南山经》所在地区，或以为是临近结匈国的灭蒙鸟。　②结匈：因为穿衣服胸部向前凸起，误以为是鸡胸。郭璞《注》："臆前胅出，如人结喉也。"

【译】

结匈国在灭蒙鸟的西南面，这里的人都穿着胸前打结的衣服，像是鸡胸。

南山在其东南。自此山来，虫为蛇[①]，蛇号为鱼[②]。一曰南山在结匈东南[③]。

【注】

①虫为蛇：以虫为蛇。郝懿行《笺疏》："今东齐人亦呼蛇为虫也。《埤雅》云：'《恩平郡谱》：蛇谓之讹。'盖'蛇'古字作'它'，与'讹'声相近。'讹'声转为'鱼'，故蛇复号'鱼'矣。"　②蛇号为鱼：以蛇为鱼。　③一曰：另一种说法。毕沅《新校正》云："凡'一曰'云云者，是刘秀校此经时附著所见他本异文也，旧乱入经文，当由郭注此经时升为大字。"

【译】

南山在灭蒙鸟的东南面，从这山以过之地，虫被称为蛇，蛇被称为鱼。另一说以为南山在结匈国的东南。

比翼鸟在其东[①]，其为鸟青赤[②]，两鸟比翼。一曰在南山东。

【注】

①比翼鸟：即青头潜鸭或红头潜鸭。又名鹣鹣、蛮蛮，此鸟仅一目一翼，雌、雄须并翼飞行。《尔雅·释地》："南方有比翼鸟焉，不比不飞，其名谓之鹣鹣。"　②青赤：青头和赤头。

【译】

比翼鸟在它（灭蒙鸟）的东面，这种鸟有青、赤两种颜色，两只鸟的翅膀互相配合才能飞行。另一本说比翼鸟在南山之东。

羽民国在其东南，其为人长头，身生羽[①]。一曰在比翼鸟东南，其为人长颊[②]。

【注】

①生羽：身上长着羽毛，或以为是鸟图腾族人身上穿着鸟羽做成的衣服。郭璞《注》："能飞不能远，卵生。画似仙人也。"《太平御览》卷七九〇："羽民，羽飞不能远，其人卵产。去九疑四万里。"袁珂《校注》认为羽民自是殊方一族类，非仙人。　②长颊：长脸颊。郭璞《注》："《启筮》曰：羽民之状，鸟喙赤目而白首。"郝懿行《笺疏》："《文选·鹦鹉赋》注引《归藏·启筮》'金水之子，其名曰羽蒙，是生百鸟'，即此也，羽民、羽蒙声相转。"

【译】

羽民国在南山的东南面，这里的人头很长，身上长有羽毛。另一本说羽民国在比翼鸟的东南面，这里的人面颊很长。

有神人二八[①]，连臂[②]，为帝司夜于此野。在羽民东。其为人，小颊赤肩[③]。尽十六人[④]。

【注】

①神人二八：十六个神人。郭璞《注》："昼隐夜见。"杨慎《山海经补注》云："南中夷方或有之，夜行逢之，士人谓之夜游神，亦不怪也。"郝懿行《笺疏》："薛综注《东京赋》云：'野仲、游光，恶鬼也。兄弟八人，常在人间作怪害。'案野仲、游光二人，兄弟各八人，正得十六人，疑即此也。"　②连臂：手臂相连。这是远古时代人们跳舞的样子。　③小颊赤肩：小脸红肩。郭璞《注》："当脾上正赤也。"郝懿行《笺疏》："当作

髆，髆即胛。”　④尽十六人：一共十六个人。郭璞《注》曰：“疑此后人所增益语耳。”

【译】

有神人十六人，他们手臂相连而舞，在这荒野为天帝守夜，在羽民国的东面。这些神面颊很小，肩胛是红色的。一共十六个人。

毕方鸟在其东[①]，青水西。其为鸟，人面一脚。一曰在二八神东。

【注】

①毕方鸟：即赤颈鹤，见《西次三经》章莪山。郭璞《图赞》：“毕方赤文，离精是炳。旱则高翔，鼓翼阳景。集乃灾流，火不炎上。”

【译】

毕方鸟在它的东面，青水的西面。这种鸟长着人的面孔，一只脚。另一说毕方鸟在二八神的东面。

讙头国在其南[①]，其为人，人面、有翼、鸟喙，方捕鱼[②]。一曰在毕方东。或曰讙朱国。

【注】

①讙头国：即讙兜国，鲧的后裔，被尧流放。郭璞《注》：“讙兜，尧臣，有罪，自投南海而死。帝怜之，使其子居南海而祠之。画亦似仙人也。”《博物志·外国》：“讙兜国，其民尽似仙人。帝尧司徒。讙兜民，常捕鱼海中，人面鸟口。去南国万六千里。尽似仙人也。”　②方捕鱼：乘船捕鱼。方，舟。

【译】

讙头国在它的南面，这里的人有人的面孔，有翅膀，长着鸟的嘴，乘船捕鱼。另一本说讙头国在毕方的东面。或者叫讙朱国。

厌火国在其国南①，兽身黑色，生火出其口中②。一曰在讙朱东。

【注】

①厌火国：在云南一带。国中人会特技，可吞吐火焰，故称。《博物志》："厌光国民，光出口中，形尽似猕猴，黑色。" ②生火出其口中：此句"生"字衍，言能吐火。

【译】

厌火国在它的南面，这里的人长着兽类的身体，呈黑色，火从嘴里生出。另一本说厌火国在讙朱的东面。

三珠树①在厌火北，生赤水上②。其为树如柏，叶皆为珠。一曰其为树若彗③。

【注】

①三珠树：垂柏。一本作"三株树"。郝懿行《笺疏》曰："《初学记》二十七卷引此经作'珠'，《淮南子·地形训》及《博物志》同。"陶潜《读〈山海经〉诗》："粲粲三珠树，寄生赤水阴。"可知是三珠树。 ②赤水：红河，为中国云南和越南跨境河流。郝懿行《笺疏》："《庄子·天地篇》云：'黄帝游乎赤水之北，遗其玄珠。'盖本此为说也。树生赤水之南，故陶潜《读〈山海经〉诗》云：'粲粲三珠树，寄生赤水阴。'阴，谓水

南也。” ③若彗：像彗星。郭璞《注》：“如彗星伏。”郝懿行《笺疏》：“彗，扫竹也。”

【译】

三珠树在厌火国的北面，生于赤水之滨。这种树像柏树，叶子都是珠子。另一本说这种树的树冠如彗星。

三苗国在赤水东[①]，其为人相随。一曰三毛国[②]。

【注】

①三苗国：郭璞《注》：“昔尧以天下让舜，三苗之君非之，帝杀之。有苗之民叛，入南海，为三苗国。” ②三毛国：即三苗国。郝懿行《笺疏》：“‘苗’‘毛’亦声相近。”

【译】

三苗国在赤水的东面，这里的人相互跟随。另一本说是三毛国。

戜国在其东[①]。其为人黄[②]，能操弓射蛇。一曰戜[③]国在三毛东。

【注】

①戜（zhí）国：以老鹰为图腾的氏族。戜，同“鸷”，即老鹰。郝懿行《笺疏》谓旧本“‘戴’，疑当为‘戜’。”《大荒经》云：“此国自然有五谷衣服。” ②为人黄：这里的人肤色黄色。 ③戜：经文中凡有“一曰”云者，均校书人就别本所见异文而附著之者。《太平御览》卷七九〇引此经作“一曰盛国”。

【译】

臷国在它东面，这里的人面呈黄色，能操弓射杀蛇。另一本说臷国在三毛的东面。

贯匈国在其东[①]。其为人，匈有窍。一曰在臷国东。

【注】

①贯匈国：即穿胸国，其人衣服胸前有孔，故名。郭璞《注》引《尸子》曰："四夷之民有贯匈者，有深目者，有长肱者，黄帝之德常致之。"《异物志》曰："穿匈之国，去其衣则无自然者。"

【译】

贯匈国在臷国的东面，这里人的衣服在胸部都有孔洞。另一本说在臷国的东面。

交胫国在其东[①]。其为人，交胫。一曰在穿匈东。

【注】

①交胫：两脚相交。郭璞《注》："言脚胫曲戾相交，所谓'雕题交趾'者也。或作'颈'，其为人交颈而行也。"

【译】

交胫国在穿胸国的东面，这里人两脚交结。另一本说交胫国在穿匈国的东面。

不死民在其东[①]。其为人黑色，寿不死。一曰在穿匈国东。

【注】

①不死民：即长生不死之族。郭璞《注》："有员邱山，上有不死树，食之乃寿。亦有赤泉，饮之不老。"

【译】

不死民在交趾国东面，这里的人肤色黝黑，长生不死。另一本说不死民在穿匈国的东面。

岐舌国在其东[1]。一曰在不死民东。

【注】

①岐舌国：舌头分叉的氏族，或以为是蛇图腾族。郭璞《注》："其人舌皆岐，或云支舌也。"郝懿行《笺疏》："'支舌'即'岐舌'也。"

【译】

岐舌国在不死民的东面。另一本说岐舌国在不死民的东面。

昆仑虚在其东，虚四方[1]。一曰在岐舌东，为虚四方。

【注】

①虚四方：山脚呈四方形。郭璞《注》："虚，山下基也。"毕沅《新校正》云："此东海方丈山也。"凡高山皆可称昆仑。

【译】

昆仑山在岐舌国东面，山脚是四方形的。另一本说昆仑虚在岐舌的东面，山是四方形的。

羿与凿齿战于寿华之野[1]，羿射杀之。在昆仑虚东。羿

持弓矢，凿齿持盾。一曰戈[②]。

【注】

①羿：古天神名，善射。凿齿：凿齿族，流行拔牙、折牙之俗的民族。寿华之野：畴华之野。《淮南子·齐俗训》作“畴华”，高诱注：“南方泽名。” ②戈：当是持戈。毕沅《新校正》：“一本持盾作‘持戈’也。”并引何焯云：“以文义求之，乃‘一曰持戈’耳。”

【译】

羿和凿齿在寿华之野开战，羿射杀了凿齿。事情发生在昆仑山的东面。羿拿着弓箭，凿齿拿着盾。另一本说是凿齿拿着戈。

三首国在其东[①]。其为人，一身三首。一曰在凿齿东。

【注】

①三首国：三头国。《淮南子·地形训》有三头民。郭璞《图赞》：“虽云一气，呼吸异道。观则俱见，食则皆饱。物形自周，造化非巧。”是善能摹状形容者。

【译】

三首国在凿齿国东面。这里的人一身生三头。另一本作三首国在凿齿的东面。

周饶国在其东[①]。其为人短小，冠带。一曰焦侥国在三首东[②]。

【注】

①周饶国：小人国。周饶、僬侥、朱儒，声之转也。郭璞《注》：“其

人长三尺，穴居，能为机巧，有五谷也。”　②焦侥（yáo）国：即小人国。郭璞《注》：“《外传》云：‘焦侥民长三尺，短之至也。’”《诗含神雾》曰：“从中州以东（西）四十万里得焦侥国，人长尺五寸也。”周饶国、焦侥国，就是所谓的小人国。

【译】

朱儒国在三首国的东面。这里的人身材短小，戴帽子，束腰带。另一本作焦饶国在三首国的东面。

长臂国在其东[①]。捕鱼水中，两手各操一鱼。一曰在焦侥东，捕鱼海中[②]。

【注】

①长臂国：即长臂族。郭璞《注》：“旧说云，其人手下垂至地。魏黄初中，玄菟太守王颀讨高句丽王宫穷，追之过沃沮国，其东界临大海，近日之所出。问其耆老：‘海东复有人否？’云：‘尝在海中得一布褶，身如中人衣，两袖长三丈。’即此长臂人衣也。”　②捕鱼海中：人在海上捕鱼的图像。毕沅《新校正》云：“云两手各操一鱼，云捕鱼海中，皆其图象也。”

【译】

长臂国在朱儒国东面。画面是人在水中捕鱼，两只手各拿一条鱼。另一本作长臂国在焦侥的东面，人在海中捕鱼。

狄山[①]，帝尧葬于阳[②]，帝喾葬于阴[③]。爰有熊、罴、文虎[④]、蜼[⑤]、豹、离朱[⑥]、视肉[⑦]，吁咽[⑧]。文王皆葬其所[⑨]。

一曰汤山。一曰爰有熊、罴、文虎、蜼、豹、离朱、鸱久⑩、视肉、虖交⑪，其范林方三百里⑫。

【注】

①狄山：张步天《山海经解》谓即九疑山。狄、疑音近易混。毕沅《新校正》引“《墨子》(《节葬篇下》) 云：‘尧北教八狄，道死，葬蛩山之阴。’则此云狄山者，狄中之山也。” ②帝尧葬于阳：尧葬于山南。郭璞《注》引《吕氏春秋·安死》曰：“尧葬穀林。今阳城县西、东阿县城次乡中、赭阳县湘亭南皆有尧冢。” ③喾：帝尧之父，号高辛氏，郭璞《注》谓其冢在顿丘县城南台阴野中。今河南内黄县有顿丘城。 ④文虎：雕虎，即孟加拉虎。郭璞《注》引《尸子》曰：“中黄伯：余左执太行之獶，而右搏雕虎也。”《文选·思玄赋》旧注云：“雕虎、象，兽名也。” ⑤蜼 (wěi)：猕猴类。 ⑥离朱：神话传说中的三足神鸟。郭璞《注》：“木名也，见《庄子》。今图作赤鸟。”袁珂《校注》以为离朱乃日中神禽即所谓踆乌 (三足乌)、阳乌或金乌者。 ⑦视肉：黏菌类复合体，割去一部分能再生如原大。郭璞《注》：“聚肉，形如牛肝，有两目也。食之无尽，寻复更生如故。” ⑧吁咽：郭璞《注》：“所未详也。”袁珂《校注》以为是人名，即帝舜。 ⑨文王皆葬其所：周文王葬于其地。郭璞《注》：“今文王墓在长安鄗聚社中。案帝王冢墓皆有定处，而《山海经》往往复见之者，盖以圣人久于其位，仁化广及，恩洽鸟兽，至于殂亡，四海若丧考妣，无思不哀。故绝域殊俗之人，闻天子崩，各自立坐而祭醊哭泣，起土为冢，是以所在有焉。亦犹汉氏诸远郡国皆有天子庙，此其遗象也。” ⑩鸱久：即鸺鹠，也就是鸺鹠。 ⑪虖交：郭璞《注》：“所未详也。”郝懿行《笺疏》以为“虖交”

即“吁咽”，即舜。　　⑫范林：即泛林，原始森林。郭璞《注》：“言林木泛滥布衍也。”

【译】

狄山，帝尧埋葬在其南面，帝喾葬在北面。这里有熊、罴、文虎、蜼、豹、离朱、视肉、吁咽。周文王都埋葬在这里。另一本说是汤山。还有一说，这里有熊、罴、文虎、蜼、豹、离朱、鸱久、视肉、虖交，有方圆三百里的原始森林。

南方祝融[1]，兽身人面，乘两龙。

【注】

①祝融：火神，帝颛顼之后。

【译】

南方之神祝融，身如野兽而有人的面孔，驾驭着两条龙。

卷七　海外西经

海外自西南陬至西北陬者[①]。

【注】

①毕沅《新校正》:“《淮南子·地形训》云自西北至西南方，起修股民、肃慎民正与此倒文。此经是说图之词，或右行则自西南至西北起修股民。是汉时犹有《山海经图》各以所见为说，故不同也。”

【译】

海外从西南角到西北角。

灭蒙鸟在结匈国北[①]。为鸟青，赤尾。

【注】

①灭蒙鸟：即孟鸟，一种鹰科飞翔鸟类，这里是氏族名。毕沅《新校正》云:“盖结匈国所有，承上文起西南陬，言其图象在结匈北也。”郝懿行《笺疏》:“《博物志》(《外国》) 云:‘结匈国有灭蒙鸟。’本此。”

【译】

灭蒙鸟在结匈国北面。这种鸟身体是青色的，尾巴是红色的。

大运山高三百仞[①]，在灭蒙鸟北。

【注】

①大运山：徐显之《浅注》以为即大云山，在中国、缅甸边境。

【译】

大云山高三百仞，在灭蒙鸟氏族的北面。

大乐之野[①]，夏后启于此儛《九代》[②]。乘两龙，云盖三层[③]；左手操翳[④]，右手操环[⑤]，佩玉璜[⑥]。在大运山北。一曰大遗之野[⑦]。

【注】

①大乐之野：毕沅《新校正》以为即山西太原。依方位当亦在川滇一带。　②夏后启：大禹之子。《归藏》："夏后启筮，御飞龙登于天，吉明，启亦仙也。"《九代》：歌舞名。郭璞《注》："九代，马名。儛，谓盘作之令舞也。"郝懿行《笺疏》："《九代》，疑乐名也。"　③层：犹重也。④翳：舞者所持鸟羽所制道具。郭璞《注》："羽葆幢也。"《说文》四云："翳，翱也，所以舞也。"　⑤环：一种圆形而中空的玉器。　⑥璜：内孔较小的半璧形玉。　⑦大遗之野：旷野之名。《大荒经》有："大穆之野。"

【译】

大乐之野，夏后启曾在这里表演《九代》。他驾驭着两条龙，上面有三层像伞盖一样的祥云；左手拿着翳，右手拿着环，身上佩戴着玉璜。在大云山的北面。另一本作大遗之野。

三身国在夏后启北[1]，一首而三身。

【注】

①三身国：一首三身之族。《淮南子·地形训》有三身民。《大荒南经》云："大荒之中，有不庭之山，荣水穷焉。有人三身，帝俊妻娥皇，生此三身之国，姚姓，黍食，使四鸟。"

【译】

三身国在夏后启的北面，这里的人都一头三身。

一臂国在其北[1]，一臂、一目、一鼻孔[2]。有黄马、虎文，一目而一手[3]。

【注】

①一臂国：同《大荒西经》的一臂民。　②"一臂"句：郭璞《注》："此即半体之人，各有一目、一鼻孔、一臂、一脚。"实应描述图上人之侧立之状。　③手：此指马腿。郝懿行《笺疏》："手，马臂也。"

【译】

一臂国在它的北面，这里的人一条手臂、一只眼睛、一个鼻孔。有一种黄色的马，身有虎纹，一只眼睛，一条腿。

奇肱之国在其北[1]，其人一臂三目，有阴有阳[2]。乘文马[3]。有鸟焉，两头，赤黄色，在其旁。

【注】

①奇肱之国：奇肱国，独腿国。《淮南子·地形训》作"奇股"。郭璞《注》："其人善为机巧，以取百禽，能作飞车，从风远行。汤时

得之于豫州界中，即坏之，不以示人。后十年，西风至，复作遣之。”②有阴有阳：阴在上，阳在下。 ③文马：又见《海内北经》，即吉良，为犬戎国特产。

【译】

奇股国在一臂国的北面，这里的人一条腿，三只眼睛，有阴有阳。骑着文马。有一种鸟，两个头，身体赤黄色，在它的旁边。

形天与帝至此争神①，帝断其首②，葬之常羊之山③。乃以乳为目，以脐为口，操干戚以舞④。

【注】

①形天：也作刑天，炎帝之臣。帝：天帝，此指黄帝。 ②断其首：砍掉了他的头。 ③常羊之山：常羊山。郝懿行《笺疏》引《宋书·符瑞志》云：“有神龙首感女登于常羊山，生炎帝。”即此山也。《大荒西经》有常羊之山，亦即此。 ④干：盾牌。戚：战斧。

【译】

刑天和黄帝到这里争夺帝位，黄帝砍了刑天的头，族人把他葬在常羊山。刑天以乳头为眼睛，以肚脐为嘴巴，不停地挥舞着盾牌和战斧。

女祭、女戚在其北，居两水间。戚操鱼鱓①，祭操俎②。鸾鸟鶬鸟③，其色青黄，所经国亡④。在女祭北。鸾鸟人面，居山上。一曰维鸟，青鸟、黄鸟所集。

【注】

①鱓（shàn）：鳝鱼。 ②俎：是古代祭祀的礼器，用来放置祭

祀用的牲畜。后来也指切肉用的案板。 ③鵹（cì）鸟：青鸟，即鸺鹠。鷐（dǎn）鸟：即猫头鹰。 ④所经国亡：所经之国会灭亡。郭璞《注》："鵹鸟鷐鸟乃应祸之鸟，即今枭、鸺鹠之类。"

【译】

女祭、女戚在它的北面，住在两水之间。女戚手拿鱼鲌，女祭手执案板。鵹鸟鷐鸟，体色青黄，它们所经国家必会灭亡。在女祭的北面。鵹鸟长着人的面孔，栖于山上。另一本叫维鸟，是青鸟、黄鸟集聚的地方。

丈夫国在维鸟北[①]，其为人衣冠、带剑。

【注】

①丈夫国：即《淮南子·地形训》之"丈夫民"，国中无女子。郭璞《注》："殷帝太戊使王孟采药，从西王母至此。绝粮，不能进，食木实，衣木皮。终身无妻，而生二子，从形中出。其父即死，是为丈夫民。"

【译】

丈夫国在维鸟的北面，这里的人戴冠穿衣，随身佩剑。

女丑之尸生，而十日炙杀之[①]。在丈夫北，以右手障其面[②]，十日居上，女丑居山之上。

【注】

①十日炙杀之：十日并出烤死女丑之尸。郝懿行《笺疏》："十日并出，炙杀女丑，于是尧乃命羿射杀九日也。" ②障：遮蔽。《大荒西经》云："有人衣青，以袂蔽面，名曰女丑之尸。"

【译】

女丑之尸出生后，被十个太阳烤死了。在丈夫国的北面，用右手捂着脸。十个太阳一同在天，女丑在山上。

巫咸国在女丑北[1]，右手操青蛇，左手操赤蛇。在登葆山[2]，群巫所从上下也[3]。

【注】

①巫咸国：以巫咸为首的一群巫师所组织的氏族。 ②登葆山：即登备山，群巫上下往来天地之处。 ③所从上下：群巫采药往来。或群巫下宣神旨，上达民情。

【译】

巫咸国在女丑的北面，有人右手拿着青蛇，左手拿着赤蛇。地方是在登葆山，这里是群巫上下往来的地方。

并封在巫咸东[1]，其状如彘，前后皆有首[2]，黑。

【注】

①并封：并封族。《大荒西经》云："有兽，左右有首，名曰屏蓬。"《周书·王会解》云："区阳以鳖封。鳖封者若彘，前后有首。"并封、屏蓬、鳖封皆声之转，实为一物。闻一多《伏羲考》以为是二兽相会。②前后皆有首：首尾都长着脑袋。郭璞《注》："今弩弦蛇亦此类也。"郝懿行《笺疏》："'弩弦蛇'即两头蛇也。见《尔雅·释地》'枳首蛇'注。"

【译】

并封氏族在巫咸的东面，形状像猪，前后都有脑袋，黑色。

女子国在巫咸北[①]，两女子居，水周之[②]。一曰居一门中。

【注】

①女子国：纯女无男之国，即女儿国。郭璞《注》曰："有黄池，妇人入浴，出即怀妊矣。若生男子，三岁辄死。" ②水周之：水环绕着这里，周犹绕也。

【译】

女儿国在巫咸的北面，两个女子居住在这里，四周有水环绕着。另一本说她们住在一个门里。

轩辕之国在此穷山之际[①]，其不寿者八百岁。在女子国北。人面蛇身，尾交首上。

【注】

①轩辕之国：轩辕国，黄帝族之国。穷山：邛崃山。郭璞《注》："其国在山南边也。《大荒经》曰：'岷山之南。'"郝懿行《笺疏》云："《大荒西经》说'轩辕之国，江山之南。'此云'岷山'者，以大江出岷山故也。"

【译】

轩辕国在邛崃山的边上，这里的人寿命不长的也有八百岁。在女子国的北面。他们都是人面蛇身，尾巴绕在头上。

穷山在其北，不敢西射[①]，畏轩辕之丘[②]。在轩辕国北。其丘方，四蛇相绕[③]。

【注】

①不敢西射：不敢向西射箭。　②畏轩辕之丘：敬畏黄帝威灵。据《西次三经》，轩辕之丘在西王母所居玉山之西四百八十里。　③四蛇相绕：言神蛇护卫此丘。郭璞《注》："缭绕，樛缠。"

【译】

穷山在它的北面，这里的人不敢向西射箭，因为畏惧轩辕丘的威严。轩辕丘在轩辕国的北面。丘是方的，有四条蛇互相缠绕。

诸夭之野①，鸾鸟自歌②，凤鸟自舞③。凤皇卵，民食之；甘露④，民饮之，所欲自从也⑤。百兽相与群居。在四蛇北。其人两手操卵食之，两鸟居前导之⑥。

【注】

①诸夭之野：即《大荒西经》的沃野。　②鸾鸟：即凤鸟，传说中的神鸟。　③凤鸟：即鸾鸟，《尔雅》云："瑞应鸟。鸡头、蛇颈、燕颔、龟背、鱼尾、五彩色，其高六尺许。"　④甘露：甜美的露水。《太平御览》卷十二引《瑞应图》云："甘露者，美露也，神灵之精，仁瑞之泽，其凝若脂，其甘如饴，一名膏露，一名天酒。"　⑤所欲自从：随心所欲。郭璞《注》："言滋味无所不有，所愿得自在，此谓沃野也。"　⑥导之：在前引导。郝懿行《笺疏》谓此条"亦言图画如此"。

【译】

诸夭野上，有鸾鸟自在地唱歌，凤鸟自在地起舞。凤皇生蛋，住民拿来吃；天降甘露，住民用来喝，这里是随心所欲的地方。百兽在这里相伴群居。地在四蛇的北面。这里的人两只手拿着蛋在吃，两只鸟在前面引导。

龙鱼陵居[①]在其北，状如狸[②]。一曰鰕[③]。有神巫乘此[④]以行九野[⑤]。一曰鼈鱼在夭野北[⑥]，其为鱼也如鰕。

【注】

①龙鱼：人鱼之类，或以为是鱼类的化石。同《海内北经》所言陵鱼。陵居：居于山陵高地。　②状如狸：形状似鲤鱼。郭璞《注》："或曰龙鱼似狸，一角。"郝懿行《笺疏》认为"狸"乃"鲤"之讹。　③鰕（xiā）：大鲵，即四脚鱼，属爬虫类动物。郭璞《注》："《尔雅·释鱼》云：鲵，大者谓之鰕。"　④乘此：骑着龙鱼。　⑤九野：九域之野。　⑥鼈鱼：郭璞注："'鼈'音'恶'，横也。"郝懿行《笺疏》以为有讹字。郭郛《注证》以为"鼈"当是"鳄"字之误。

【译】

龙鱼住在它北面的高处，形状像鲤鱼。一种说法是像鰕。有神人骑乘龙鱼游历九州。另一本说是鳄鱼在夭野的北面，这种鱼像四脚鱼。

白民之国在龙鱼北，白身被发[①]。有乘黄[②]，其状如狐，其背上有角，乘之寿二千岁。

【注】

①白身被发：白皮肤，披散着头发。郭璞《注》：言其人体洞白。《淮南子·地形训》高诱注："白民，白身民，被发亦白。"吴任臣《广注》："《湘烟录》：'白氏国，人白如玉。国中无五谷，惟种玉食之。'疑即白民。"　②乘黄：一种神兽，实指双峰骆驼。郭璞《注》引《周书》曰：

“白民乘黄似狐，背上有两角。即飞黄也。”《淮南子》曰：“天下有道，飞黄伏皁。”

【译】

白民国在龙鱼的北面，这里的人体白如玉，披散着头发。有一种叫乘黄的神兽，形状像狐，背上有角，人骑上它可以活两千岁。

肃慎之国在白民北，有树名曰雄常[①]，圣人伐帝[②]，于此取之。

【注】

①雄常：树名。雄，或作“雒”。　②圣人伐帝：“伐”字诸家校作“代”。此句郭璞《注》：“其俗无衣服，中国有圣帝代立者，则此木生，皮可衣也。”

【译】

肃慎国在白民的北面，有一种树名叫雄常，圣人代为立国，并取这种树的皮做衣服。

长股之国在雄常北[①]，被发。一曰长脚。

【注】

①长股之国：即长胫国、长股民。小腿特长，故名。《大荒西经》：“西北海之外，赤水之东，有长胫之国。”也就是长股国。《淮南子·地形训》有修股民，即此。郭璞《注》曰：“国在赤水东也，长臂，人身如中人，而臂长二丈。以类推之，则此人脚过三丈矣。黄帝时至。或曰，长脚人常负长臂人入海中捕鱼也。”

【译】

长股国在雄常国的北面，这里的人披散着头发。另一种说法认为是长脚。

西方蓐收[①]，左耳有蛇，乘两龙。

【注】

①蓐收：西方之神，于五行属金，为少昊氏的助手。据《国语·晋语》所载，其状为人面、虎爪、白毛，执钺。

【译】

地处西方的蓐收，左耳有蛇，乘两条龙。

卷八　海外北经

海外自东北陬至西北陬者[①]。

【注】

①张步天《山海经解》谓“此句应作‘海外自西北陬至东北陬者’方与下经文序次相合”，甚是。

【译】

海外从东北角到西北角。

无膂之国[①]在长股东。为人无膂。

【注】

①无膂（qǐ）之国：即无启国。膂或作“綮”。毕沅《新校正》云：“《说文》无膂字，当为綮，或作启、继皆是。《广雅》作无启，《淮南子》作无继民，高诱注云：‘其人盖无嗣也，北方之国也。’与郭义异。《字林》始有膂字，云：腨肠，见《广韵》。郭盖以此为说，其实非古字古义也。”膂，郭璞《注》：“肥肠也。其人穴居，食土。无男女。死即埋之，其心不朽，死百廿岁乃复更生。”肥肠当为腓肠，胫骨后之肉，俗称小腿肚。

【译】

无启国在长股国的东面。这里的人没有小腿肚子。

钟山之神，名曰烛阴[①]。视为昼，冥为夜；吹为冬，呼为夏。不饮，不食，不息，息为风[②]。身长千里。在无脊之东。其为物：人面、蛇身、赤色。居钟山下[③]。

【注】

①烛阴：即烛龙。郭璞《注》："烛龙也，是烛九阴，因名云。" ②息：气息。 ③居钟山下：居于钟山之下。《淮南子·地形训》："烛龙在雁门北，蔽于委羽之山，不见日。其神人面龙身而无足。"

【译】

钟山之神，名叫烛阴。它的眼睛睁开是白天，眼睛闭上是黑夜；吹气是冬天，呼气是夏天。它不喝不吃不呼吸，呼吸就刮风。身子长达千里。在无脊国的东面。这位神灵：样子是人面蛇身，红色。住在钟山下。

一目国在其东[①]。一目中其面而居。一曰有手足。

【注】

①一目国：独眼国。《大荒北经》："有人一目，当面中生。一曰是威姓，少昊之子，食黍。"《淮南子·地形训》有一目民。

【译】

一目国在钟山之神东面。这里的人只有长在面部正中的一只眼睛。另一本说像普通人一样有手和脚。

柔利国在一目东[①]。为人一手一足，反膝[②]，曲足居上[③]。一云留利之国[④]，人足反折[⑤]。

【注】

①柔利国：又称牛黎国。郝懿行《笺疏》："《大荒北经》云：'有牛黎之国。有人无骨，儋耳之子。'即柔利国。牛黎、柔利音皆相近。" ②反膝：膝盖反转。 ③曲足居上：脚卷曲而向上，疑是畸形。 ④留利之国：即柔利国。留利、柔利，声相近。 ⑤人足反折：郝懿行《笺疏》谓："足反卷曲，有似折也。"

【译】

柔利国在一目国东面。这里的人只有一手一脚，膝盖反长，脚卷曲着长在上面。另一本说柔利国就是留利国，这里的人脚反转而生。

共工之臣曰相柳氏[①]，九首，以食于九山[②]。相柳之所抵，厥为泽溪[③]。禹杀相柳，其血腥，不可以树五谷种。禹厥之，三仞三沮[④]，乃以为众帝之台[⑤]。在昆仑之北[⑥]，柔利之东。相柳者，九首人面，蛇身而青，不敢北射，畏共工之台。台在其东。台四方，隅有一蛇，虎色，首冲南方[⑦]。

【注】

①共工：即共工氏，上古部落首领，为水神，曾与帝颛顼相争。《淮南子·天文训》云："昔者共工与颛顼争为帝，怒而触不周之山，天柱折，地维绝。天倾西北，故日月星辰移焉；地不满东南，故水潦尘埃归焉。"即此共工。相柳氏：人面蛇身，九首，为共工氏臣子。 ②以食于九山：九首各居一山。郭璞《注》："头各自食一山之物，言贪暴难厌。"抵：到

达，抵达。 ③厥：同“掘”，挖掘。 ④三仞三沮：多次挖掘而多次填塞。三，极言多也。郭璞《注》：“掘塞之，而土三沮陷，言其血膏浸润坏也。” ⑤为众帝之台：堆土以为祭神的高台。郭璞《注》：“言地润湿，唯可积土以为台观。” ⑥昆仑之北：昆仑山的北麓。 ⑦首冲南方：头指向南方。

【译】

共工氏臣子相柳氏，长着九个头，每个头各占据九山中的一座山。相柳所到之处，就会被挖成水沟。于是大禹杀相柳，相柳的血腥臭弥漫，使土地无法种植五谷。大禹挖掘了好几次都又填塞了，于是建成了祭祀众帝的高台。在昆仑的北面，柔利的东面。相柳，有九个头，人面孔，长着蛇的身体，青色，后世人们不敢向北射箭，因为畏惧共工之台。台在它东面，四方形，每个角有一条蛇，长有虎的斑纹，头朝向南方。

深目国在其东。为人举一手，一目[①]，在共工台东。

【注】

①一目：一只眼睛。一本作“一曰”。

【译】

深目国在它的东面。这（图上）的人举着一只手，一只眼睛，在共工台的东面。

无肠之国在深目东[①]。其为人长而无肠[②]。

【注】

①无肠之国：见《大荒北经》："又有无肠之国，是任姓，无继子，食鱼。"东：一本作"南"。　②其为人长：指身材高大。郭璞《注》："为人长大，腹内无肠，所食之物直通过。"

【译】

无肠国在深目国东面，这里的人身材高大，但没有肠子。

聂耳之国在无肠国东①。使两文虎，为人两手聂其耳②。县居海水中③，及水所出入奇物④。两虎在其东⑤。

【注】

①聂耳之国：聂耳国，即耽耳国、儋耳国，指耳戴饰品的部族。《大荒北经》云："有儋耳之国，任姓，禺号子，食谷。"即此。　②聂其耳：以手扶持耳饰。郭璞《注》："言耳长，行则以手摄持之也。"　③县居海水中：居海岛上。郝懿行《笺疏》："《初学记》卷六引此经作'县居赤水中'。县，悬本字。'县居海水中'者，言聂耳国所居乃孤悬于海中之岛也。"　④及：拥有，占有。出入附近水域的奇怪物种也属于他们。郭璞《注》曰："言尽规有之。"　⑤两虎：即上文聂耳国所使两文虎。袁珂《校注》："文虎，雕虎。"在其东：在聂耳国之东。

【译】

聂耳国在无肠国东面。用两只文虎，这里的人用手托着长长的耳饰。住在海中孤岛上，他们占有出入附近水域的奇怪物种。两只文虎在聂耳国的东面。

夸父与日逐走，入日[①]。渴，欲得饮，饮于河、渭[②]，河、渭不足。北饮大泽[③]，未至，道渴而死。弃其杖，化为邓林[④]。

【注】

①入日：进入太阳的光轮。郭璞《注》："言及日于将入也。" ②河、渭：黄河和渭水。 ③大泽：大片的沼泽。《大荒北经》云："有大泽，方千里，群鸟所解。"《海内西经》："大泽方百里，群鸟所生及所解，在雁门北。"《穆天子传》卷三："爰有□薮水泽，爰有陵衍平陆，硕鸟解羽。"即此大泽。毕沅《新校正》以为即古之翰海。今人余太山以为即希罗多德《历史》所载草原之路的空中充满羽毛的旷原，在今阿尔泰山地区。 ④邓林：桃林。郭璞《注》："夸父者，盖神人之名也。其能及日景而倾河、渭，岂以走饮哉？寄用于走饮耳。几乎不疾而速、不行而至者矣。此以一体为万殊，存亡代谢，寄邓林而遁形，恶得寻其灵化哉！"毕沅云："邓林即桃林也，邓、桃音相近。"

【译】

夸父与太阳赛跑，追进了太阳的光圈里。夸父口渴了，想喝水，于是在黄河、渭水喝，黄河、渭水不够他喝。又想到北面的大泽喝，还没走到，半路渴死了。他丢弃的手杖，化成了桃林。

博父国在聂耳东[①]。其为人大，右手操青蛇，左手操黄蛇。邓林在其东，二树木[②]。一曰博父。

【注】

①博父国：即大人国。郝懿行《笺疏》："'博父'当即'夸父'，盖

其苗裔所居成国也。”　②二树木：两棵树。这是对图上标识的说明。

【译】

博父国在聂耳国东面。这里的人很高大，右手拿青蛇，左手拿黄蛇，邓林在它东面，(图上）有两棵树。另一说名叫博父。

禹所导积石之山在其东[①]，河水所入。

【注】

①禹所导积石：禹导水的积石山，在今甘肃永靖县境。袁珂《校注》："寻检经文，积石之山有二，一曰积石，一曰禹所积石。《大荒北经》云：'大荒之中有山，名曰先槛大逢之山，河、济所入，海北注焉。其西有山，名曰禹所积石。'即此禹所积石山也，其方位在北。《西次三经》云：'积石之山，其下有石门，河水冒以西流。'《海内西经》云：'河水出东北隅，以行其北，西南又入勃海，又出海外，即西而北，入禹所导积石山。'即积石之山也，其方位在西。"

【译】

禹导河所经的积石山在博父国东面，是河水流入的地方。

拘缨之国在其东。一手把缨[①]。一曰利缨之国。

【注】

①一手把缨：一只手捧着瘿瘤。缨，即"瘿"，大脖子病。《淮南子·地形训》有句婴民。高诱注云："句婴读为九婴，北方之国。"郭璞《注》："或曰，缨宜作'瘿'。"袁珂《校注》："缨正宜作瘿。瘿，瘤也，多生于颈，其大者如悬瓠，有碍行动，故须以手拘之，此'拘瘿之国'

之得名也。作拘缨者，同音通假，实亦拘瘿，非如郭璞《注》所云‘常以一手持冠缨’也。”

【译】

拘缨国在它的东面。这（图上）的人一手捧着瘿瘤。另一本说名叫利缨国。

寻木长千里[①]，在拘缨南，生河上西北。

【注】

①寻木：神话中的大树，高入云天。

【译】

寻树长千里，在拘缨的南面，生长在黄河的西北面。

跂踵国在拘缨东[①]。其为人大，两足亦大[②]。一曰大踵。

【注】

①跂踵国：踮着脚尖走路的氏族。《淮南子·地形训》有跂踵民，高诱注云：“跂踵民，踵不至地，以五指行也。”郭璞《注》：“其人行，脚跟不著地也。《孝经·钩命诀》曰：‘焦侥、跂踵，重译欵塞’也。” ②两足亦大：两脚也很大。袁珂《校注》：“疑大当作支，大、支形近而讹。‘两足皆支’，正所以释‘跂踵’也”。案此句承上句“其为人大”，故曰“两足亦大”，袁说无据，不可从。

【译】

跂踵国在拘缨的东面。这里的人身材高大，两只脚也特别大。另一说名叫大踵。

欧丝之野在大踵东。一女子跪，据树欧丝[①]。

【注】

①欧丝：吐丝，上古时祭祀蚕神的巫术表演。郭璞《注》："言啖桑而吐丝。盖蚕类也。"袁珂《校注》："《博物志·异人》云：'呕丝之野，有女子方跪据树而呕丝，北海外也。'呕丝即欧丝；呕，欧俗字。《说文》八云：'欧，吐也。'故郭《注》以啖桑吐丝为言。"

【译】

欧丝野在大踵的东面。一个女子跪着，在树上吐丝祭蚕神。

三桑无枝[①]，在欧丝东。其木长百仞[②]，无枝。

【注】

①三桑：桑树林。《北山经》云："洹山……三桑生之，其树皆无枝，其高百仞。"即此。　②长百仞：高达百仞。仞：长度单位，周制八尺为一仞，汉制七尺为一仞。

【译】

三桑树没有枝，在欧丝的东面，这种桑树高达百仞，却没有分枝。

范林方三百里，在三桑东，州环其下[①]。

【注】

①州：水中的陆地。环：环绕。

【译】

范林方圆三百里，在三桑的东面，有小洲环绕在它下面。

务隅之山[①]，帝颛顼葬于阳[②]，九嫔葬于阴[③]。一曰爰有熊、罴、文虎、离朱、鴟久、视肉。

【注】

①务隅之山：务隅山，即《西山经》之符禺山，也即《大荒北经》之附禺山。　②颛顼（zhuān xū）：黄帝之孙，北方之帝。郭璞《注》：“号为高阳，冢今在濮阳，故帝丘也。一曰顿丘县城门外广阳里中。”　③九嫔：九位妻子。

【译】

务隅山，帝颛顼葬在山的南面，他的九位妻子则葬在山北面，另一本说这里有熊、罴、文虎、离朱、鴟久、视肉。

平丘在三桑东。爰有遗玉[①]、青鸟、视肉、杨柳、甘柤[②]、甘华[③]，百果所生。有两山夹上谷，二大丘居中，名曰平丘。

【注】

①遗玉：琥珀。郭璞《注》：“遗玉，玉石。”郝懿行《笺疏》引吴任臣氏云：“遗玉即瑿玉。琥珀千年为瑿。”　②甘柤：即甘橘。郭璞《注》：“其树枝干皆赤，黄华、白叶、黑实。《吕氏春秋》曰：‘箕山之东有甘柤焉。’”　③甘华：郭璞《注》：“亦赤枝干黄华。”

【译】

平丘在三桑东面。这里有遗玉、青鸟、视肉、杨柳、甘柤、甘华，是百果生长的地方。有两座山夹着上方的山谷，两个大山丘居于正中，名叫平丘。

北海内有兽，其状如马，名曰騊駼[①]。有兽焉，其名曰駮，状如白马，锯牙，食虎豹[②]。有素兽焉，状如马，名曰蛩蛩[③]。有青兽焉，状如虎，名曰罗罗[④]。

【注】

①騊駼（táo tú）：良种野马。见《尔雅·释兽》。　②食虎豹：吞食虎豹。郭璞《注》引《周书》曰："义渠兹白，兹白若白马，锯牙，食虎豹。"　③蛩（qióng）蛩：一种善于奔跑的野兽，又名钜虚，一走百里，见《穆天子传》。　④罗罗：南人对老虎的称谓。吴任臣《广注》引《骈雅》曰："青虎谓之罗罗。"

【译】

北海有一种野兽，形状像马，名叫騊駼。有一种野兽，名叫駮，形状像白马，牙有锯齿，能吞食虎豹。有一种白色的兽类，形状像马，名叫蛩蛩。有一种青兽，形状像虎，名叫罗罗。

北方禺强[①]，人面鸟身，珥两青蛇，践两青蛇。

【注】

①禺强：水神。郭璞《注》："字玄冥，水神也。庄周曰：'禺强立于北极。'一曰'禺京'。一本云：'北方禺强，黑身手足，乘两龙。'"

【译】

北方水神禺强，生得人面鸟身，双耳戴着两条青蛇，脚下踩着两条青蛇。

卷九　海外东经

海外自东南陬至东北陬者①。

【注】

①徐显之《浅注》引日本学者竹野忠生之说，以为此经所述之地在台湾和日本。可备一说。

【译】

海外从东南角到东北角。

䗥丘①，爰有遗玉、青马、视肉、杨桃、甘柤、甘华，甘果所生。在东海，两山夹丘，上有树木。一曰嗟丘。一曰百果所在，在尧葬东。

【注】

①䗥（jiē）丘：郭璞《注》谓䗥音"嗟"，或作"髮"。《淮南子·地形训》作华丘。

【译】

䗥丘，这地方有遗玉、青马、视肉、杨桃、甘柤、甘华，是各种甘果生长的地方。髮丘在东海，两座山夹着这个山丘，上面有树木。另一本说髮丘是嗟丘。还有一本说这里是百果生长的地方，在帝尧墓葬的东面。

大人国在其北。为人大，坐而削船[1]。一曰在髮丘北。

【注】

①削船：划船。郝懿行《笺疏》曰："'削'当读若'稍'，'削船'谓操舟也。"毕沅《新校正》以为这也是对图的描述。

【译】

大人国在髮丘的北面，这里的人身材高大，坐着划船。另一本说大人国在髮丘的北面。

奢比之尸在其北[1]。兽身，人面，大耳，珥两青蛇[2]。一曰肝榆之尸在大人北。

【注】

①奢比之尸：奢比尸，神名。郭璞《注》："亦神名也"。《大荒北经》云："有神，人面、大耳、兽身，珥两青蛇，名曰奢比尸。"或以为是祭祀用的神像。　②珥：动词，装饰。郭璞《注》："以蛇贯耳也。"

【译】

名叫奢比尸的神在它的北面。生得兽身，人面，耳朵很大，装饰着两条青蛇。另一本说肝榆尸神在大人国的北面。

君子国在其北[1]。衣冠带剑，食兽，使二大虎[2]，在旁。其人好让不争[3]。有熏华草[4]，朝生夕死[5]。一曰在肝榆之尸北。

【注】

①君子国：《淮南子·地形训》有此国。《大荒东经》云："有东口之山，君子之国，其人衣冠带剑。" ②大虎：即文虎，雕虎。郝懿行《笺疏》曰："《后汉书·东夷传》注引此经，'大虎'作'文虎'。高诱注《淮南子·地形训》亦作'文虎'。今此本作'大'，字形之讹也。" ③不争：不好争斗。《博物志·外国》云："君子国，人衣冠带剑，使两虎，民衣野丝，好礼让，不争。土千里，多熏华之草，民多疾风气，故人不蕃息。" ④熏华草：木槿。郭璞《注》熏或作"堇"。 ⑤朝生夕死：早晨开花傍晚凋谢。堇又叫蕣，声与熏相近。《吕氏春秋·仲夏纪》："木堇荣。"高诱注云："木堇朝荣莫落，是月荣华，可用作蒸。杂家谓之朝生。一名蕣，《诗》云'颜如蕣华'是也。"

【译】

君子国在它的北面。这里的人穿衣戴冠佩剑，吃兽类，用两只文虎在身旁。这里的人谦恭礼让，不爱争夺。有一种熏华草，早晨开花傍晚就凋谢了。另一本说在肝榆尸的北面。

䖝䖝在其北[①]。各有两首[②]。一曰在君子国北。

【注】

①䖝䖝：虹霓。郭璞《注》：䖝"音虹。" ②两首：两个头，此指虹霓之神有两首。

【译】

虹霓神在它的北面。各有两个头。另一本说在君子国的北面。

朝阳之谷[①]，神曰天吴[②]，是为水伯，在𧈢𧈢北两水间。其为兽也，八首人面，八足八尾[③]，皆青黄。

【注】

①朝阳之谷：朝阳谷，向阳的山谷。《尔雅》云："山东曰朝阳，水注溪曰谷。" ②天吴：水神。 ③八尾：长着八条尾巴。《大荒东经》云十尾。

【译】

朝阳谷的神叫天吴，它是水神，在𧈢𧈢北面的两水之间。这种兽有八个头和人的面孔，八只脚、八条尾巴，都是青黄色。

青丘国在其北[①]。其狐四足九尾[②]。一曰在朝阳北。

【注】

①青丘国：或以为是《南山经》的青丘山。郭璞《注》曰："其人食五谷，衣丝帛。"《御览》引此经云："青丘国，其人食五谷，衣丝帛，其狐九尾。"可知，此句郭注原是经文，后人误入注中。《南山经》云："青丘之山……有兽焉，其状如狐而九尾，其音如婴儿，能食人，食者不蛊。" ②四足九尾：四只脚九条尾巴。郭璞《注》引《汲郡竹书》曰："柏杼子征于东海，及王寿，得一狐九尾。即此类也。"

【译】

青丘国在它的北面。这里的狐有四只脚，九条尾巴。另一本说青丘国在朝阳的北面。

帝命竖亥步自东极[①]，至于西极，五亿十选九千八百步[②]。竖亥右手把算[③]，左手指青丘北。一曰禹令竖亥。一曰五亿十万九千八百步[④]。

【注】

①竖亥：神人，善于奔跑。郭璞《注》："竖亥，健行。" ②选(suàn)：一万。 ③算：即筭，古代计算用的工具。《说文》曰："筭长六寸，计历数者。"郝懿行云："亦言图画如此也。" ④五亿十万九千八百步：郭璞《注》引《诗含神雾》曰："天地东西二亿三万三千里，南北二亿一千五里，天地相去一亿五万里。"

【译】

天帝命神人竖亥从东极出发，步行测量到达西极的距离，共得五亿十万九千八百步。竖亥右手拿着算筹，左手指着青丘的北面。另一本说禹命令竖亥。还有一本说是五亿十万九千八百步。

黑齿国在其北[①]。为人黑齿[②]，食稻啖蛇，一赤一青[③]，在其旁。一曰在竖亥北，为人黑首[④]，食稻使蛇，其一蛇赤。

【注】

①黑齿国：姜姓，帝俊之裔，见《大荒东经》。 ②为人黑齿：这里人把牙齿染成黑色。《周书·王会解》："黑齿白鹿白马。"《三国志·魏书·东夷传》曰："倭国东四十余里有裸国，裸国东南有黑齿国，船行一年可至也。"《异物志》云："西屠染齿。" ③一青：一作"一青蛇"。 ④黑首：袁珂《校注》以为是"黑齿"之讹。

【译】

黑齿国在它的北面。这里的人将牙齿染成黑色，他们吃稻和蛇，一红一青的蛇在身旁。另一本说黑齿国在竖亥的北面，这里的人黑头，吃稻，用蛇，其中一条蛇是红色的。

下有汤谷①，汤谷上有扶桑②，十日所浴③。在黑齿北，居水中。有大木，九日居下枝④，一日居上枝⑤。

【注】

①汤谷：谷中有温泉，故称。或作旸谷、阳谷，神话中太阳所浴之地。　②扶桑：神木，又名若木。《文选·思玄赋》注引《十洲记》云："叶似桑，树长数千丈，大二十围，两两同根生，更相依倚，是以名之扶桑。"　③十日：十个太阳。郭璞《注》引《大荒西经》云："东南海之外，甘水之间，有羲和之国。有女子名曰羲和，方浴日于甘渊。羲和者，帝俊之妻，生十日。"即此十日，帝俊之子也。　④九日居下枝：十日中的九日居于大树下面的树枝上。　⑤一日居上枝：一个太阳在大树的上部。或以为天有十日，轮流出而当值。近年战国楚墓出土棺画有后羿射日图，与此记载相仿。

【译】

下面有汤谷，汤谷上面有扶桑，是十个太阳洗澡的地方。在黑齿的北面，位居水中。有大树，九个太阳住在下面的树枝，一个太阳住在上面的树枝。

雨师妾在其北①。其为人黑，两手各操一蛇，左耳有

青蛇，右耳有赤蛇。一曰在十日北，为人黑身人面，各操一龟。

【注】

①雨师妾：郝懿行《笺疏》："盖亦国名，即如《周书·王会篇》有姑妹国矣。"

【译】

雨师妾国在它的北面。这里的人黑色，两只手各拿一条蛇，左耳朵有青蛇，右耳朵有赤蛇。另一本说雨师妾在十日的北面，这里的人黑色人面，各拿一只龟。

玄股之国在其北①。其为人衣鱼②，食鸥③，使两鸟夹之。一曰在雨师妾北。

【注】

①玄股之国：玄股国，即黑股国。郭璞《注》："髀以下尽黑，故云。"郝懿行《笺疏》："玄股国在招摇山，见《大荒东经》。"　②衣鱼：穿着鱼皮所制的衣服，或者指衣上饰以鱼纹。　③鸥：水鸟，即鸥。

【译】

黑股国在它的北面。这里的人身穿鱼皮，吃鸥，用两只鸟夹着。另一本说玄股国在雨师妾国的北面。

毛民之国在其北①。为人身生毛②。一曰在玄股北。

【注】

①毛民之国：毛民部族，体表多毛，为黄帝之后裔。　②生毛：

身体多毛。郭璞《注》:“今去临海郡东南二千里有毛民，在大海洲岛上，为人短小，面、体尽有毛，如猪，能穴居，无衣服。晋永嘉四年，吴郡司盐都尉戴逢在海边得一船，上有男女四人，状皆如此，言语不通，送诣丞相府，未至，道死，唯有一人在。上赐之妇，生子，出入市井，渐晓人语，自说其所在是毛民也。《大荒经》云:‘毛民食黍’者是矣。”

【译】

毛民国在它的北面。这里的人身上长满了毛。另一本说毛民国在玄股的北面。

劳民国在其北[①]。其为人黑。或曰教民。一曰在毛民北，为人面目手足尽黑。

【注】

①劳民国:即劳民部族。大约因其人勤劳不倦，故称。《淮南子·地形训》有劳民，高诱注曰:“正理躁扰不定也。”郭璞《注》曰:“食果草实也。有一鸟两头。”疑此注文原是经文。

【译】

劳民国在它的北面。这里的人皮肤呈黑色。又名教民。另一本说劳民国在毛民国的北面，这里的人面目手足都是黑色。

东方勾芒[①]，鸟身人面，乘两龙[②]。

【注】

①勾芒:树木之神，主东方，为生长之神。郭璞《注》谓其外貌为“方面素服。《墨子》曰:‘昔秦穆公有明德，上帝使句芒赐之寿十九

年。'”　　②乘两龙：脚踏两蛇。

【译】

东方之神句芒，其外貌是鸟的身体人的脸面，脚踩着两条龙。

建平元年四月丙戌[①]，待诏太常属臣望校治[②]，侍中光禄勋臣龚[③]、侍中奉车都尉光禄大夫臣秀领主省。

【注】

①建平元年四月丙戌：吴任臣《广注》以为即汉哀帝乙卯岁，即公元前六年。　　②臣望：南宋尤袤认为是丁望，今人陈连山考定为宗室刘望（《山海经学术史考论》），参与中秘校书之事。　　③臣龚：南宋尤袤认为是王龚，陈连山认为是刘龚，亦为当时参与校书之事者。

【译】

汉哀帝建平元年四月丙戌日，待诏太常臣刘望担任校理工作，侍中光禄勋臣刘龚、侍中奉车都尉光禄大夫臣刘歆担任主要负责人。

卷十　海内南经

海内东南陬以西者①。

【注】

①从东南头起之也。此经方位与《海外南经》所记方位恰相反。

【译】

海内东南角以西的。

瓯居海中①。闽在海中②。其西北有山。一曰闽中山在海中。

【注】

①瓯：今浙江温州一带。郭璞《注》："今临海永宁县即东瓯，在岐海中也。"　②闽：今福建福州一带。郭璞《注》："闽越即西瓯，今建安郡是也。亦在岐海中。"

【译】

浙江温州地区在海中。福建福州也在海中。它的西北有山。另一本说闽中山在海中。

三天子鄣山在闽西海北[1]。一曰在海中。

【注】

①三天子鄣（zhāng）：三天子山，即黄山，在今安徽境。或以为在江西庐山。郭璞《注》曰："今在新安歙县东，今谓之三王山，浙江出其边也。张氏《土地记》曰：'东阳永康县南四里，有石城山，上有小石城，云黄帝曾游此，即三天子都也。'"

【译】

三天子鄣山在闽西海的北面。另一本说是在海中。

桂林八树在番隅东[1]。

【注】

①桂林八树：广西桂林。郭璞《注》："八树而成林，言其大也。"番隅：今广州市番禺区。

【译】

桂林八树在番禺的东面。

伯虑国[1]、离耳国[2]、雕题国[3]、北朐国皆在郁水南[4]。郁水出湘陵南海。一曰相虑。

【注】

①伯虑国：郭郛《注证》以为即南北朝时婆黎国，今称巴厘岛，在今印尼爪哇岛以东。郭璞《注》曰："未详。"郝懿行《笺疏》曰："伊尹《四方令》云：'正东伊虑。'疑即此。"　②离耳国：即儋耳国，其人多戴耳环，下垂至肩，今黎族妇女仍有此种风俗。郭璞《注》曰："锼离其耳，

分令下垂以为饰，即儋耳也。在朱崖海渚中，不食五谷，但啖蚌及藷芎也。”郝懿行《笺疏》曰：“伊尹《四方令》云：‘正西离耳。’郭云‘即儋耳’者，此南儋耳也。又有北儋耳，见《大荒北经》。‘儋’当为‘瞻’。《说文》云：‘瞻，垂耳也。从耳，詹声。南方瞻耳之国。’” ③雕题国：文面文身之族，今黎族仍有此俗。郭璞《注》：“点涅其面，画体为鳞采，即鲛人也。” ④北朐（qú）国：北户国。郭璞《注》曰：“朐，音劬，未详。”郝懿行《笺疏》曰：“疑即‘北户’也。《尔雅》疏引此经作‘北煦’。‘户’‘煦’声之转。《尔雅·释地》四荒有北户，郭注云：‘北户在南。’”

【译】

伯虑国、离耳国、雕题国、北朐国都在郁水的南面。郁水在湘陵南海发源。另一本说是相虑国。

枭阳国在北朐之西[①]。其为人人面、长唇，黑身、有毛、反踵，见人笑亦笑，左手操管[②]。

【注】

①枭阳国：崇拜猩猩图腾的氏族，郭郛《注证》以为在广西贺县、梧州一带。 ②操管：拿着竹管。

【译】

枭阳国在北朐的西面，这里的人长着人的面孔，嘴唇很长，黑色的身体上有毛，脚跟反向，看见人笑也跟着笑，左手拿着竹筒。

兕在舜葬东[①]，湘水南[②]，其状如牛，苍黑，一角。

【注】

①兕（sì）：一种大型动物，即雌性犀牛；一说为类似犀牛的青色异兽，逢天下将盛而出现。《南次三经》云："祷过之山……其下多犀、兕。"郭璞《注》："犀似水牛。兕亦似水牛，青色，一角，重三千斤。" ②湘水南：湘水之南。郝懿行《笺疏》曰："皆说图画如此。"

【译】

兕在帝舜墓葬的东面，湘水的南面，形状像牛，青黑色，一只角。

苍梧之山[①]，帝舜葬于阳，帝丹朱葬于阴[②]。

【注】

①苍梧之山：苍梧山，即九疑山。传说中帝舜死后葬于苍梧之野。②帝丹朱葬于阴：帝丹朱葬在它的北面。

【译】

苍梧山，帝舜葬在它的南面，帝丹朱葬在它的北面。

泛林方三百里，在狌狌东[①]。狌狌知人名[②]，其为兽如豕而人面[③]，在舜葬西。

【注】

①狌狌（xīng xīng）：或作"猩猩"，字同。《海内经》云："有青兽，人面，名曰猩猩。" ②知人名：知人之名。《淮南子·泛论训》云："猩猩知往而不知来。"高诱注云："见人往走，则知人姓氏。"《后汉书·西南夷传》云："哀牢出猩猩。"李贤注引《南中志》云："猩猩在山谷，见酒及屩，知其设张者，即知张者先祖名字，乃呼其名而骂云：'奴欲张我！'

舍之而去。”此所谓“狌狌知人名”也。　③如豕而人面：像猪而人面。郭璞《注》：“《周书》曰：‘狌狌者，状如黄狗而人面。头如雄鸡，食之不眯。’今交州封溪出狌狌，土俗人说云，状如豚而腹似狗，声如小儿啼也。”

【译】

泛林方圆三百里，在狌狌的东面。狌狌知道人的名字，这种兽猪身人面，在舜墓葬的西面。

狌狌西北有犀牛①，其状如牛而黑。

【注】

①犀牛：即马来犀，郭璞《注》：“似水牛，猪头。在狌狌知人名之西北。庳脚，三角。”

【译】

狌狌西北面有犀牛，外形像牛，黑色。

夏后启之臣曰孟涂①，是司神于巴②。巴人请讼于孟涂之所，其衣有血者乃执之，是请③。生，居山上④，在丹山西⑤。

【注】

①孟涂：虎图腾氏族之神，为巴人先祖。《竹书纪年》：“帝启八年，帝使孟涂如巴，莅讼。”　②司神：为巴之神。郭璞《注》：“听其狱讼，为之神主。”　③“其衣”句：当作“其衣有血者乃执之是请”，意谓衣服上有血的就抓起来请孟涂处置。郭璞《注》曰：“不直者，则血见于衣。”孟涂之所为，盖巫术之神判也。　④居山上：在世时居于山

上。　⑤丹山西：巫山西面。《路史·后纪》："即孟涂之所埋也。丹山乃今巫山。"

【译】

夏后启的臣子名叫孟涂，主管巴这个地方。巴人在孟涂那里打官司，衣服上有血的就抓起来请求孟涂处置。孟涂在世时住在山上，在巫山的西面。

窫窳龙首[①]，居弱水中，在狌狌知人名之西。其状如龙首，食人。

【注】

①窫窳（yà yǔ）：原是天神，被杀复活后成为害人的怪物。郭璞《注》："窫窳本蛇身人面，为贰负臣所杀，复化而成此物也。"

【译】

窫窳长着龙头，居住在弱水之中，在狌狌知人名的西面。它的形状像龙头，吃人。

有木，其状如牛，引之有皮[①]，若缨黄蛇[②]。其叶如罗[③]，其实如栾[④]，其木若苉[⑤]，其名曰建木[⑥]。在窫窳西弱水上。

【注】

①引之有皮：牵引可剥树皮。　②若缨黄蛇：像是把黄蛇的皮剥下来一样。　③罗：即萝，一种蔷薇科乔木，叶子呈卵形。　④栾：即复羽叶栾树，乔木，果实长椭圆形，囊状中空，如小灯笼。　⑤苉

(ōu)：即刺榆树，落叶乔木，表皮有粗长的刺。　⑥建木：即栾树，在神话传说中是神灵来往于天地之间的天梯。《淮南子·地形训》："建木在都广，众帝所自上下。"郭璞《注》："青叶紫茎，黑华黄实，其下声无响，立无影也。"

【译】

有一种树，形状像牛，轻轻拉扯即可剥落树皮，像是剥黄蛇之皮一样。树叶像萝，果实像栾，木质像苉，名叫建木。在窫窳西面的弱水边上。

氐人国在建木西[①]。其为人人面而鱼身[②]，无足。

【注】

①氐（dǐ）人国：即氐人部族，为炎帝后裔。即《大荒西经》的互人国。　②鱼身：郭郛《注证》以为氐族身披羊皮，远望似鱼，故称。

【译】

氐人部族在建木的西南。这里的人长着人的面孔、身披羊皮远望似身有鱼鳞，看不到脚。

巴蛇食象[①]，三岁而出其骨。君子服之，无心腹之疾。其为蛇青黄赤黑[②]。一曰黑蛇青首[③]，在犀牛西。

【注】

①巴蛇食象：大蟒蛇吃大象。郭璞《注》："今南方蚺蛇吞鹿，鹿已烂，自绞于树，腹中骨皆穿鳞甲间出。此其类也。《楚词》曰：'有蛇吞象，厥大何如？'说者云：'长千寻。'"　②青黄赤黑：袁珂《校注》："言

其文采斑斓也。”　③黑蛇青首：《海内经》云：“有黑蛇，青首，食象。”

【译】

巴蛇能吃象，三年后才排出象骨。君子吃了，心腹部不会得病。这种蛇身上有青、黄、赤、黑各种颜色。另一本说黑蛇青头，在犀牛的西面。

旄马①，其状如马，四节有毛。在巴蛇西北，高山南。

【注】

①旄马：即牦马，腿上有毛，故称。即《穆天子传》所载之豪马。

【译】

旄马，形状像马，四肢关节上长着毛。在巴蛇的西北面，高山的南面。

匈奴①、开题之国②、列人之国并在西北③。

【注】

①匈奴：北方游牧民族，即汉以前之“猃狁”“荤粥”。　②开题：即雕题族，匈奴的一支。　③并在西北：都在旄马西北。匈奴等“在西北”，不得入《海内南经》，今本有错简。吴承志《今释》以为当入《海内北经》。

【译】

匈奴、开题国、列人国都在西北。

卷十一 海内西经

海内西南陬以北者[①]。

【注】

①此经方位与《海外西经》方位相同。

【译】

海内西南角以北的地区。

贰负之臣曰危[①]。危与贰负杀窫窳，帝乃梏之疏属之山[②]，桎其右足[③]，反缚两手与发[④]，系之山上木。在开题西北[⑤]。

【注】

①贰负：天神，人面蛇身，见《海内北经》，是龙图腾族的一支。危：贰负的臣子。 ②梏：捆绑。疏属之山：疏属山，毕沅《新校正》以为在陕西绥德城内。 ③桎：动词，指带上脚镣。《说文》云："桎，足械也；梏，手械也。" ④反缚两手与发：将两只手和头发绑在一起。⑤开题：开题国，毕沅《新校正》以为即笄头山，即甘肃平凉之崆峒山，

黄帝问道广成子于此山。

【译】

贰负的臣子叫危，危和贰负杀了窫窳。天帝把它绑在疏属山上，右脚戴上镣铐，两只手和头发绑在一起，绑在山上的树上。在崆峒山的西北面。

大泽方百里①，群鸟所生及所解②，在雁门北。雁门山，雁出其间。在高柳北③，高柳在代北④。

【注】

①大泽：大片的沼泽地，即《穆天子传》所载群鸟解羽的“旷原”。余太山以为在阿尔泰山地区　②所生及所解：指鸟儿在此繁殖和换羽毛。　③高柳：高柳山，在山西阳高县境。郝懿行《笺疏》谓此山在“今山西代州北三十五里”。　④代北：代地以北。《水经注》引此经“北”作“中”，云：“其山重峦叠巘，霞举云高，连山隐隐，东出辽塞。”

【译】

大泽方圆百里，群鸟在这里繁殖和换羽毛，在雁门的北面。雁门山，雁从这里飞出。在高柳的北面，高柳在代地的北面。

后稷之葬①，山水环之，在氐国西②。

【注】

①后稷：谷物之神，后也指农神。周人先祖弃曾为稷神。　②氐国西：指后稷的墓葬在氐国的西面。《海内南经》云：“氐人国在建木西。”《淮南子·地形训》云：“后稷垄在建木西。”则后稷垄与氐人国均在建木

西，氐国当即氐人国。

【译】

谷神后稷的墓葬，周围有山水环绕着，在氐国的西面。

流黄酆氏之国①，中方三百里②，有途四方③，中有山④。在后稷葬西。

【注】

①流黄酆（fēng）氏：地在甘肃境内。《海内经》作“流黄辛氏”。《淮南子·地形训》云：“流黄沃氏在其北，方三百里。” ②方三百里：方圆三百里。即《海内经》“有国名流黄辛氏，其域中方三百里。”郭璞《注》曰：“言国城内。”郭注“城”当为“域”之讹。 ③途：袁柯《校注》谓“宋本作塗”，道路。 ④中有山：其域内有山，即《海内经》所谓“巴遂山”。

【译】

流黄酆氏之国，方圆三百里，有道路通向四方，中间有山。在后稷葬地的西面。

流沙出钟山①，西行又南行昆仑之虚，西南入海，黑水之山②。

【注】

①流沙：甘肃北部巴丹吉林沙漠。《楚辞·招魂》云：“西方之害，流沙千里。”王逸注云：“流沙，沙流而行也。”《吕氏春秋·本味》高诱注云：“流沙在敦煌西八百里。”郝懿行《笺疏》引《地理志》云：“张掖郡居延，

居延泽在东北，古文以为流沙。”　②黑水之山：黑山，因黑水而得名。黑水，即弱水，发源于青海，经张掖流入居延海。

【译】

流沙从钟山发源，向西行，再南行到昆仑之虚，向西南入海，黑水山。

东胡在大泽东[①]。

【注】

①东胡：鲜卑的祖先，世居辽东。郝懿行《笺疏》：“国名也。伊尹《四方令》云：‘正北东胡。’详《后汉书·乌桓鲜卑传》。《广韵》引《前燕录》云‘昔高辛氏游于海滨，留少子厌越以居北夷，邑于紫蒙之野，号曰东胡’云云。其后为慕容氏。”

【译】

东胡在大泽的东面。

夷人在东胡东。

【译】

夷人在东胡的东面。

貊国在汉水东北[①]，地近于燕，灭之。

【注】

①貊（mò）国：扶余国，在东北。郭璞《注》：“今扶余国即涉貊故地，在长城北，去元菟千里。出名马、赤玉、貂皮，大珠如酸枣也。”

【译】

扶余国在汉水的东北面，和燕国很近，后为燕国所灭。

孟鸟在貊国东北[①]。其鸟文赤、黄、青，东乡[②]。

【注】

①孟鸟：一种鹰科益鸟，此指孟鸟图腾氏族。郭璞《注》曰："亦鸟名也。"郝懿行《笺疏》云："《海外西经》有'灭蒙鸟'在结匈国北，疑亦此鸟也。'灭''蒙'之声近'孟'。" ②乡：同"向"。

【译】

孟鸟在貊国的东北面。这种鸟有赤、黄、青色的花纹，面向东方。

海内昆仑之虚，在西北[①]，帝之下都[②]。昆仑之虚，方八百里，高万仞[③]。上有木禾[④]，长五寻，大五围。面有九井，以玉为槛[⑤]。面有九门，门有开明兽守之[⑥]，百神之所在。在八隅之岩[⑦]，赤水之际，非仁羿莫能上冈之岩[⑧]。赤水出东南隅[⑨]，以行其东北。西南流，注南海厌火东。

【注】

①海内昆仑：海内的昆仑。郭璞《注》："言'海内'者，明海外复有昆仑山。"郝懿行《笺疏》："海内昆仑即《西次三经》'昆仑之丘'也。" ②帝之下都：天帝在下界之都邑。 ③高万仞：极言其高。 ④木禾：大型野生谷类。郭璞《注》："谷类也。生黑水之阿，可食。"《穆天子传》云："黑水之阿，爰有野麦，爰有荅堇……西膜之所谓木禾。" ⑤槛：栏杆。 ⑥开明兽：神兽，虎身，人面，九首。袁珂《校注》："天兽也。

《铭》曰：开明为兽，禀资乾精。瞪视昆仑，威振百灵。” ⑦八隅之岩：八方岩石之间。 ⑧仁羿：仁义之人后羿。郭璞《注》：“言非仁人及有才艺如羿者，不能登此山之冈岭巉岩也。羿尝请药西王母，亦言其得道也。” ⑨赤水：或以为即党河，在今甘肃敦煌。发源于昆仑山的河流，水中携带铁矿，呈红色，故称。

【译】

海内昆仑之虚，在西北面，天帝的下都。昆仑之虚，方圆八百里，高万仞。上面有树木谷物，长五寻，大五围。每面都有九口井，用玉做成井栏。每面有九道门，门上有开明兽看守着，是众神聚集的地方。在八隅之岩，赤水边上，只有仁人后羿可登上这岩石。党河于东南角发源，流向东北。向西南方向流，注入南海厌火以东。

河水出东北隅①，以行其北，西南又入渤海，又出海外，即西而北，入禹所导积石山②。洋水③、黑水出西北隅以东④，东行，又东北，南入海，羽民南。弱水⑤、青水出西南隅，以东，又北，又西南，过毕方鸟东。

【注】

①河水：塔里木河，古人误以为黄河源头。 ②积石山：在今甘肃积石山县境。即《西次三经》所云“积石之山，其下有石门，河水冒以西流”之积石山。郭璞《注》曰：“禹治水，复决疏之，故云‘导河积石’。” ③洋（xiáng）水：叶尔羌河，在新疆境内。毕沅《新校正》以为是陇东南之漾水，即西汉水，不确。 ④黑水：即黑河，在今河西走廊。毕沅《新校正》：《史记·夏本纪·正义》引《括地志》云：

“黑水源出伊吾县北百二十里，又南流二十里而绝三危山，在河州敦煌县东南四十里。” ⑤弱水：即今山丹河，在甘肃张掖境。郭郛《注证》以为是新疆天山的呼图壁河。郭璞《注》：“《西域传》：‘乌弋国去长安万五千余里。西行可百余日至条枝国，临西海。长老传闻：有弱水、西王母云。’《东夷传》亦曰：‘长城外数千里亦有弱水。’皆所未见也。《淮南子》云：‘弱水出穷石。’穷石，今之西郡那冉，盖其派别之源耳。”

【译】

塔里木河在东北角发源，流向北，又向西南进入渤海，又出海外，由西向北，进入大禹所疏导的积石山。叶尔羌河、黑水从西北角以东发源，向东流，再向东北，向南流入大海，在羽民的南面。弱水、青水在西南角发源，向东，再向北，再向西南，经过毕方鸟的东面。

昆仑南渊，深三百仞①。开明兽，身大类虎②，而九首，皆人面，东向立昆仑上③。

【注】

①昆仑南渊：昆仑山天池。郭璞《注》曰：“灵渊。”郝懿行《笺疏》曰：“即《海内北经》云‘从极之渊，深三百仞’者也。” ②身：或作“直”。 ③立昆仑上：镇守昆仑。这是对图像的说明。

【译】

昆仑山上的天池，深达三百仞。开明兽，体型巨大，像老虎，有九个头，每个头都有人的面孔，面向东站在昆仑山上。

开明西有凤皇、鸾鸟，皆戴蛇践蛇，膺有赤蛇。

【译】

开明的西面有凤皇、鸾鸟，都戴着蛇踩着蛇，胸口有红色的蛇。

开明北有视肉、珠树、文玉树[①]、玗琪树[②]、不死树[③]。凤皇、鸾鸟皆戴瞂[④]。又有离朱、木禾、柏树、甘水[⑤]，圣木[⑥]曼兑[⑦]。一曰挺木牙交[⑧]。

【注】

①文玉树：五彩玉树。　②玗（yú）琪树：即珊瑚玉树。郭璞《注》曰："玗琪，赤玉属也。吴天玺元年，临海郡吏伍曜在海水际得石树，高二尺余，茎叶紫色，诘曲倾靡，有光彩，即玉树之类也。"　③不死树：即寿木。郭璞《注》："言长生也。"　④瞂（fá）：盾牌。宋本作"盾"。　⑤甘水：即醴泉，传说中的神泉。　⑥圣木：即建木。郭璞《注》："食之令人智圣也。"　⑦曼兑：指树木既长且直。曼，长也；兑，直也。　⑧挺木牙交：指树木枝叶在空中交错如犬牙。王大有《璋牙璇玑》一文认为是上古时的一种天文观测仪器，相当于规和矩（《寻根》1998年第4期）。亦备一说。

【译】

开明的北面有视肉、珠树、文玉树、玗琪树、不死树；凤皇、鸾鸟都戴着瞂。又有离朱、木禾、柏树、甘水，圣木既长且直。另一本说是树木的枝叶在空中犬牙交错。

开明东有巫彭、巫抵、巫阳、巫履、巫凡、巫相[①]，夹窫窳之尸，皆操不死之药以距之[②]。窫窳者，蛇身人面，贰负臣所杀也。服常树[3]，其上有三头人[4]，司琅玕树[5]。

【注】

①巫彭：此句所列均为巫医。郭璞《注》："皆神医也。《世本》曰：'巫彭作医。'《楚词》曰：'帝告巫阳。'" ②距之：求长生。郭璞《注》："为距却死气，求更生也。" ③服常树：沙棠树，属棕榈科，常绿乔木。 ④三头人：实指棠树结实三个为一组。 ⑤司琅玕（gān）树：守着琅玕树。郭璞《注》："琅玕，子似珠。《尔雅》曰：'西北之美者，有昆仑之琅玕焉。'庄周曰：'有人三头，递卧递起，以司琅玕与玗琪子。'谓此人也。"

【译】

开明东面有巫彭、巫抵、巫阳、巫履、巫凡、巫相，围绕在窫窳之尸四周，手里拿着不死之药为它求生。窫窳有蛇的身体人的面孔，被贰负的臣子所杀。服常树，树上有三头人，守着琅玕树。

开明南有树鸟，六首；蛟[1]、蝮、蛇、蜼、豹、鸟秩树[2]，于表池树木[3]，诵鸟[4]、鹎[5]、视肉。

【注】

①蛟：蛟龙，即鳄鱼。郭璞《注》："似蛇，四脚。龙类也。" ②鸟秩树：即鸟不落树，五加科，树表有刺。 ③于表池树木：在华表池边种树。郭璞《注》："言列树以表，池即华池也。" ④诵鸟：灰头鹦鹉，又名能言鸟。 ⑤鹎（sǔn）：游隼，隼科，飞行迅速，捕食大型鸟类。郭璞《注》："雕也。《穆天子传》曰：'爰有白鹎、青雕。'"

【译】

开明的南面有山鸟，鸟像是有六个头；还有蛟、蝮、蛇、蜼、豹、鸟秩树，围绕在池子的周围，还有诵鸟、鹎、视肉。

卷十二　海内北经

海内西北陬以东者。

【译】

海内西北角以东的地区。

蛇巫之山①，上有人操柸而东向立②。一曰龟山③。

【注】

①蛇巫之山：蛇巫山，毕沅《新校正》以为即大巫山。在今渝、鄂相接之地。　②柸：木棒。郭璞《注》："或作棓（bàng），字同。"袁珂《校注》以为此节及下节当移至《海内西经》"开明南有树鸟"节下，《海内南经》"匈奴"节及《海内西经》"贰负之臣曰危"节当移于此。③龟山：怪山。郝懿行《笺疏》："《越绝书》云：'龟山一曰怪山。怪山者，往古一夜自来，民怪之，故谓怪山。'《吴越春秋》云：'怪山者，琅琊东武海中山也。一夕自来，故名怪山。'《水经·渐江水注》云：'山形似龟，故有龟山之称。'疑此之类也。"或以为是甘肃天水的龟山。

【译】

蛇巫山，山上有人拿着柸面向东站立。另一本说是龟山。

西王母梯几而戴胜杖[①]。其南有三青鸟[②]，为西王母取食[③]。在昆仑虚北。

【注】

①西王母：居于昆仑山的部族首领。梯：倚靠。胜：面具。郝懿行《笺疏》谓此句“杖”字为衍文，袁珂《校注》从之。张步天《山海经解》以为此条应在《海内西经》，错简在此。　②三青鸟：一种多力善飞的猛禽，是西王母的侍者和信使。　③取食：供给食物。

【译】

西王母倚靠着几案，戴着面具。它的南面有三只青鸟，专门为西王母取食物。在昆仑虚的北面。

有人曰大行伯[①]，把戈[②]。其东有犬封国[③]。贰负之尸在大行伯东。

【注】

①大行伯：行道之神，传为共工之子修。张步天《山海经解》以为指张骞出使西域之事。　②把戈：拿着戈。　③犬封国：即狗封国。郭璞《注》：“昔盘瓠杀戎王，高辛以美女妻之，不可以训，乃浮之会稽东海中，得三百里地，封之，生男为狗，女为美人，是为狗封之国也。”

【译】

有人名叫大行伯，拿着戈。它的东面有犬封国。贰负之尸在大行伯的东面。

犬封国曰犬戎国[①]，状如犬。有一女子，方跪进杯食[②]。有文马[③]，缟身朱鬣[④]，目若黄金，名曰吉量[⑤]，乘之寿千岁[⑥]。

【注】

①犬戎国：即犬封国。郭璞《注》："黄帝之后卞明，生白犬二头，自相牝牡，遂为此国，言狗国也。"周秦时代西方大国。　②进杯食：进献酒食。　③文马：花斑马。郭璞《注》曰："《周书》曰：'犬戎文马赤鬣，白身，目若黄金，名曰驳，吉黄之乘，成王时献之。'"　④缟身：白色躯体。　⑤吉量：马名。一本"量"作"良"。　⑥寿千岁：极言长寿。

【译】

犬封国也叫犬戎国，这里的人装饰像狗。有一个女子，正跪着进奉酒食。有一种花马，白色的躯体，朱红的鬃毛，眼睛像黄金，名叫吉量，据说骑乘这种马可以延年益寿活一千岁。

鬼国在贰负之尸北[①]。为物人面而一目。一曰贰负神在其东，为物人面蛇身。

【注】

①鬼国：即鬼方，为马图腾族，居北部边境。袁珂《校注》："即一目国，已见《海外北经》。《大荒北经》亦云：'有人一目，当面中生。一曰是威姓，少昊之子，食黍。'即此国也。则传说中此国之所在非一也。"

【译】

鬼方在贰负之尸的北面。这里的怪物长着人的面孔，只有一只眼。另一本说贰负神在它的东面，怪物人面蛇身。

蜪犬如犬[①]，青，食人从首始。

【注】

①蜪（táo）犬：西伯利亚野狗。郭璞《注》："或作'蚼'，音钩。《说文》云：'北方有蚼犬，食人。此当为蚼。'"

【译】

蜪犬像狗，青色，吃人从头部开始。

穷奇状如虎[①]，有翼，食人从首始，所食被发。在蜪犬北。一曰从足。

【注】

①穷奇：兽名，亦天神名，据载为少昊氏之不才子。郭璞《注》曰："毛如蝟。"《西次四经》云："邽山……其上有兽焉，其状如牛，蝟毛，名曰穷奇；音如獋狗，是食人。"

【译】

穷奇的外形像老虎，胁有双翼，吃人从头部开始，它吃人连同毛发一同吞下。在蜪犬的北面。另一本说穷奇吃人从足部开始。

帝尧台、帝喾台、帝丹朱台、帝舜台[①]，各二台，台四方，在昆仑东北。

【注】

①台：祭祀之处。此句，郭璞《注》以为“此盖天子巡狩所经过，夷狄慕圣人恩德，辄共为筑立台观，以标显其遗迹也。一本云：所杀相柳，地腥臊，不可种五谷，以为众帝之台”。

【译】

帝尧台、帝喾台、帝丹朱台、帝舜台，各有两个，台呈四方形，在昆仑的东北面。

大蜂[①]，其状如螽；朱蛾[②]，其状如蛾。蟜[③]，其为人虎文，胫有䏿[④]。在穷奇东。一曰状如人，昆仑虚北所有[⑤]。

【注】

①大蜂：郭郛《注证》谓是熊蜂，长约25—30毫米，体表有黑色或黄色绒毛，飞行迅速。　②朱蛾：大型蛾类，即天蛾。体呈梭形，长约3—4厘米。郭璞《注》：“蚍蜉也。《楚词》曰：‘玄蜂如壶，赤蛾如象。’谓此也。”　③蟜（jiǎo）：原指虫子，可能是蟜氏族。郝懿行《笺疏》：“《广韵》‘蟜’字注引此经曰：‘野人，身有兽文。’”　④胫有䏿：小腿有腿肚肌肉。郭璞《注》曰：“言脚有膊肠也。”　⑤昆仑虚北所有：昆仑山的北面特有。郭璞《注》曰：“此同上物事也。”郝懿行《笺疏》曰：“郭意此以上物事，皆昆仑虚北所有也。”

【译】

大蜂的形状像蝗虫，朱蛾的形状像大蛾子。蟜，这种人身上有虎一样的花纹，小腿上有腿肚肌肉。在穷奇东面。另一本说是蟜形状像人，昆仑虚的北面才有。

阘非[①]，人面而兽身，青色。

【注】

①阘（tà）非：水獭氏族。郝懿行《笺疏》："伊尹《四方令》曰：'正西阘耳。'疑即此。"

【译】

阘非族，族人长着人的面孔兽类的身体，青色。

据比之尸[①]，其为人折颈被发，无一手。

【注】

①据比：《淮南子·地形训》据比作"诸比"，高诱注以为是天神。郭璞《注》曰："一云掾比。"尸：郭郛《注证》以为是作为图腾的干尸。

【译】

天神据比图腾的部落，这里的人脖子是折断的，披散着头发，少一只手。

环狗[①]，其为人兽首人身。一曰蝟状如狗，黄色。

【注】

①环狗：居于西北方的狗图腾部族。盖亦犬戎、狗封一系。

【译】

环狗部族，这里的人长着野兽的脑袋，人的身体。另一本说是蝟的形状像狗，黄色。

袜[①]，其为物人身、黑首、从目[②]。

【注】

①袜（mèi）：鬼魅。郝懿行《笺疏》谓袜即魅。　②从目：即“纵目”，或以为是蜀侯蚕丛。三星堆遗址出土器物有纵目青铜面具，可证。

【译】

袜部族，这种怪物生得人身、黑头、竖直的眼睛。

戎，其为人人首、三角。

【译】

戎部族，这里的人长着人的头，有三个角。

林氏国有珍兽[①]，大若虎，五采毕具，尾长于身，名曰驺吾[②]，乘之日行千里[③]。

【注】

①林氏国：即林胡或林戎部落，活动在今河北北部一带。郝懿行《笺疏》引《周书·史记解》云：“昔有林氏，召离戎之君而朝之。”又云：“林氏与上衡氏争权，俱身死国亡。”即此国。　②驺（zōu）吾：神兽名，即驺虞。《诗经》中有《驺虞》一诗。　③日行千里：言驺吾脚力雄健。郭璞《注》引《六韬》云：“纣囚文王，闳夭之徒诣林氏国，求得此兽，献之。纣大悦，乃释之。”又引《周书》曰：“史林尊耳，尊耳若虎，尾参于身，食虎豹。”

【译】

林氏部落有一种珍奇的兽类，体型大小和老虎差不多，身上有五彩的花纹，尾巴比身子要长，名叫驺吾，骑乘着它能日行千里。

昆仑虚南所，有泛林方三百里[①]。

【注】

①此条原应在《海内西经》，错简于此。泛林：毕沅《新校正》以为当即“樊桐”。

【译】

昆仑虚的南面，有方圆三百里的泛林。

从极之渊[①]，深三百仞，维冰夷恒都焉[②]。冰夷人面，乘两龙[③]。一曰中极之渊。

【注】

①从极之渊：黄河上游的深渊。《文选·江赋》李善注引作“从极之川”。　②冰夷：即河伯，河水之神。郭璞《注》：“冯夷也。《淮南》云：‘冯夷得道，以潜大川。’即河伯也。《穆天子传》所谓‘河伯无夷’者，《竹书》作‘冯夷’。字或作‘冰’也。”　③乘两龙：驾乘两龙。郭璞《注》曰：“画四面各乘灵车，驾二龙。”郝懿行《笺疏》曰：“郭注‘灵’盖‘云’字之讹也。《水经注》引《括地图》云：‘冯夷恒乘云车，驾两龙。’是‘灵’当为云。”

【译】

从极之渊深达三百仞，只有河伯冰夷常住在这里。冰夷生着人的面孔，驾乘两龙。另一本说是中极之渊。

阳汙之山[①]，河出其中；凌门之山[②]，河出其中[③]。

【注】

①阳汙之山：阳汙山，毕沅《新校正》以为即潼关，河出其下。郝懿行《笺疏》以为“阳汙”即“阳纡”，声近可通。《穆天子传》云：“至于阳纡之山，河伯无夷之所都居。” ②凌门之山：凌门山，毕沅《新校正》以为即龙门山。 ③河出其中：河水穿山而过。郭璞《注》曰：“皆河之枝源所出之处也。”

【译】

阳汙山，河水从中发源；凌门山，河水从中穿过。

王子夜之尸①，两手、两股、胸、首、齿，皆断异处②。

【注】

①王子夜：即王亥，殷人先祖。小川琢治《穆天子传地名考》谓“夜”即“亥”之形讹。其说是。 ②异处：身体被肢解而离散。郭璞《注》：“此盖形解而神连，貌乖而气合，合不为密，离不为疏。”

【译】

王亥被有易所杀，其尸体，两只手、两条腿、胸、头、牙齿都断了，散落在不同的地方。

舜妻登比氏①生宵明、烛光②，处河大泽③，二女之灵④能照此所方百里。一曰登北氏⑤。

【注】

①登比氏：即灯比氏，用火的氏族，舜所娶三妃之一。 ②宵明、烛光：舜的两个女儿。郭璞《注》：“即二女字也，以能光照，因名

云。”　③河大泽：黄河溢漫形成的沼泽。　④二女之灵：即宵明和烛光播火传薪。郭璞《注》：“言二女神光所烛及者方百里。”《淮南子·地形训》云：“宵明、烛光在河州，所照方千里。”　⑤登北氏：当即登比氏，“北”为“比”之传写讹误。

【译】

帝舜的妃子登比氏生育下宵明和烛光，她们居住在黄河边上的沼泽中，两个女子把火的光热传播至方圆百里的范围。另一本说是登北氏。

盖国在钜燕[①]，南倭、北倭属燕[②]。

【注】

①盖国：郝懿行《笺疏》以为即盖马大山，今朝鲜境内狼林山脉。钜燕：即大燕国。此条及以下九条述东北方事，当有错简。　②南倭：“南”字原属上句，今据文意属下。南倭者，今之琉球群岛居民。北倭：今日本列岛居民。

【译】

盖国在大燕国的南面，南倭和北倭均隶属于大燕国。

朝鲜在列阳东[①]，海北山南。列阳属燕[②]。

【注】

①朝鲜：古朝鲜。郭璞《注》：“今乐浪县，箕子所封也。”　②列：列水，即今汉江。郭璞《注》：“亦水名也，今在带方，带方有列口县。”

【译】

朝鲜在列阳的东面，海的北面，山的南面。列阳属于大燕国。

列姑射[①]，在海河洲中。姑射国在海中，属列姑射，西南山环之。

【注】

①列姑射：江华岛一带的山地，在今朝鲜半岛北汉江下游。郭璞《注》："山名也。山有神人。河州在海中，河水所经者，《庄子》所谓'藐姑射之山'也。"

【译】

列姑射山，在海河洲中。射姑国在海中，属于列姑射山，西南面有山环绕着它。

大蟹在海中[①]。陵鱼[②]人面，手足，鱼身，在海中。大鯾居海中[③]。

【注】

①大蟹：大蟹岛，形似大蟹，故称。郭璞《注》："盖千里之蟹也。"则以为是体型巨大的蟹。　②陵鱼：郭郛《注证》谓即人鱼，即儒艮，属哺乳纲，体长1.5—2.5米，前肢鳍状，后肢退化，分布于中国沿海及朝鲜等地。③大鯾（biān）：即鲂鱼，一种海洋鱼类。

【译】

大蟹在海中。陵鱼长着人的面孔，有手脚，鱼的身体，在海中。大鯾住在海中。

明组邑居海中[①]。

【注】

①明组邑：部族名，也在朝鲜半岛。郝懿行《笺疏》曰："明组邑盖海中聚落之名，今未详。"一说明组是海产。

【译】

明组邑居住在海中。

蓬莱山在海中①。

【注】

①蓬莱山：东海中的神山。郭璞《注》曰："上有仙人宫室，皆以金玉为之，鸟兽尽白，望之如云，在渤海中也。"

【译】

蓬莱山在海中。

大人之市在海中①。

【注】

①大人之市：即海市蜃楼。郝懿行《笺疏》曰："今登州海中州岛上，春夏之交，恒见城郭市廛，人物往来，有飞仙遨游，俄顷变幻。土人谓之海市，疑即此。"

【译】

大人市在海中。

卷十三 海内东经

海内东北陬以南者。

【译】

海内东北角以南的区域。

钜燕在东北陬[①]。

【注】

①袁珂《校注》以为此下当接《海内北经》"盖国在钜燕南"以下十节文字。

【译】

大燕国在东北角。

国在流沙中者：埻端[①]、玺唤[②]，在昆仑虚东南。一曰海内之郡，不为郡县，在流沙中[③]。

【注】

①埻（guó）端：可能是敦煌。顾颉刚《汉代以前中国人的世界观

念与域外交通的故事》一文以为即敦煌，郭郛《注证》从其说。　②玺唤（huàn）：国名，郭郛《注证》以为可能是善鄯或大宛。　③“一曰”句：疑为校书者之校语，言另一本与此记载不同。毕沅《新校正》曰：“言‘国在流沙中者’七字，一本作此十二字。”安京《山海经新考》谓“埻端玺唤”为“敦煌”之缓读。亦可备一说。

【译】

国家位于流沙之中的有：埻端、玺唤，在昆仑虚的东南面。另一本说是海内的郡，不设置郡县，在流沙中。

国在流沙外者：大夏①、竖沙②、居繇③、月支之国④。

【注】

①大夏：国名，在西域。郭璞《注》：“大夏国，城方二三百里，分为数十国。地和温，宜五谷。”　②竖沙：国名，亦在西域。　③居繇：西域国名。郝懿行《笺疏》引《三国志》注作“属繇国”。　④月支国：即大月氏。郭璞《注》：“多好马、美果，有大尾羊，如驴尾，即羬羊也。小月支、天竺国皆附庸也。”

【译】

国家位于流沙之外的有：大夏、竖沙、居繇、月支国。

西胡白玉山在大夏东①，苍梧在白玉山西南②：皆在流沙西，昆仑虚东南。昆仑山在西胡西③，皆在西北。

【注】

①西胡：西域诸国的总称。白玉山：即今新疆于阗南山。　②苍

梧：地名，在西域。　　③昆仑山：即喀喇昆仑山。郝懿行《笺疏》曰："盖《海内西经》注所云'海外复有昆仑'者也。"

【译】

西胡白玉山在大夏的东面，苍梧在白玉山的西南面，都在流沙的西面，昆仑虚的东南面。昆仑山在西胡的西面，都在西北。

雷泽中有雷神[①]，龙身而人头，鼓其腹。在吴西[②]。

【注】

①雷泽：大泽，即今太湖。吴承志《今释》云："雷泽即震泽。《汉志》具区泽在会稽郡吴西，扬州薮，古文以为震泽。震泽在吴西，可证。"雷神：司雷电之神。　　②在吴西：在吴的西面。郭璞《注》："今城阳有尧冢灵台，雷泽在北也。《河图》曰：'大迹在雷泽，华胥履之，而生伏羲。'"

【译】

雷泽中有雷神，长着龙的身体和人的头，敲打着它的腹部。在吴地的西面。

都州在海中[①]。一曰郁州。

【注】

①都州：徐显之《浅注》以为在今江苏连云港一带。

【译】

都州在海中。另一本说是郁州。

琅邪台在勃海间[①]，琅邪之东。其北有山。一曰在海间。

【注】

①琅邪台：琅邪山，在山东。郭璞《注》："今琅邪在海边，有山嶕峣特起，状如高台，此即琅邪台也。"郭璞《注》："琅邪者，越王勾践入霸中国之所都。"

【译】

琅邪台在渤海间，琅邪的东面。它的北面有山。另一本说在海中间。

韩雁在海中[1]，郁州南。

【注】

①韩雁：国名，或曰鸟名。

【译】

韩雁在海中，都州的南面。

始鸠在海中[1]，辕厉南[2]。

【注】

①始鸠：国名，或即《大荒北经》之始州之国。或曰鸟名。　②辕厉：毕沅《新校正》以为即韩雁，辕韩音近，雁厉字相似。

【译】

始鸠在海中，辕厉的南面。

会稽山在大楚南[1]。

【注】

①大楚：吴承志《今释》以为是"大越"之误，疑是。此下叙水道

诸条，毕沅《新校正》以为《水经》佚文。其《校正》云："右《海内东经》旧本合'岷三江，首……'以下云云为篇，非，今附在后。""自'岷三江'以下疑《水经》也。"袁珂《校注》从其说。郭郛认《注证》为此即《隋书·经籍志》著录郭璞之《水经》。

【译】

会稽山在大越的南面。

岷三江：首大江出汶山①；北江，出曼山；南江，出高山。高山在成都西。入海在长州南。

【注】

①首大江出汶山：为首的大江源自汶山。郭璞《注》："今江出汶山郡升迁县岷山，东南经蜀郡犍为，至江阳东北，经巴东、建平、宜都、南郡、江夏、弋阳、安丰至庐江南界，东北经淮南、下邳至广陵郡，入海。"毕沅《新校正》以为此下数条为郭璞《水经注》。袁行霈认为此下专述水系之文字，"是另一种著作羼入了《山海经》"(《山海经初探》)。

【译】

岷三江：为首的大江源自汶山；北江源自曼山，南江源自高山。高山在成都的西面。入海处在长州的南面。

浙江出三天子都①，在其东。在闽西北②；入海余暨南③。

【注】

①浙江：新安江。郭璞《注》："按《地理志》：'浙江出新安、黟县南蛮中，东入海。'今钱塘江是也。'黟'即'歙'也。"三天子都：即黄山、

玉山、缙云山三山。郭璞《注》:“在绩溪县，即‘三天子鄣’。已见《海内南经》。” ②闽西北：福建西北。 ③余暨：地名，即今杭州萧山。郭璞《注》曰：“余暨县属会稽，今为永兴县。”郝懿行《笺疏》认为“余暨”即萧山。

【译】

浙江源自三天子都，在它的东面。在闽西北部；在余暨的南面入海。

庐江出三天子都，入江彭泽西[①]。一曰天子鄣。

【注】

①彭泽：即鄱阳湖。郭璞《注》:“今彭蠡也，在寻阳彭泽县。”

【译】

庐江源自三天子都，流入长江，彭泽的西面。另一本说是天子鄣。

淮水出余山。余山在朝阳东[①]，义乡西。入海淮浦北[②]。

【注】

①余山：桐柏山，淮河发源于此。朝阳：地名，在今河南南阳一带。郭璞《注》曰：“朝阳县今属新野。” ②入海淮浦北：从淮浦北部入海。郭璞《注》:“今淮水出义阳平氏县桐柏山山东，北经汝南、汝阴、淮南、谯国、下邳，经淮阴县入海。”

【译】

淮河发源自余山。余山在朝阳的东面，义乡的西面。在淮浦的北面汇入海。

湘水出舜葬东南陬，西环之[1]，入洞庭下[2]。一曰东南西泽。

【注】

①环：环绕。郭璞《注》："今湘水出零陵营道县阳湖山，入江。" ②洞庭下：洞庭湖之下。郭璞《注》："地穴也，在长沙巴陵。今吴县南太湖中有包山，下有洞庭穴道，潜行水底，云无所不通，号为地脉。"

【译】

湘水源自舜墓葬的东面角，西面环绕，流入洞庭之下。另一本说是东南西泽。

汉水出鲋鱼之山[1]，帝颛顼葬于阳，九嫔葬于阴，四蛇卫之[2]。

【注】

①汉水出鲋鱼之山：当是濮水源自鲋鱼山。《北堂书钞》卷二引作"濮水"，濮、漢形近而误。以方位推之，当作濮水。　②四蛇卫之：言有四蛇守卫山下。

【译】

汉水源自鲋鱼山，帝颛顼葬在山的南面，九嫔葬在山的北面，有四条蛇守卫着。

濛水出汉阳西[1]，入江，聂阳西[2]。

【注】

①濛水：即今大渡河。郝懿行《笺疏》引《水经·江水注》云："濛

水即大渡水也，水发蒙溪，东南流与渽水合，又东入江。”汉阳：郝懿行《笺疏》引《水经·江水注》又曰：“汉阳县属朱提。”《地理志》云：“汉阳：山阘谷，汉水所出，东至鳖入延。” ②聂阳：灄水之阳。

【译】

大渡河源自汉阳的西面，在灄水之阳的西面入江。

温水出崆峒山①，在临汾南②，入河，华阳北。

【注】

①温水：温泉。 ②临汾：毕沅《新校正》、郝懿行《笺疏》均以为是“临泾”之误。

【译】

温水源自崆峒山上，在临泾的南面，在华山之阳的北面流入黄河。

颍水出少室山①，少室山在雍氏南，入淮西鄢北②。一曰缑氏③。

【注】

①颍水：即颍河。郭璞《注》曰：“今颍水出河南阳城县乾山，东南经颍川、汝阴至淮南下蔡入淮。” ②鄢：今鄢陵县，属颍川。 ③缑(gōu)氏：缑氏县，在河南。

【译】

颍水源自少室山，少室山在雍氏的南面，流入淮西鄢北。另一本说是缑氏县。

汝水出天息山[①]，在梁勉乡西南，入淮极西北[②]。一曰淮在期思北[③]。

【注】

①汝水：在河南境。郭璞《注》："今汝水出南阳鲁阳县大盂山，东北至河南梁县，东南经襄城、颍川、汝南至汝阴裒信县入淮。" ②入淮：流入淮河。 ③期思：汉县名，在河南信阳淮滨县。

【译】

汝水源自天息山，在梁勉乡的西南面，流入淮极西北。另一本说淮水在期思的北面。

泾水出长城北山[①]，山在郁郅长垣北[②]，北入渭[③]，戏北[④]。渭水出鸟鼠同穴山[⑤]，东注河，入华阴北。

【注】

①长城：指秦所筑长城。北山：指笄头山。 ②郁郅（zhì）：今甘肃庆阳，西南与平凉接。长垣：即长城。 ③北入渭：在北面汇入渭河。郭璞《注》："今泾水出安定朝那县西笄头山，东南经新平、扶风至京兆高陵县入渭。" ④戏：地名，在今陕西西安以东。 ⑤鸟鼠同穴山：即青雀山，在今甘肃渭源县境。郭璞《注》："今在陇西首阳县。渭水出其东，经南安、天水、略阳、扶风、始平、京兆、宏农、华阴县，入河。"

【译】

泾水源自长城北山，山在郁郅长垣的北面，向北流入渭水，戏的北面。渭水源自鸟鼠同穴山，向东注入黄河，流经华阴的北面。

白水出蜀[1]，而东南注江，入江州城下[2]。

【注】

①白水：即白水江，在甘肃南部与四川交界处。郭璞《注》："色微白浊，今在梓潼白水县。源从临洮之西西倾山来，经沓中，东流通阴平，至汉寿县入潜。" ②江州：在今重庆北部。郭璞《注》："属巴郡。"郝懿行《笺疏》："今四川巴州即古江州，西北与昭化接境。"

【译】

白水江发源自蜀地，向东南流注入嘉陵江，流经江州城下。

沅水〔山〕出象郡镡城西[1]，入东注江，入下隽西[2]，合洞庭中[3]。

【注】

①沅（yuán）水：沅江，发源于贵州云雾山，流经湖南称沅江，向东北流汇入洞庭湖。象郡：今湖南靖州苗族侗族自治县南。郭璞《注》："今日南也。镡（xín）城今属武陵。" ②下隽（jùn）：沅陵县，今属湖南怀化市。 ③合洞庭中：汇入洞庭湖。郭注引《水经》曰："沅水出牂柯且兰县，又东北至镡城县为沅水，又东过临沅县南，又东至长沙下隽县。"

【译】

沅江发源自象郡镡城西，向东注入江，流入下隽西，合并流入洞庭湖。

赣水出聂都东山[1]，东北注江，入彭泽西。

【注】

①赣水：赣江。郭璞《注》："《地理志》曰：'豫章水出赣县西南，而北入江。'……今赣水出南康南野县西北。"

【译】

赣江发源自聂都山的东部，向东北注入长江，流入鄱阳湖的西边。

泗水出鲁东北而南①，西南过湖陵西②，而东南注东海；入淮阴北③。

【注】

①泗水：发源于山东泗水县。郭璞《注》："今泗水出鲁国卞县，西南至高平湖陆县，东南经沛国彭城、下邳，至临淮下相县入淮。" ②湖陵：秦时所置县名，在今山东鱼台东南。 ③淮阴：今江苏淮安市淮阴区。

【译】

泗水源自鲁东北而南，向西南流经湖陵西，向东南注入东海，流经淮阴北。

郁水出象郡①，而西南注南海，入须陵东南②。

【注】

①郁水：即豚水，流经广东和广西。 ②须陵：广东三水、江门一带，为诸水入海处。

【译】

郁水发源于象郡，向西南流，由须陵东南注入南海。

肄水出临武西南[①]，而东南注海，入番禺西[②]。

【注】

①肄（yì）水：源出湖南郴州临武县南，北会武溪，东流南折至广东韶关合湞水，为珠江的北江上源。　②番禺：今广州市番禺区。

【译】

肄水源自临晋西南，向东南注入海，流经番禺的西边。

湟水出桂阳西北山[①]，东南注肄水，入敦浦西[②]。

【注】

①湟水：连江，即古洭水，出广东北部。　②敦浦：地名，在广东北部。

【译】

湟水源自桂阳西北山，向东南注入肄水，流经敦浦西。

洛水出洛西山[①]，东北注河，入成皋之西[②]。

【注】

①洛西山：毕沅《新校正》以为即《中次四经》之讙举山。郭璞《注》引《书》云："道洛自熊耳。"按《水经》："洛水，今出上洛冢领山，东北经宏农，至河南巩县入河。"　②成皋：县名，今属河南。

【译】

洛水源自上洛西山，向东北注入河，流经成皋西。

汾水出上窳北[①]，而西南注河[②]，入皮氏南[③]。

【注】

①上窳：汾水源头所在地，大约在山西宁武县一带。　②注河：注入黄河。郭璞《注》："今汾水出太原晋阳故汾阳县，东南经晋阳，西南经西河平阳，至河东汾阴入河。"　③皮氏：县名，晋代属平阳，故城在今山西河津县南部。

【译】

汾水发源于上窳的北部，向西南注入河，自皮氏的南面流入。

沁水出井陉山东[①]，东南注河，入怀东南[②]。

【注】

①沁水：沁河，发源于山西沁源县北太岳山东麓。郭璞《注》引《说文》云："沁水出上党羊头山。"又引《地理志》云："谷远羊头山世靡谷，沁水所出。"　②怀：即今河南沁阳市。

【译】

沁河发源于井陉山东面，向东南注入河，流经怀县东南。

济水出共山南东丘[①]，绝钜野泽[②]，注渤海，入齐琅槐东北[③]。

【注】

①共山：即恭山，共与"恭"同。东丘：东丘城。　②绝：横穿。钜野泽：巨野泽，在今山东巨野县境。　③齐琅槐：济水入海之水道，在今山东济南至博兴之间。

【译】

济水源自共山南东丘，横过巨野泽，注入渤海，流经齐琅槐东北。

潦水出卫皋东[①]，东南注勃海，入潦阳[②]。

【注】

①潦水：即辽河，有东西二源，至盘锦市入渤海辽东湾。郭璞《注》："出塞外卫皋山。玄菟高句丽县有潦山，小潦水所出，西河注大潦。" ②潦阳：辽宁盘锦市大洼。

【译】

辽水源自卫皋东，向东南注入渤海，由潦阳流入。

虖沱水出晋阳城南[①]，而西至阳曲北[②]，而东注勃海，入越章武北[③]。

【注】

①虖（hū）沱水：即滹沱河，源出山西五台山。 ②阳曲：汉代太原郡阳曲，在今山西忻州定襄县、阳曲县一带。郭璞《注》："晋阳、阳曲县皆属太原。" ③章武：今河北青县。

【译】

虖沱水源自晋阳城南，自西至阳曲北，向东流注入渤海，流经章武郡北。

漳水出山阳东[①]，东注渤海，入章武南[②]。

【注】

①漳水：即漳河，流经山西、河南、河北三省。　②毕沅《新校正》此句作“入越武南”，郝懿行《笺疏》谓“越”字为衍文。今据改。

【译】

漳水源自山阳东，向东注入渤海，流经章武南。

建平元年四月丙戌[①]，待诏太常属臣望校治，侍中光禄勋臣龚、侍中奉车都尉光禄大夫臣秀领主省。

【注】

①建平元年：汉哀帝年号，即公元前6年。

【译】

汉哀帝建平元年四月丙戌日，待诏太常臣刘望担任校理工作，侍中光禄勋臣刘龚、侍中奉车都尉光禄大夫臣刘歆担任主要负责人。

卷十四　大荒东经

东海之外大壑[①]，少昊之国[②]。少昊孺帝颛顼于此[③]，弃其琴瑟[④]。有甘山者，甘水出焉，生甘渊[⑤]。

【注】

①大壑：巨大的沟壑，疑是因落差大而形成的瀑布。郭璞《注》："《诗含神雾》曰：'东注无底之谷。'谓此壑也。《离骚》曰：'降望大壑。'"毕沅《新校正》以为《大荒东经》以下五篇均是释《海内经》诸篇，为汉代人文字。　②少昊：即少昊氏，又称金天氏，为东方鸟图腾部族。郭璞《注》："金天氏，帝挚之号也。"郝懿行《笺疏》曰："白帝少皞，其神居长留山。"　③孺：养育。　④弃其琴瑟：丢弃他的琴瑟。郭璞《注》曰："言其壑中有琴瑟也。"郝懿行《笺疏》："此言少昊孺养帝颛顼于此，以琴瑟为戏弄之具，而留遗于此也。"　⑤甘渊：甘水所积成渊。郭璞《注》曰："水积则成渊也。"郝懿行《笺疏》认为：即羲和浴日之处，见《大荒南经》。

【译】

东海之外是一个特深特大的峡谷，是少昊国的所在。少昊在这里养育了帝颛顼，壑中有颛顼遗弃的琴瑟。有一座甘山，甘水发源于这里，汇积成甘渊。

大荒东南隅有山，名皮母地丘①。

【注】

①皮母地丘：即波母山。《淮南子·地形训》曰："东南方曰波母之山"，郝懿行《笺疏》谓"波"字脱水旁衍为"皮"。

【译】

大荒东南角有座山，名叫波母山。

东海之外，大荒之中，有山名曰大言①，日月所出。有波谷山者，有大人之国②。

【注】

①大言：山名，《初学记》引作"大谷"。　②大人之国：即大人国。郭璞《注》："秦时大人见临洮，身长五丈，脚迹六尺。准斯以言，则此大人之长短未可得限度也。"

【译】

东海之外，大荒之中，有一座山名叫大言，是太阳和月亮升起落下的地方。有一座波谷山，山中有大人国。

有大人之市，名曰大人之堂①。有一大人踆其上，张其两臂②。

【注】

①大人之堂：郭璞《注》："亦山名，形状如堂室耳，大人时集会其上作市肆也。"这是对《海内北经》大人之市的解说。　②竣：即古"蹲"字。《庄子》曰："竣于会稽。"

【译】

有大人的集市，名叫大人之堂。有一个大人蹲在上面，张着两只手臂。

有小人国，名靖人[①]。

【注】

①靖人：即小人国之人。郭璞《注》引《诗含神雾》曰："东北极有人长九寸。"即此小人。

【译】

有小人国，名叫靖人。

有神，人面兽身，名曰犁䰠之尸。

【译】

有一种神，长着人的面孔兽的身体，名叫犁䰠之尸。

有潏山[①]，杨水出焉[②]。

【注】

①潏（yúe）山：郭郛《注证》谓即长山，在今黑龙江，呼兰河发源于此。　②杨水：呼兰河。

【译】

有座山名叫潏山，杨水在这里发源。

有蒍国，黍食[①]，使四鸟[②]：虎、豹、熊、罴。

【注】

①有蒍（wěi）国：即有妫国，为帝舜之后裔。黍食：以黍为食。郭璞《注》："言此国中惟有黍谷也。" ②四鸟：疑当作四兽。

【译】

有妫国，以黍为食，驱使四种兽：虎、豹、熊、罴。

大荒之中有山，名曰合虚[①]，日月所出。有中容之国[②]。帝俊生中容[③]。中容人食兽、木实[④]，使四鸟[⑤]：豹、虎、熊、罴。

【注】

①合虚：日月所出入之山。《北堂书钞》卷一四九引作"含虚"。②中容之国：帝舜之子中容的部落。 ③帝俊：即帝舜。郭璞《注》："俊亦舜字假借音也。" ④木实：言此国中有赤木、玄木，其实甚美，见《吕氏春秋·本味》。 ⑤四鸟：疑当作四兽。

【译】

大荒之中，有一座名叫合虚的神山，是日月出入的地方。有中容国。帝俊生中容。中容族的人吃兽类和树上的果实，驱使四兽：豹、虎、熊、罴。

有东口之山[①]。有君子之国，其人衣冠带剑。

【注】

①东口之山：东口山，或言即辽东半岛某山。

【译】

有座东口山。这里有君子国，国中的人穿衣戴冠而佩剑。

有司幽之国[①]。帝俊生晏龙[②]，晏龙生司幽[③]，司幽生思士[④]，不妻[⑤]；思女，不夫[⑥]。食黍，食兽，是使四鸟[⑦]。

【注】

①司幽之国：职掌昼夜长短的部族。《太平御览》卷五十引作“司幽之民”。 ②晏龙：神名，为帝舜鸟图腾族之一支。 ③司幽：此处为神名，因其职掌而有此名。 ④思士：司幽之子。 ⑤不妻：不娶妻。郭璞《注》：“言其人直思感而气通，无配合而生子，此《庄子》所谓‘白鹄相视，眸子不运，而感风化’之类也。” ⑥不夫：指女子不嫁。 ⑦四鸟：是鸟图腾族的信使。

【译】

有司幽国。帝俊生晏龙，晏龙生司幽，司幽生思士，不娶妻；生思女，不嫁人。吃黍，也吃兽类，驱使四种鸟。

有大阿之山者。

【译】

有大阿山。

大荒中有山，名曰明星，日月所出。

【译】

大荒之中有一座山，名叫明星，是日月出入的地方。

有白民之国[1]。帝俊生帝鸿[2]，帝鸿生白民，白民销姓[3]，黍食，使四鸟[4]：虎、豹、熊、罴。

【注】

①白民之国：即白人之国，亦为少昊氏族，郭郛《注证》以为是塞种人。②帝鸿：即黄帝。③销姓：即姓销，可能此族是金属冶炼的发明者，故以此为姓。④四鸟：疑当作四兽。

【译】

有白民国。帝俊生帝鸿。帝鸿生白民，白民姓销，以黍为食，驱使四兽：虎、豹、熊、罴。

有青丘之国[1]，有狐九尾[2]。

【注】

①青丘之国：见《海外东经》，郭郛《注证》以为在今黑龙江一带。②九尾狐：即沙狐。郭璞《注》："太平则出而为瑞也。"

【译】

有青丘国，有一种狐狸，长着九条尾巴。

有柔仆民，是维嬴土之国[1]。

【注】

①赢土：郭璞《注》谓犹沃衍之土。

【译】

有柔仆族人，他们居于沃土之国。

有黑齿之国[①]。帝俊生黑齿[②]，姜姓，黍食，使四鸟。

【注】

①黑齿之国：齿如漆黑，故称。又见《海外东经》。　②帝俊生黑齿：帝俊部族分化出黑齿族。郭璞《注》："圣人神化无方，故其后世所降育，多有殊类异状之人。诸言生者，多谓其苗裔，未必是亲所产。"

【译】

有黑齿国。帝俊生黑齿，姓姜，吃黍，能驱使四鸟。

有夏州之国[①]。有盖余之国[②]。

【注】

①夏州之国：部族名，或以为在辽宁。　②盖余之国：盖国，在辽东湾一带。

【译】

有夏州国。有盖余国。

有神，八首人面，虎身十尾，名曰天吴[①]。

【注】

①天吴：水伯。又见《海外东经》。

【译】

有神，长着八颗头，人面，虎身，有十条尾巴，名叫天吴。

大荒之中有山，名曰鞠陵于天[①]、东极[②]、离瞀[③]，日月所出，名曰折丹[④]。东方曰折[⑤]，来风曰俊[⑥]。处东极以出入风[⑦]。

【注】

①鞠（jú）陵于天：山名，高峻接天。　②东极：东方的神山。《淮南子·地形训》云“东方曰东极之山”，即此山。　③离瞀（mào）：山名。　④折丹：神人。上脱“有神”或“有人”。　⑤折：当为析，东方风神之名。　⑥来风：东风。吴任臣《广注》谓是春月之风。　⑦处东极以出入风：指少昊之族掌管风的出入，使人们能以此确定季节。

【译】

大荒之中有三座高山，名叫鞠陵于天、东极、离瞀，此处是日月升起的地方。有神人名叫折丹，东方叫折，东风叫俊。神折丹在东极职司风出入。

东海之渚中有神[①]，人面鸟身，珥两黄蛇[②]，践两黄蛇，名曰禺虢。黄帝生禺虢，禺虢生禺京[③]。禺京处北海，禺虢处东海，是为海神[④]。

【注】

①东海之渚：东海中的岛。　②珥两黄蛇：以蛇贯两耳为装

饰。　③禺京：即禺强，北海之神。　④海神：郭璞《注》："言分治一海而为神也。虢，一本作'號'"。

【译】

东海的岛上有一位神，长着人的面孔鸟的身体，耳朵戴两条黄蛇，脚踩两条黄蛇，名叫禺虢。黄帝生禺虢，禺虢生禺京。禺京在北海，禺虢在东海，都是海神。

有招摇山[①]，融水出焉[②]。有国曰玄股[③]，黍食，使四鸟。

【注】

①招摇山：即《南山经》之招摇之山。　②融水：融江，在广西西北部。　③玄股：黑大腿。汪绂《山海经存》以为即广西黑苗。

【译】

有招摇山，融水在这里发源。有部族叫玄股族，这里的人以黍为食，能驱使四种鸟。

有困民国，勾姓而食[①]。有人曰王亥[②]，两手操鸟，方食其头。王亥托于有易[③]河伯仆牛[④]。有易杀王亥，取仆牛。河伯念有易[⑤]，有易潜出，为国于兽[⑥]，方食之，名曰摇民[⑦]。帝舜生戏[⑧]，戏生摇民。

【注】

①勾姓而食：勾姓而以黍为食。郝懿行《笺疏》谓"勾姓"后"而食"前，当有阙脱。据上下文当脱一"黍"字。　②王亥：商汤的七世祖，其事迹又见于甲骨卜辞、《楚辞》等。　③有易：上古部落，居

于河北易地，故称有易。据《竹书纪年》载："殷王子亥宾于有易而淫焉，有易之君绵臣杀而放之。是故殷上甲微假师于河伯以伐有易，灭之，遂杀其君绵臣。"托：寄托。　④仆牛：仆人和牛群。　⑤河伯念有易：河伯同情有易。郭璞《注》："言有易本与河伯友善，上甲微，殷之贤王，假师以义伐罪，故河伯不得不助灭之。既而哀念有易，使得潜化而出，化为摇民国。"　⑥为国于兽：在兽这个地方建国。兽，郭郛《注证》以为是"猷"字之讹。　⑦摇民：即因民国，即瑶民。　⑧戏：即易，有易。

【译】

有困民国，姓勾，以黍为食。图上画着王亥，两手拿着鸟，正在吃鸟的头。王亥把他的牛群和仆人托付给有易、河伯。有易杀了王亥，夺了他的牛群。后来王亥的后人上甲微来讨伐有易，河伯同情有易，让他潜逃出走，有易在叫"猷"的地方立国，图上画着他们正在吃猎获的野兽，他们就是瑶民。是帝舜分化出戏这一支又分化出瑶民这一族。

海内有两人①，名曰女丑②。女丑有大蟹③。

【注】

①两人：两个人。郭璞《注》："此乃有易所化者也。"郝懿行《笺疏》："盖一为摇民，一为女丑。"袁珂《校注》以为此句文字有脱误。　②女丑：袁珂《校注》以为女巫，安京《新考》以为即旱魃。郭璞《注》："即女丑之尸，言其变化无常也。然则一以涉化津而遁神域者，亦无往而不之，触感而寄迹矣。范蠡之伦，亦闻其风者也。"这也应是说图文字。③大蟹：巨蟹。

【译】

海内有两个人，名叫女丑。女丑附近区域有大蟹。

大荒之中有山，名曰孽摇頵羝[①]。上有扶木[②]，柱三百里[③]，其叶如芥[④]。有谷，曰温源谷[⑤]。汤谷上有扶木。一日方至，一日方出[⑥]，皆戴于乌[⑦]。

【注】

①孽摇頵（yūn）羝：山名，可能是外来语或方言的拟音。　②扶木：即扶桑树，传说中的神树。　③柱：犹立柱般高起，指高度。　④其叶如芥：叶子似芥菜。　⑤温源：即汤谷，温泉。　⑥一日方出：此句与上句意谓一个太阳到来，另一个太阳再出去。郭璞《注》："言交会相代也。"　⑦戴于乌：被三足乌负载着。

【译】

大荒之中有山，名叫孽摇頵羝。山上有扶木，高三百里，叶子像芥菜。有谷，名叫温源谷。汤谷上有扶木。一个太阳刚落下，一个太阳就升起，都负载在三足乌的身上。

有神，人面、犬耳[①]、兽身，珥两青蛇，名曰奢比尸[②]。有五采之鸟，相乡弃沙[③]，惟帝俊下友[④]。帝下两坛[⑤]，采鸟是司[⑥]。

【注】

①犬耳：《海外东经》作"大耳"，宋本正作"大耳"。　②奢比尸：龙虎族，见《海外东经》。　③相乡弃沙：相向起舞。弃沙，疑与

"婆娑"同音，盘旋而舞貌。　④惟帝俊下友：只有帝俊下临而与之为友。　⑤帝下两坛：言山下有帝舜祭坛两座。　⑥采鸟是司：五采鸟主管其事。

【译】

有神，长着人的面孔、大耳朵、野兽的身体，耳戴两条青蛇，名叫奢比尸。有五彩鸟，相向起舞，只有帝俊降临和它做朋友。山下有帝舜的祭坛两座，由五彩鸟掌管祭祀事宜。

大荒之中有山，名曰猗天苏门[①]，日月所生。有壎民之国[②]。有綦山[③]，又有摇山。有䰝山[④]，又有门户山，又有盛山，又有待山。有五采之鸟。

【注】

①猗天苏门：猗天苏门山。　②壎（xūn）民之国：善吹壎的部族。　③綦（qí）山：山名，或以为在河北沙县一带。　④䰝（zèng）山：山名。山形如䰝，故称。

【译】

在大荒之中有山，名叫猗天苏门，是日月升起的地方。有壎民国。有綦山，又有摇山。有䰝山，又有门户山，又有盛山，又有待山。有五彩神鸟。

东荒之中有山，名曰壑明俊疾[①]，日月所出。有中容之国。

【注】

①鳘明俊疾：山名，或是外来语或方言。

【译】

东面极远之地有山，名叫鳘明俊疾，是日月升起的地方。有中容国。

东北海外，又有三青马、三骓[①]、甘华。爰有遗玉、三青鸟、三骓、视肉[②]、甘华、甘柤，百谷所在[③]。

【注】

①骓：马苍白杂毛为骓。 ②视肉：郭郛《注证》以为是一种黏菌复合体，表面凹凸不平，似有眼。 ③百谷所在：百谷自生之地。

【译】

东北海外，又有三青马、三骓、甘华。这里有遗玉、三青鸟、三骓、视肉、甘华、甘柤，是百谷生长的地方。

有女和月母之国[①]，有人名曰鹓[②]。北方曰鹓，来之风曰狻[③]。是处东极隅以止日月。使无相间出没，司其短长[④]。

【注】

①女和月母之国：即女和统治的月母国，专司月，为羲和族。 ②鹓（yuān）：凤鸟。 ③狻（yǎn）：北方的风叫狻。 ④司其短长：职司日月之短长。

【译】

有女和月母国，神有名叫鹓。北方也叫鹓，吹来的风叫狻。他居处在最东面的角落节制日月。使它们的出入不杂乱无序，并掌管着时间的长短。

大荒东北隅中有山，名曰凶犁土丘。应龙处南极[①]，杀蚩尤与夸父[②]，不得复上[③]。故下数旱[④]，旱而为应龙之状[⑤]，乃得大雨。

【注】

①应龙：水神。郭璞《注》："龙有翼者也。"郝懿行《笺疏》："有翼曰应龙，见《广雅》。" ②蚩尤：上古部族首领，亦为神话传说中的兵神。郭璞《注》："作兵者。"郝懿行《笺疏》："蚩尤作兵，见《大荒北经》。" ③不得复上：应龙不能再上天。 ④故下数旱：因此人间地上屡屡干旱。郭璞《注》："上无复作雨者故也。" ⑤旱而为应龙之状：干旱时作应龙之形或像以祭之祈雨。郭璞《注》："今之土龙本此。气应自然冥感，非人所能为也。"

【译】

大荒东北角有座山，名叫凶犁土丘。应龙在南极，杀了蚩尤和夸父，使他们不能再上天去。所以地上总是干旱，人们遇旱就画应龙的形状以祭祀，便能求得降雨。

东海中有流波山[①]，入海七千里。其上有兽，状如牛，苍身而无角，一足，出入水则必风雨，其光如日月，其声如雷，其名曰夔[②]。黄帝得之，以其皮为鼓，橛以雷兽之骨[③]，声闻五百里，以威天下。

【注】

①流波山：郭郛《注证》说东海即渤海，流波山即今河北滦县九泉山，在渤海湾。 ②夔：传说中的神兽，可能是鳄鱼。 ③橛：敲击。雷兽：郭璞《注》："即雷神也。人面龙身，鼓其腹者。橛，犹击也。"

【译】

东海中有流波山，深入海中七千里。山上有一种兽，形状像牛，青黑色的身体，没有角，一只脚，出入水中必定带来风雨，发出的光像日月，声音像雷，名字叫夔。黄帝抓到了它，用它的皮做鼓，用雷兽之骨敲鼓，声音传出方圆五百里，用以威震天下。

卷十五　大荒南经

南海之外，赤水之西[①]，流沙之东[②]，有兽，左右有首。名曰跊踢[③]。有三青兽相并，名曰双双[④]。

【注】

①赤水：郭璞《注》谓“赤水出昆仑山”，郭郛《注证》以为是从云南流入越南的红河。　②流沙：河流，大约是因河水携带泥沙而得称。郭璞《注》谓“流沙出钟山也”。　③跊（chù）踢：兽名，可能是一种图腾。　④双双：三头相并的熊图腾。郭璞《注》：“言体合为一也。《公羊传》所云‘双双而俱至’者，盖谓此也。”

【译】

在南部大陆之外，赤水的西面，流沙的东面，有一种神兽，左右都有头，名叫跊踢。有三个青兽连体相合，名叫双双。

有阿山者[①]。南海之中，有泛天之山[②]，赤水穷焉。赤水之东，有苍梧之野，舜与叔均之所葬也[③]。爰有文贝[④]、离俞[⑤]、鸱久[⑥]、鹰贾[⑦]、委维[⑧]、熊、罴、象、虎、豹、狼、视肉。

【注】

①阿山：高大的山。　②泛天之山：泛天山，《西次三经》："昆仑之丘，赤水出焉，而东南流注于氾天之水。"即此山。　③叔均：后稷之孙，牛耕的发明者。郭璞《注》："商均也。舜巡狩死于苍梧而葬之，商均因留，死亦葬焉。墓今在九疑之中。"　④文贝：有花纹的贝壳。　⑤离俞：即离朱，郭郛《注证》以为是红腹锦鸡。　⑥鸱久：即鸺鹠。　⑦鹰贾：鹰的一种，或以为是乌鸦。　⑧委维：即委蛇，也就是蟒蛇。

【译】

有一座高耸入云的大山。南海之中有泛天山，赤水在这里终结。赤水的东面，有苍梧野，舜与叔均都葬在这里。这里有文贝、离俞、鸱久、鹰贾、委维、熊、罴、象、虎、豹、狼、视肉。

有荥山[①]，荥水出焉。黑水之南有玄蛇[②]，食麈[③]。

【注】

①荥山：张步天《山海经解》以为是融山，即招摇山，在湖南境内。②黑水：郭郛《注证》以为是都柳江。　③食麈（zhǔ）：吞食大型麋鹿。郭璞《注》："今南山蚒蛇吞鹿，亦此类。"

【译】

有荥山，荥江在这里发源。黑水的南面，有黑蛇，吃麋鹿。

有巫山者，西有黄鸟[①]。帝药[②]，八斋。黄鸟于巫山，司此玄蛇[3]。

【注】

①黄鸟：即皇鸟，凤凰。 ②帝药：不死之药。郭璞《注》："天帝神仙药在此也。" ③司此玄蛇：主管这黑蛇。

【译】

有一座巫山，西面有凤凰。是天帝不死神药生长的所在，有八个地方。凤鸟在巫山，管理这里的黑蛇。

大荒之中，有不庭之山[1]，荥水穷焉。有人三身，帝俊妻娥皇，生此三身之国[2]，姚姓，黍食，使四鸟[3]。有渊四方，四隅皆达[4]，北属黑水，南属大荒[5]。北旁名曰少和之渊，南旁名曰从渊[6]，舜之所浴也[7]。又有成山，甘水穷焉[8]。有季禺之国，颛顼之子[9]，食黍。有羽民之国，其民皆生毛羽。有卵民之国，其民皆生卵[10]。

【注】

①不庭之山：不庭山，据方位当在广东番禺一带。 ②三身之国：三身部族，是舜的后裔，姚姓。 ③使四鸟：驱使四鸟，这是鸟图腾部族的标志。 ④四隅皆达：四通八达。郭璞《注》："言渊四角皆旁通也。"或以为此渊为北部湾。 ⑤属：连接。 ⑥从渊：或作"纵渊"，或以为即连接南中国海的狭长海面通道。 ⑦舜之所浴：帝舜斋戒沐浴的地方。 ⑧甘水穷焉：甘水出甘山，至成山入海。穷，穷尽，指河流入海。 ⑨颛顼之子：帝颛顼的后裔。 ⑩生卵：即卵生，鸟图腾的羽人部族崇拜卵，或以为在今广西境。

【译】

大荒之中，有座不庭山，荥水在这里入海。这里部族之神长着三个身体，帝俊的妻子娥皇生了这三身族，姓姚，以黍为食，驱使四种鸟。有水渊呈方形，四个角都和陆地相通，向北连接黑水，向南连接大荒。北侧名叫少和渊，南侧名叫从渊，是帝舜沐浴斋戒的地方。又有成山，甘水至此入海。这里有颛顼的子孙建立的季禺之国，他们以黍为食。还有羽民国，其人以羽毛为饰。有卵民国，自称本族人都是卵生的。

大荒之中，有不姜之山，黑水穷焉①。又有贾山，汔水出焉。又有言山，又有登备之山②。有𢡺𢡺之山③。又有蒲山，澧水出焉④。又有隗山⑤，其西有丹，其东有玉。又南有山，漂水出焉⑥。有尾山，有翠山⑦。有盈民之国，於姓，黍食。又有人方食木叶。有不死之国，阿姓，甘木是食⑧。

【注】

①黑水穷焉：指黑水至不姜山入海。　②登备之山：即登葆山，群巫所从上下之处。　③𢡺（qì）𢡺之山：𢡺𢡺山，或以为在鄂、川、湘交界处。　④澧水：即澧江，流经今湖南、湖北二省。　⑤隗（guī）山：可能是湖南洪江市马鞍山，为沅水上源之一。　⑥漂水：袁珂《校注》谓吴宽、何焯校本并作“溧水”，可能是湖南衡阳市境之栗江，湘江的支流。　⑦翠山：长满树木的山，或者是有翠鸟的山。郭璞《注》：“言此山有翠鸟也。”　⑧甘木：即传说中的不死树，人食其实可长生不老。或以为是甘蔗。

【译】

大荒之中，有一座不姜山，黑水在这里入海。又有贾山，汔水在这里发源。又有言山，又有群巫上天下天的登备山。有恝恝山。又有蒲山，澧水在这里发源。又有隗山，它的西面有丹砂，东面产玉。更南面还有山，漂水在这里发源。有尾山，有翠山。有盈民国，於姓，以黍为食。又有人正在吃树叶。有不死国，阿姓，以甘木为食。

大荒之中有山，名曰去痓[①]。南极果[②]，北不成，去痓果[③]。

【注】

①去痓（chì）：可能是广西境内的大瑶山，因山上多生罗汉果（去痓）而称为去痓山。　②南极果：即南结果，意谓山南雌株结果，山阴之树不结果。　③去痓果：即罗汉果，因能去“风痓”病，故称去痓果。

【译】

大荒之中有山，名叫去痓。南面的雌株结果，北面山阴之树不结果，这就是去痓果。

南海渚中，有神，人面，珥两青蛇，践两赤蛇，曰不廷胡余[①]。有神名曰因因乎[②]，南方曰因乎，夸风曰乎民[③]，处南极以出入风。

【注】

①不廷胡余：神名。　②因因乎：风神，名字模拟风触物之

声。　③夸风：可能是“来风”之讹。

【译】

南海岛中有神，长着人的面孔，耳戴两条青蛇，脚踩两条赤蛇，叫不廷胡余。有神名叫因因乎，南方叫因乎，来风叫乎民，住在南极，掌管风的出入。

有襄山，又有重阴之山①。有人食兽，曰季厘②。帝俊生季厘，故曰季厘之国。有缗渊③。少昊生倍伐，倍伐降处缗渊。有水四方，名曰俊坛④。

【注】

①重阴之山：重阴山，按方位可能在广西近海地区。　②季厘：高辛氏帝喾八才子之一。　③缗（mín）渊：郝懿行《笺疏》以为即《竹书纪年》所载的为夏所灭的有缗部族。　④俊坛：帝俊之坛。郭璞《注》：“水状如土坛，因名舜坛也。”

【译】

有襄山，又有重阴山。有人吞吃兽类，名叫季厘。帝俊生季厘，所以叫季厘国。有缗渊。少昊氏生倍伐，倍伐住在缗渊。有水坛是四方形的，名叫俊坛。

有臷民之国①。帝舜生无淫，降臷处，是谓巫臷民。巫臷民朌姓，食谷，不绩不经，服也②；不稼不穑，食也③。爰有歌舞之鸟，鸾鸟自歌，凤鸟自舞。爰有百兽，相群爰处，百谷所聚。

【注】

①臷民之国：部族名，其族人肤色黄。通行本作“臷民”，毕沅《新校正》作“䖒民”。臷国已见《海外南经》，郭郛《注证》以为是朱鸢图腾部族。这是一处乐园。 ②不绩不经：不绩麻不织布。郭璞《注》：“言自然有布帛也。” ③不稼不穑：指不种庄稼，物产丰富，足以为食。郭璞《注》：“言五谷自生也。种之为稼，收之为穑。”

【译】

有臷民国。帝舜生无淫，居住在臷，成为巫臷民。巫臷民姓朌，吃谷类，不纺不织却有衣服穿，不种不收却有粮食吃。这里有能歌善舞的鸟，鸾鸟自在地歌唱，凤鸟自在地起舞。这里有各种野兽，合群而居，各种谷物在这里汇聚生长。

大荒之中有山，名曰融天[①]，海水南入焉[②]。

【注】

①融天：融天山，据方位可能在广西南部。 ②海水南入：海水将南面的山淹没。郝懿行《笺疏》曰：“海所泻处，必有归虚、尾闾为之孔穴，地脉潜通，故曰入也。”

【译】

大荒之中有山，名叫融天，海水把南面的山都淹没了。

有人曰凿齿[①]，羿杀之[②]。

【注】

①凿齿：凿齿之族，有凿齿的风俗。 ②杀之：射杀之。

【译】

有人叫凿齿，羿用箭射杀了他。

有蜮山者，有蜮民之国[①]，桑姓，食黍，射蜮是食[②]。有人方扜弓射黄蛇[③]，名曰蜮人。

【注】

①蜮（yù）民之国：郭郛《注证》以为以射杀青蛙为食的部族。蜮，青蛙。郭璞《注》以为“短狐也，似鳖。含沙射人，中之则病死”，非是。 ②射蜮是食：射杀青蛙为食。 ③扜（yū）：挽持。

【译】

有蜮山，山上有蜮民国，姓桑，吃黍，也吃射杀的青蛙。有人正弯弓射黄蛇，名叫蜮人。

有宋山者，有赤蛇，名曰育蛇。有木生山上，名曰枫木。枫木，蚩尤所弃其桎梏[①]，是谓枫木[②]。有人方齿、虎尾，名曰祖状之尸[③]。

【注】

①桎梏：木制缚手足的刑具。郭璞《注》：“蚩尤为黄帝所得，械而杀之。已摘弃其械，化而为树也。” ②枫木：即枫树，学名枫香树，为苗族的神树。 ③祖状之尸：祖状神尸。

【译】

有宋山，山上有红色的蛇，名叫育蛇。山上长着一种树木，名叫枫木。枫木，是蚩尤所遗弃的刑具所化生，这就是枫木。有人长着方的牙齿、虎的尾巴，名叫祖状之尸。

有小人，名曰焦侥之国[①]，几姓，嘉谷是食。

【注】

①焦侥之国：《海外南经》之焦侥国。

【译】

有小个儿的人，名叫焦侥国，姓几，吃嘉谷。

大荒之中有山，名死涂之山[①]，青水穷焉[②]。有云雨之山，有木名曰栾。禹攻云雨[③]，有赤石焉生栾[④]，黄本，赤枝，青叶，群帝焉取药[⑤]。

【注】

①死涂之山：即朽涂之山，可能是贵州省境的大娄山。　②青水：可能是贵州省境之清水江。　③攻云雨：在云雨山砍伐林木。攻，伐木。　④有赤石焉生栾：红色的山石上生出栾树。郭璞《注》："言山有精灵，复变生此木于赤石之上。"　⑤群帝焉取药：众天神在此栾树上采药。郭璞《注》："言树花实皆为神药。"

【译】

大荒之中，有座山名叫朽涂山，青水穷尽于此。有云雨山，有树木名叫栾树。禹砍伐云雨山上的树木，有红色石头上生长着栾树，这种树有黄色的根，红色的枝，青色的叶子，群帝在这里取药。

有国曰颛顼，生伯服，食黍。有鼬姓之国[①]。有苕山，又有宗山。又有姓山，又有壑山。又有陈州山，又有东州山。又有白水山，白水出焉，而生白渊，昆吾之师所浴也[②]。

【注】

①鼬（yòu）姓之国：鼬是黄鼠狼，此指以黄鼠狼为图腾的部族。　②昆吾：郝懿行《笺疏》以为是古诸侯名。

【译】

有部族名叫颛顼，分化生伯服一族，吃黍。有鼬姓国。有苕山，又有宗山。又有姓山，又有壑山。又有陈州山，又有东州山。又有白水山，白水在这里发源，形成白渊，是昆吾之师洗澡的地方。

有人名曰张宏，在海上捕鱼。海中有张宏之国[①]。食鱼，使四鸟。有人焉，鸟喙，有翼，方捕鱼于海。

【注】

①张宏之国：张宏即长肱，即《海外南经》之长臂人，善捕鱼。

【译】

有人叫张宏，在海上捕鱼。海中有长臂国。那里的人吃鱼，驱使四种鸟。有人长着鸟嘴，有翅膀，正在海上捕鱼。

大荒之中有人，名曰驩头。鲧妻士敬，士敬子曰炎融，生驩头。驩头人面鸟喙，有翼，食海中鱼，杖翼而行[①]。维宜芑苣[②]，穋杨是食[③]。有驩头之国。

【注】

①杖翼而行：以手杖为翼飞行。郭璞《注》："翅不可以飞，倚杖之用行而已。"　②维宜芑苣：只适合种芑苣。芑，黑黍。苣，莴苣。　③穋杨是食：吃野荞麦和杨树叶。

【译】

大荒之中有人，名叫驩头。鲧娶了士敬，士敬的儿子叫炎融，生了驩头。驩头长着人的面孔、鸟的嘴，有翅膀，吃海里的鱼，用翅膀当拐杖行走。又吃黑黍、莴苣，吃野荞麦和杨树叶。有驩头国。

帝尧、帝喾、帝舜葬于岳山[①]。爰有文贝、离俞、鸱久、鹰贾、延维、视肉、熊、罴、虎、豹；朱木，赤枝，青华，玄实。

【注】

①岳山：即狄山，见《海外南经》，在湖南省境。毕沅《新校注》："此似释《海外南经》狄山也。"

【译】

帝尧、帝喾、帝舜葬在岳山。这里有文贝、离俞、鸱久、鹰贾、延维、视肉、熊、罴、虎、豹；朱木，红色的枝，青色的华，黑色的果实。

有申山者。大荒之中有山，名曰天台高山[①]，海水出焉。

【注】

①天台高山：可能是江苏连云港云台山。

【译】

有一座卑山。大荒之中有山，名叫天台高山，有海水流进这座山。

东南海之外，甘水之间，有羲和之国。有女子名曰羲和①，方日浴于甘渊。羲和者，帝俊之妻，生十日②。

【注】

①羲和：天神名，为帝俊之妻。郭璞《注》："盖天地始生，主日月者也。故《启筮》曰：'空桑之苍苍，八极之既张，乃有夫羲和，是主日月，职出入，以为晦明。'又曰：'瞻彼上天，一明一晦，有夫羲和之子，出于旸谷。'故尧因此而立羲和之官，以主四时，其后世遂为此国。作日月之象而掌之，沐浴运转之于甘水中，以效其出入旸谷、虞渊也，所谓世不失职耳。" ②生十日：生了十个太阳。郭璞《注》："言生十子，各以日名名之，故言生十日，数十也。"

【译】

东南海之外，甘水之间，有羲和国。有个女子名叫羲和，正在甘渊给太阳洗澡。羲和是帝俊的妻子，生了十个太阳。

有盖犹之山者。其上有甘柤，枝干皆赤，黄叶，白华，黑实。东又有甘华，枝干皆赤，黄叶。有青马。有赤马，名曰三骓。有视肉。

【译】

有盖犹山。山上有甘柤，枝干都是红色的，黄叶，白花，黑色的果实。东面又有甘华，枝干都是红色的，叶子黄色。有青马。有红马，名叫三骓。有视肉。

有小人名曰菌人[①]。

【注】

①菌人：矮人。毕沅《新校正》曰："此即《大荒东经》靖人也。"

【译】

有小人名叫菌人。

有南类之山[①]。爰有遗玉、青马、三骓、视肉、甘华，百谷所在。

【注】

①南类之山：南类山，袁珂《校注》说："即《海外北经》平丘。"可能是中南半岛一带的山。

【译】

有南类山。这里有遗玉、青马、三骓、视肉、甘华，是百谷生长的地方。

卷十六　大荒西经

西北海之外，大荒之隅，有山而不合[①]，名曰不周负子[②]。有两黄兽守之。有水曰寒暑之水[③]。水西有湿山[④]，水东有幕山[⑤]。有禹攻共工国山[⑥]。

【注】

①不合：有缺口。　②不周负子：不周山，又见于《西次三经》。郭璞《注》引《淮南子》曰："昔者共工与颛顼争帝，怒而触不周之山，天维绝，地柱折。"故此山缺坏不周匝。　③寒暑之水：间歇性温泉，冷热水交替而出。　④湿山：山在寒暑之水西侧。　⑤幕山：在寒暑之水东测。　⑥有禹攻共工国山：大禹攻打共工氏部族的地方。郭璞《注》："言攻其国，杀其臣相柳于此山。《启筮》曰：'共工，人面，蛇身，朱发也。'"

【译】

西北海之外，大荒的角落，有一座有缺口而不合的山，名叫不周负子。有两只黄兽看守着。有河叫寒暑水。河的西面有湿山，东面有幕山。有禹攻打过共工国之山。

有国名曰淑士，颛顼之子[①]。

【注】

①颛项之子：帝颛项高阳氏的后裔。

【译】

有一部族名叫淑士，是颛项的后代。

有神十人，名曰女娲之肠[①]，化为神，处栗广之野[②]，横道而处[③]。有人名曰石夷，来风曰韦[④]，处西北隅，以司日月之长短[⑤]。有五采之鸟，有冠，名曰狂鸟[⑥]。有大泽之长山[⑦]。有白氏之国[⑧]。

【注】

①女娲之肠：或作“女娲之腹”。郭璞《注》谓女娲：“古神女而帝者，人面蛇身。一日中七十变，其腹化为此神。” ②栗广之野：叫栗广的原野，或以为即西域之康居。 ③横道而处：居于道路旁。 ④来风：即西风。来，或作“本”。 ⑤司日月之长短：掌管日月运行之节度。郭璞《注》：“言察日月晷度之节。” ⑥狂鸟：鹰的一种，以田鼠为食。郭璞《注》引《尔雅》云“狂，梦鸟即此也”。 ⑦长山：神山。或以为即天山山脉或阿尔吉斯山。 ⑧白氏之国：即白民国，已见《海外西经》。

【译】

有十位神，名叫女娲之肠，化作神，居住在栗广野，横在道路上。有人名叫石夷，来风叫韦，在西北角掌管日月光影的长短。有五彩鸟，头上有冠，名叫狂鸟。有大泽中的长山。有白氏国。

西北海之外，赤水之东[①]，有长胫之国[②]。

【注】

①赤水：郭郛《注证》谓可能是鄂尔齐斯河。　②长胫之国：长股国，或以为是脚踩高跷的氏族。郭璞《注》："脚长三丈。"郝懿行《笺疏》："长胫即长股。"毕沅《新校正》以为此条"释《海外西经》长股国"。

【译】

西北极远处之外，赤水的东面，有长胫国。

有西周之国，姬姓，食谷。有人方耕，名曰叔均。帝俊生后稷[①]，稷降以百谷。稷之弟曰台玺[②]，生叔均。叔均是代其父及稷播百谷，始作耕[③]。有赤国妻氏[④]。有双山[⑤]。

【注】

①帝俊：天帝，即舜。后稷：司百谷之神。　②台玺：姬姓部族的一支。台，即邰，因居邰而得名。　③始作耕：发明了牛耕。　④赤国妻氏：据居住于赤水流域的周人女性始祖姜原之族，即《海内经》之"大比赤阴"。参张春生《山海经研究》。　⑤双山：双峰山。

【译】

有西方的周国，姓姬，吃谷类。图上画有人正在耕作，名叫叔均。帝俊生后稷，后稷从天上带下百谷。稷的弟弟叫台玺，生了叔均，叔均替代他的父亲和稷播种百谷，开始从事耕种。有赤水之南的姜姓部族。有双峰山。

西海之外[①]，大荒之中，有方山者[②]，上有青树，名曰柜格之松[3]，日月所出入也。

【注】

①西海：即青海湖。　②方山：或以为是青海湖西宗务隆山，即日月山。　③柜格之松：神树，日月栖于其上。柜，榘字省文。

【译】

西海之外，大荒之中，有方山，山上有青树，名叫柜格之松，是日月出入的地方。

西北海之外，赤水之西，有天民之国，食谷，使四鸟。有北狄之国。黄帝之孙曰始均，始均生北狄。有芒山，有桂山，有榣山[1]。其上有人，号曰太子长琴。颛顼生老童[2]，老童生祝融[3]，祝融生太子长琴，是处榣山，始作乐风[4]。有五采鸟三名：一曰皇鸟，一曰鸾鸟，一曰凤鸟。有虫状如菟，胸以后者裸不见[5]，青如蝯状[6]。

【注】

①桂山、榣（yáo）山：郭璞《注》："此山多桂及榣木，因名云耳。"②老童：楚人先祖，亦为神，居骢山，已见《西次三经》。《世本》云："颛顼娶于滕墳氏，谓之女禄，产老童也。"　③祝融：即重黎，高辛氏火正，号祝融。　④始作乐风：开始创制音乐曲调。　⑤胸以后者裸不见：胸以后隐而不见。郭璞《注》："言皮色青，故不见其裸露处。"　⑥青如蝯状：体青色如鼠兔的样子。蝯，鼠兔，哺乳纲，鼠兔科，以野草为食，善于掘土，无尾，灰褐色。

【译】

西北海之外，赤水的西面，有天民国，那里的人们以谷为食，驱使四种鸟。有北狄国。黄帝之孙叫始均，始均生北狄。有芒山，有桂山，有榣山。山上有人，叫作太子长琴。颛顼生老童，老童生祝融，祝融生太子长琴，住在榣山，他发明了音乐曲调。有一种五彩鸟三个名：一名叫皇鸟，一名叫鸾鸟，一名叫凤鸟。有虫形状像兔子，胸以后裸露的部分看不见，颜色是青色的，像鼠兔的样子。

大荒之中有山，名曰丰沮玉门①，日月所入。有灵山②，巫咸、巫即、巫朌、巫彭、巫姑、巫真、巫礼、巫抵、巫谢、巫罗十巫，从此升降③，百药爰在。

【注】

①丰沮玉门：山名，在西北河西走廊地区，是观测日月的观测点。②灵山：在丰沮玉门附近。　③升降：上下。群巫上下此山采药。毕沅《新校正》谓此条“似释《海外西经》巫咸国也。”

【译】

大荒之中有山，名叫丰沮玉门，是日月落下的地方。有灵山，巫咸、巫即、巫朌、巫彭、巫姑、巫真、巫礼、巫抵、巫谢、巫罗十个巫师，他们从这里上天下地，各种各样的神药都生长在这里。

西有王母之山①、壑山、海山②。有沃之国③，沃民是处。沃之野，凤鸟之卵是食，甘露是饮。凡其所欲，其味尽存④。爰有甘华、甘柤、白柳、视肉、三骓、璇瑰⑤、瑶碧、白木[⑥]、琅玕、白丹、青丹[⑦]，多银、铁。鸾鸟自歌，凤鸟自舞，爰有百兽，相群是处，是谓沃之野。有三青鸟，赤首黑目，一名曰大鵹[⑧]，一名少鵹，一名曰青鸟[⑨]。有轩辕之台，射者不敢西向射，畏轩辕之台[⑩]。

【注】

①西有王母之山：当为“有西王母之山”。　②海山：神山。此上王母之山、壑山，郭璞《注》以为“皆群大灵之山”。或以为均在青海境内。　③有沃之国：土地肥沃之国，神话中的乐园。　④其味尽存：各种美味都有。郭璞《注》：“言其所愿滋味，此无所不备。”郝懿行《笺疏》：“《海外西经》诸夭之野与此同。”　⑤璇瑰：美玉。《穆天子传》曰：“枝斯璇瑰。”　⑥白木：白乳木，折断嫩枝，树皮下有白色乳汁，有特殊气味。　⑦青丹：黑色丹砂。丹指硫化汞，后也指长生药和点金药。　⑧大鵹（lí）：大鹈鹕。　⑨青鸟：绿尾虹雉。此三鸟皆为西王母所使。　⑩畏轩辕之台：敬畏黄帝之坛。

【译】

西有王母山、壑山、海山。有沃之国，沃民生活在这里。在沃野之中，凤鸟的蛋可以吃，甘露可以喝。凡是想吃的东西，这里应有尽有。这里有甘华、甘柤、白柳、视肉、三骓、璇瑰、瑶碧、白木、琅玕、白丹、青丹，多银矿和铁矿。鸾鸟自在地歌唱，凤鸟自在地起舞，这里有百兽，群居而处，这就是乐园沃野。有三只青鸟，红头黑眼，一只名叫大鵹，一只名叫少鵹，一只名叫青鸟。有轩辕台，射箭的人不敢向西射，是因为崇敬轩辕台的缘故。

大荒之中有龙山①，日月所入。有三泽水②，名曰三淖，昆吾之所食也③。有人衣青，以袂蔽面④，名曰女丑之尸。

【注】

①龙山：即日月山，在青海乐都以北。天文学家认为此山是上古时代观测日月所入的坐标山。　②三泽水：三处湖水。其地也在今青海境内。　③昆吾之所食：昆吾部族安身立命的所在。郭璞《注》引《穆天子传》曰："滔水，浊繇氏之所食，亦此类也。"昆吾，上古时代善炼金属的部族。　④袂：衣袖。《海外西经》云"以右手障其面"。毕沅《新校正》谓此节"似释《海外西经》女丑之尸也。"

【译】

大荒之中有龙山，是日月落下的地方。有三泽水，名叫三淖，是昆吾族安居仰食的地方。有人穿着青色的衣服，用袖子遮着脸，名叫女丑之尸。

有女子之国①。

【注】

①女子之国：即女儿国。郭璞《注》："王颀至沃沮国，尽东界，问其耆老，曰：'国人尝乘船捕鱼遭风，见吹数十日，东一国，在大海中，纯女无男。'即此国也。"

【译】

有女儿国。

有桃山，有寅山，有桂山，有于土山。

【译】

有桃山，有蝱山，有桂山，有于土山。

有丈夫之国[①]。

【注】

①丈夫之国：丈夫国，是父系氏族部落。郭璞《注》："其国无妇人也。"

【译】

有丈夫国。

有弇州之山[①]，五采之鸟仰天[②]，名曰鸣鸟[③]。爰有百乐歌舞之风[④]。

【注】

①弇（yān）州之山：弇山，崦嵫山。　②仰天：鸟交配前的姿势。郭璞《注》："张口嘘天。"　③鸣鸟：孟鸟。　④爰有百乐歌舞之风：有氏族聚会歌舞的风俗。

【译】

有弇州山，五彩鸟抬头张口仰天鸣叫，名叫鸣鸟。这里的人喜好歌舞，善作乐曲，成为一种风俗。

有轩辕之国[①]，江山之南栖为吉[②]。不寿者乃八百岁[③]。

【注】

①轩辕之国：黄帝之国。郝懿行《笺疏》："人面蛇身，尾交首上，见《海外西经》。"　②江山之南栖为吉：居山的南面吉祥。郭璞《注》：

“即穷山之际也。山居为栖，吉者言无凶夭。”郝懿行《笺疏》：“轩辕国在穷山之际，已见《海外西经》。” ③不寿者乃八百岁：不长寿的能活八百岁，寿者数千岁，亦见《海外西经》。故毕沅《新校正》以为释《海外西经》轩辕国。

【译】

有黄帝轩辕氏之国，住在江山的南面十分吉利。不长寿的寿八百岁。

西海陼中有神[①]，人面鸟身，珥两青蛇，践两赤蛇，名曰弇兹。

【注】

①陼（zhǔ）中：小洲上。《尔雅》云：“小洲曰陼。”

【译】

青海湖水间小洲上有一位神，长着人的面孔鸟的身体，耳戴两条青蛇，脚踩两条赤蛇，名叫弇兹。

大荒之中有山，名曰日月山，天枢也。吴姖天门，日月所入。有神，人面无臂，两足反属于头山[①]，名曰嘘[②]。颛顼生老童，老童生重及黎[③]。帝令重献上天[④]，令黎卬下地[⑤]，下地是生噎，处于西极，以行日月星辰之行次[⑥]。

【注】

①头山：“山”当为“上”之讹。 ②嘘：唏嘘。 ③老童生重及黎：老童生了重和黎。《世本》云：“老童娶于根水氏，谓之骄福，产重及黎。” ④帝令重献上天：天帝命令重职司天。郭璞《注》：“古者人

神杂扰无别，颛顼乃命南正重司天以属神，命火正黎司地以属民。重实上天，黎实下地。献、卬，义未详也。” ⑤令黎卬（qióng）下地：命令黎镇守大地。 ⑥行日月星辰之行次：主掌观察安排日月星辰的运行度数次舍之所。

【译】

大荒之中有山，名叫日月山，是天界的枢纽。吴姬天门，是日月进入的地方。有一个神，长着人的面孔，没有手臂，两脚反生在头上，名叫嘘。颛顼生老童，老童生重和黎。天帝命令重职司天，命令黎主管地，黎主管地后生了噎，住在西极，管理日月星辰的运行。

有人反臂，名曰天虞[①]。有女子方浴月。帝俊妻常羲，生月十有二，此始浴之[②]。有玄丹之山[③]，有五色之鸟，人面有发。爰有青鸾[④]、黄鹜[⑤]，青鸟、黄鸟，其所集者其国亡。有池，名孟翼之攻颛顼之池[⑥]。

【注】

①天虞：部族名，郭璞《注》：“即尸虞也。” ②此始浴之：从此开始浴月，可能是某种有关月亮的巫术仪式。 ③玄丹之山：出黑丹的山。 ④青鸾（wén）：鹊鹞，属鹰科。 ⑤黄鹜（áo）：黄爪隼，属隼科。 ⑥孟翼：猛禽名，这里是指鸟图腾族。毕沅《新校正》谓此节“似释《海外西经》鸾鸟鶬鸟也。”

【译】

有人手臂反生，名叫天虞。有女子正给月亮洗澡。帝俊的妻子常羲，生了十二个月亮，在这里开始给他们洗澡。有玄丹山，有五色鸟，长着人的面孔，有头发。这里有青鸾、黄鹜，青鸟、黄鸟，它们聚集的地方该国会灭亡。有池，名叫孟翼之攻打颛项之池。

大荒之中有山，名鏖鏊钜[1]，日月所入者。有兽，左右有首，名曰屏蓬[2]。有巫山者。有壑山者。有金门之山，有人名曰黄姫之尸。有比翼之鸟。有白鸟[3]，青翼，黄尾，玄喙。有赤犬，名曰天犬[4]，其所下者有兵。

【注】

①鏖鏊（áo ào）钜：山名，也是观测日月运行的坐标。　②屏蓬：即并封，图腾，前后都长着头的猪，雌雄同体。郭璞《注》：“即并封也，语有轻重耳。”　③白鸟：一种奇鸟，也是图腾。　④天犬：天狗，这里也是指图腾。郭璞《注》引《周书》云：“天狗所止地，尽倾余光，烛天为流星，长数十丈。其疾如风，其声如雷，其光如电。吴楚七国反时，吠过梁国者是也。”郝懿行《笺疏》以为：“赤犬名天犬，此自兽名，亦如《西次三经》阴山有兽名天狗耳，郭注以天狗星当之，似误也。其引《周书》《逸周书》无之。”

【译】

大荒之中有山，名叫鏖鏊钜山，是日月落下的地方。有一种兽，左右有头，名叫屏蓬。有巫山。有壑山。有金门山，有人名叫黄姫之尸。有比翼鸟。有白鸟，青色的翅膀，黄色的尾巴，黑色的嘴。有红狗，名叫天犬，它出现的地方会有战争。

西海之南，流沙之滨，赤水之后，黑水之前，有大山，名曰昆仑之丘。有神，人面虎身，有文有尾①，皆白，处之。其下有弱水之渊环之②，其外有炎火之山③，投物辄然。有人戴胜④，虎齿，豹尾，穴处，名曰西王母⑤。此山万物尽有。

【注】

①有文有尾：身上有花纹且长着尾巴。　②弱水之渊：昆仑弱水，其水不胜鸿毛，故称。　③炎火之山：火焰山，在新疆吐鲁番一带，山体呈红色，如火焰。郭璞《注》："今去扶南东万里，有耆薄国。东复五千里许，有火山国。其山虽霖雨，火常然。火中有白鼠，时出山边求食，人捕得之，以毛作布，今之火浣布是也。即此山之类。"　④胜：玉胜，即面具。　⑤西王母：西方西王母部落首领。郭璞《注》："《河图玉版》亦曰：'西王母居昆仑之山。'《西山经》曰：'西王母居玉山。'《穆天子传》曰：'乃纪名迹于弇山之石，曰西王母之山也。'然则西王母虽以昆仑之宫，亦自有离宫别窟，游息之处，不专住一山也，故记事者各举所见而言之。"

【译】

西海的南面，流沙的边上，赤水的后面，黑水的前面有座大山，名叫昆仑丘。有一个神，长得人面虎身，有纹理，有尾巴，都是白色的。在这里，下面有弱水渊环绕，外面有炎火山，把东西扔进去马上就会燃烧。有人戴着面具，长着虎的牙齿，豹子的尾巴，住在洞穴里，名叫西王母。这座山里应有尽有。

大荒之中有山，名曰常阳之山①，日月所入。

【注】

①常阳之山：毕沅《新校正》谓："此似释《海外经》形天葬常羊之山也。"也是上古人们观测日月所出入的坐标山。

【译】

大荒之中有山，名叫常阳山，是日月落下的地方。

有寒荒之国，有二人曰女祭、女蔑①。

【注】

①女蔑：即女戚，祀神的女巫。

【译】

有寒荒国，有两个女祭司，叫女祭、女蔑。

有寿麻之国①。南岳娶州山女，名曰女虔。女虔生季格，季格生寿麻。寿麻正立无景②，疾呼无响③。爰有大暑④，不可以往⑤。

【注】

①寿麻之国：寿麻国，在葱岭或帕米尔高原的南面。《吕氏春秋·任数》曰："南服寿麻，北怀阘耳。"高诱注谓寿麻为西极之国。故郝懿行《笺疏》以为"南"当为"西"字之讹。　②正立无景：指因太阳直射而使正立时人影在脚下，这是赤道附近的常见景象。　③疾呼无响：大声呼喊却听不到回声。《淮南子·地形训》："建木日中无景，呼而无响。"　④爰有大暑：那里气温很高。　⑤不可以往：人不能去那里，因为太热。

【译】

有寿麻国。南岳娶了州山女子，名叫女虔。女虔生了季格，季格生了寿麻。寿麻站在太阳底下看不到自己的影子，大声呼喊听不到声音。这里非常热，人无法忍受高温，不可以去。

有人无首，操戈盾立，名曰夏耕之尸[①]。故成汤伐夏桀于章山[②]，克之，斩耕厥前[③]。耕既立，无首，走厥咎[④]，乃降于巫山[⑤]。

【注】

①夏耕之尸：夏耕的神尸。尸，祭祀时扮演受祭者的人或木偶。郭璞以为“亦形天尸之类”。　②章山：山名，是成汤讨伐夏桀之地。　③厥前：夏桀面前。　④走厥咎：走而避其罪。　⑤降于巫山：郭璞《注》：“自窜于巫山。巫山，今在建平巫县。”此节毕沅《新校正》本连上节，今据郭注本分。

【译】

有人没有头，拿着戈和盾站着，名叫夏耕之尸。当年成汤在章山讨伐夏桀，获得了胜利，杀死了耕。耕又站了起来，却没了头，畏罪潜逃，就来到了巫山。

有人名曰吴回[①]，奇左[②]，是无右臂。有盖山之国。有树，赤皮支干，青叶，名曰朱木[③]。

【注】

①吴回：老童之子，亦为火正。　②奇左：只有左臂。　②朱木：

即红木。或作朱威木。朱木，亦见《大荒南经》。

【译】

有人名叫吴回，只有左臂，没有右臂。有盖山国。有一种树，树皮和枝干都是红色，叶子青色，名叫朱木。

有一臂民[①]。

【注】

①一臂民：即一臂国人，已见《海外西经》。可能是图上所画人侧立时的形象，非只有一臂。

【译】

有一臂国的人。

大荒之中有山，名曰大荒之山，日月所入。有人焉三面，是颛顼之子，三面一臂[①]，三面之人不死[②]。是谓大荒之野。

【注】

①一臂：无左臂也。　②不死：长生不死。

【译】

大荒之中有山，名叫大荒山，是日月落下的地方。有人一身三面，是颛顼的后代，长着三张面孔、一条手臂，三面人长生不死。这里称为大荒野。

西南海之外，赤水之南，流沙之西，有人珥两青蛇，乘两龙，名曰夏后开[①]。开上三嫔于天[②]，得《九辩》与《九歌》以下[③]。此天穆之野[④]，高二千仞，开焉得始歌《九招》[⑤]。

【注】

①夏后开：即禹的儿子夏启。　②嫔：妇人。言献美女于天帝。　③《九辩》与《九歌》：传说中的天帝之乐。郭璞《注》："皆天帝乐名也，开登天而窃以下用之也。《开筮》曰：'昔彼《九冥》，是与帝《辩》同宫之序，是为《九歌》。'又曰：'不可窃《辩》与《九歌》以国于下。'义具见于《归藏》也。"　④天穆之野：颛顼旧居。郝懿行《笺疏》："《竹书》云：'帝颛顼三十年，帝产伯鲧，居天穆之野。'"　⑤《九招》：乐曲名。《竹书纪年》："夏后开舞《九招》也。"

【译】

西南海外，赤水的南面，流沙的西面，有人耳戴两条青蛇，驾驭两条龙，名叫夏后启。夏后启进献三个美女以祭天帝，得到《九辩》与《九歌》后从天上来到这里。这里是天穆之野，高两千仞，启首次在这里奏唱《九招》。

有互人之国[①]。人面鱼身，炎帝之孙[②]，名曰灵恝[③]，灵恝生互人，是能上下于天[④]。有鱼偏枯，名曰鱼妇。颛顼死即复苏[⑤]。风道北来[⑥]，天乃大水泉[⑦]，蛇乃化为鱼，是谓鱼妇。颛顼死即复苏。

【注】

①互人之国：郝懿行《笺疏》以为即《海内南经》之氐人国，氐、互二字形近致讹。　②炎帝：即神农氏。　③灵恝：即神恝，炎

帝之孙。　④上下于天：言能乘腾云驾雾上下于天地。　⑤死即复苏：死而能复生。郭璞《注》："言其人能变化也。"　⑥风道北来：风从北方吹来。道，犹从也。《韩非子·十过》："有玄鹤二入，道南门来集于郎门之垝。"　⑦天乃大水泉：天于是降雨如泉。郭璞《注》："言泉水得风暴溢出。"

【译】

有互人国。生得人面鱼身，炎帝之孙名叫灵恝，灵恝生互人，能腾云驾雾上天下地。有半人半鱼者，名叫鱼妇。颛顼死后立刻复苏。风从北面吹来，天上大雨倾盆，蛇于是化成鱼，这就是鱼妇。颛顼死后立刻复苏。

有青鸟，身黄，赤足，六首，名曰鸀鸟①。有大巫山者②。有金之山。西南大荒之中隅，有偏句、常羊之山③。

【注】

①鸀（chù）：即山乌，又称山鸦。　②大巫山：可能在川青高原一带。　③偏句：即《淮南子·地形训》所载之"编驹之山"。常羊：山名。此二山在今青海、四川境内。

【译】

有青鸟，身体黄色，脚红色，六个头，名叫鸀鸟。有大巫山。有金山。西南大荒的中部，有偏句山、常羊山。

卷十七　大荒北经

东北海之外，大荒之中，河水之间[①]，附禺之山[②]，帝颛顼与九嫔葬焉[③]。爰有鸱久、文贝、离俞、鸾鸟、皇鸟、大物、小物[④]。有青鸟、琅鸟[⑤]、玄鸟、黄鸟、虎、豹、熊、罴、黄蛇、视肉、璿瑰、瑶碧，皆出卫于山[⑥]。丘方员三百里，丘南帝俊竹林在焉[⑦]，大可为舟[⑧]。竹南有赤泽水[⑨]。名曰封渊[⑩]。有三桑无枝[⑪]。丘西有沉渊[⑫]，颛顼所浴。

【注】

①河水之间：黄河流经之地。河，黄河。　②附禺之山：郝懿行《笺疏》以为即《海外北经》之务隅山，帝颛顼的葬所。或以为在河南濮阳一带。　③葬：指衣冠冢。郭璞《注》："此皆殊俗，义所作冢。"　④大物、小物：指各类殉葬品。　⑤琅鸟：黄莺，或相思鸟。　⑥卫于山：郝懿行《笺疏》校作"于卫山"。卫山，即卫丘。　⑦帝俊：鸟图腾部族首领，即舜。　⑧大可为舟：竹子粗大可以造船。郭璞《注》："言舜林中竹一节则可以为船也。"郝懿行《笺疏》："《初学记》引《神异经》云'南方荒中有沛竹，其长百丈，围二丈五六尺，厚八九寸，可以

为船’,《广韵》引《神异经》云‘节竹一名太极，长百丈，南方以为船’,《玉篇》云‘等竹长千丈，为大船也，生海畔。’即此类。” ⑨赤泽水：泽中水呈红色，故称赤泽水。 ⑩封渊：即深渊，郭璞《注》：“封亦大也。” ⑪三桑无枝：三棵没有树枝的桑树。已见《海外北经》。郝懿行《笺疏》谓郭璞《注》曰“皆高百仞”四字,《艺文类聚》八十八卷引作经文，疑今本误作注文。 ⑫沉渊：水潭名。

【译】

东北海之外，大荒之中，河水之间，有附禺山，帝颛顼和他的九位妃嫔葬在这里。这里有鸱久、文贝、离俞、鸾鸟、皇鸟、大物、小物。有青鸟、琅鸟、玄鸟、黄鸟、虎、豹、熊、罴、黄蛇、视肉、璿瑰、瑶碧，都出在卫山上。卫丘方圆三百里，丘南帝俊的竹林在这里，这里生长的竹子很粗大，可以造船。竹林的南面有红泽水，名叫封渊。有三桑树没有枝条，但高可入云。丘的西面有一处深不见底的水潭，是颛顼洗澡的地方。

有胡不与之国[①]，烈姓[②]，黍食。

【注】

①胡不与之国：国名，可能是异族语的拟音。郭璞《注》：“一国复名耳，今胡夷语皆通然。” ②烈姓：炎帝之后。郝懿行《笺疏》：“盖炎帝神农之裔。《左传》称烈山氏,《祭法》作厉山氏，郑康成注云‘厉山，神农所起，一曰烈山’。”

【译】

有胡不与国，姓烈，以黍为食。

大荒之中有山，名曰不咸[①]。有肃慎氏之国[②]。有蜚蛭[③]，四翼。有虫，兽首蛇身，名曰琴虫[④]。

【注】

①不咸：徐显之《浅注》说是吉林长白山，在东三省境。　②肃慎氏之国：方国，活动于今东北地区。郭璞《注》："今肃慎国去辽东三千余里，穴居无衣，衣猪皮，冬以膏涂体，厚数分，用却风寒。其人皆工射。弓长四尺，劲强。箭以楛为之，长尺五寸，青石为镝。此春秋时'隼集陈侯之庭'所得矢也。晋太兴三年，平州刺史崔毖遣别驾高会，使来献肃慎氏之弓矢，箭簇有似铜骨作者。问云，转与海内国，通得用此。今名之为挹娄国，出好貂、赤玉。岂从海外转而至此乎？《后汉书》所谓'挹娄'者是也。"　③蜚蛭（fēi zhì）：雕鸮，属鸱鸮科，夜间活动，捕食鼠、兔等为生。　④琴虫：一种蛇。郝懿行《笺疏》："南山人以虫为蛇，见《海外南经》。"

【译】

大荒之中有山，名叫不咸。有肃慎氏国。有蜚蛭，这种鸟长着四个翅膀。有虫，长着兽的头，蛇的身子，名叫琴虫。

有人名曰大人。有大人之国[①]，釐姓，黍食。有大青蛇，黄头。食麈[②]。有榆山[③]。有鲧攻程州之山[④]。

【注】

①大人之国：大人国，其人很高大，故称。　②食麈：吞食麈鹿。郭璞《注》："今南方蚺蛇食鹿，麈亦鹿属也。"　③榆山：山名，其具体地点不详。　④鲧攻程州之山：鲧攻打程州山。这也是对图画的描

述。郭璞《注》:“皆因其事而名物也。”郝懿行案:“程州,盖亦国名,如‘禹攻共工国山’之类。”

【译】

(图上)有人名叫大人。有大人国,姓釐,吃黍。有大青蛇,黄色的头。吃麈。有榆山。有鲧攻打过的程州山。

大荒之中有山,名曰衡天①。有先民之山②,有槃木千里③。

【注】

①衡天:山名,具体地点不详。　②先民之山:先民所居之山。《大荒西经》载“西北海之外,赤水之西,有先民之国”。　③槃(pán)木:参天巨木。郝懿行《笺疏》引《大戴礼记·五帝德》云“东至于蟠木”,疑即此槃木。

【译】

大荒之中有山,名叫衡天。有先民所居之山,有槃木林绵延千里。

有叔歜国①,颛顼之子,黍食,使四鸟:虎、豹、熊、罴。有黑虫如熊状,名曰猎猎②。

【注】

①叔歜(chù)国:部族名,为颛顼之后裔。　②猎猎:紫貂,鼬科,毛皮珍贵。

【译】

有叔歜国,是颛顼的后代,吃黍,驱使四种野兽:虎、豹、熊、罴。

有黑虫，长得像熊，名叫猎猎。

有北齐之国[①]，姜姓，使虎、豹、熊、罴。

【注】

①北齐之国：毕沅《新校正》疑即百济国，姜姓，属炎帝部族。《说文》云："姜，神农居姜水以为姓。"

【译】

有北齐国，姓姜，驱使虎、豹、熊、罴。

大荒之中有山，名曰先槛大逢之山[①]，河、济所入[②]，海北注焉[③]。其西有山，名曰禹所积石[④]。有阳山者[⑤]。有顺山者[⑥]，顺水出焉。

【注】

①先槛大逢之山：先槛大逢山，可能在山东半岛莱州湾一带。②河、济所入：黄河和济水入海之地。③海北注焉：海水向北流。④禹所积石：毕沅《新校正》以为此节文字是对《海外北经》"禹所积石"节的解说。《海内西经》云"河水入渤海，又出海外，入禹所导积石山"，正与此节合。⑤阳山：在内蒙古乌拉特旗。⑥顺山：可能是滦水所出之山，在今河北北部。

【译】

大荒之中有山，名叫先槛大逢山，河、济流入海的地方，大海向北流。它的西面有山，名叫禹所积石。有阳山。有顺山，顺水在这里发源。

有始州之国，有丹山[①]。

【注】

①丹山：可能是内蒙古赤峰。或以为是甘肃山丹境内之胭脂山。郭璞《注》："此山纯出丹朱也。《竹书》曰'和甲西征，得一丹山'，今所在亦有丹山，丹出土穴中。"

【译】

有始州国，有丹山。

有大泽，方千里，群鸟所解[①]。

【注】

①群鸟所解：群鸟褪换羽毛的地方。《穆天子传》曰："北至旷原之野，飞鸟所解其羽，乃于此猎鸟兽，绝群，载羽百车。"《竹书纪年》亦载："穆王北征，行流沙千里，积羽千里。"在阿尔泰山地区。

【译】

有一片大泽，方圆有千里，群鸟在这里褪换羽毛。

有毛民之国[①]，依姓，食黍，使四鸟。禹生均国，均国生役采[②]，役采生修鞈[③]，修鞈杀绰人[④]。帝念之，潜为之国[⑤]，是此毛民。

【注】

①毛民之国：浑身长满毛的部族。亦见《海外东经》。郭璞《注》"其人面体皆生毛。" ②役采：一作"役来"。 ③修鞈（gé）：禹的后裔所建部族。 ④绰人：人名，或者是部族名。 ⑤潜为之国：秘

密为之建国。

【译】

有毛民国，姓依，吃黍，驱使四种兽。禹生均国，均国生役采，役采生修鞈，修鞈杀绰人。天帝悼念他，暗中帮绰人的族人建了一个国家，就是毛民国。

有儋耳之国[①]，任姓。

【注】

①儋（dān）耳之国：耳戴饰物的部族。郭璞《注》：“其人耳大下儋，垂在肩上。朱崖、儋耳，镂画其耳，亦以放之也。”《海外北经》有“聂耳国”。

【译】

有儋耳国，姓任。

禺号子[①]，食谷。北海之渚中有神，人面鸟身，珥两青蛇，践两赤蛇，名曰禺强[②]。

【注】

①禺号子：禺猇之子。《大荒东经》云“黄帝生禺猇，禺猇生禺京”。　②禺强：即禺京，禺猇之子。

【译】

禺号之子，以谷物为食。北海的小洲中有神，长着人的面孔、鸟的身体，耳戴两条青蛇，脚踩两条赤蛇，名叫禺强。

大荒之中有山，名曰北极天柜[①]，海水北注焉。有神，九首、人面、鸟身，名曰九凤。又有神衔蛇操蛇，其状虎首、人身、四蹄、长肘，名曰强良[②]。

【注】

①北极天柜：汪绂《山海经存》："此北极山，未审果何在也。"有的学者认为在今俄罗斯境内。　②强良：神名。郭璞《注》谓："亦在畏兽画中也。"

【译】

大荒之中有山，名叫北极天柜，海水向山北面流。有神，九个头，生的人面鸟身，名叫九凤。又有神嘴里叼着蛇，手里拿着蛇，生的虎头人身，有四个蹄子，肘部很长，名叫强良。

大荒之中有山，名曰成都载天[①]。有人珥两黄蛇，把两黄蛇，名曰夸父[②]。后土生信，信生夸父。夸父不量力，欲追日景，逮之于禺谷[③]。将饮河而不足也，将走大泽，未至，死于此。应龙已杀蚩尤[④]，又杀夸父，乃去南方处之[⑤]，故南方多雨[⑥]。有无肠之国[⑦]，是任姓。

【注】

①成都载天：当作"成都戴天"，极言其高。或言其地在今内蒙古一带。　②夸父：上古神话中的英雄，也是部族首领。　③禺谷：即禺渊，为太阳所入之地。又作"虞渊"，也作"隅谷"。　④应龙：水神。应龙杀夸父，当是夸父神话的另一个传本。郭璞《注》："上云夸父不量力，与日竞而死，今此复云为应龙所杀，死无定名，触事而寄，明其变

化无方，不可测揆之也。” ⑤乃去南方处之：应龙居于南方。 ⑥南方多雨：这是解释南方多雨的原因。郭璞《注》：“言龙水物，以类相感故也。” ⑦无肠之国：即《海外北经》无肠国。

【译】

大荒之中有山，名叫成都载天。有人耳戴两条黄蛇，手拿两条黄蛇，名叫夸父。后土生了信，信生了夸父。夸父不自量力，想追赶太阳，追到禺谷。想喝河水却不够，又想到大泽去，没有走到，死在了这里。应龙先杀了蚩尤，又杀了夸父，就到南方，所以南方多雨。有无肠国，任姓。

无继子①，食鱼。

【注】

①无继子：无继族的后裔。郭璞《注》：“‘继’亦当作‘晵’，谓膊肠也。”此节毕沅《新校正》连上节，今据郭璞《注》本分列。

【译】

无继部族的后裔，他们吃鱼为生。

共工之臣名曰相繇①，九首蛇身，自环②，食于九土③。其所歍所尼④，即为源泽⑤，不辛乃苦⑥，百兽莫能处⑦。禹湮洪水，杀相繇⑧，其血腥臭，不可生谷，其地多水，不可居也⑨。禹湮之，三仞三沮⑩，乃以为池，群帝是因以为台⑪。在昆仑之北。

【注】

①相繇：即相柳，音近而异称。　②自环：蜷曲着身子。　③食于九土：郝懿行《笺疏》、袁珂《校注》校作“九山”，此句意为统治着九山。　④歍（wū）：呕吐。尼：止。　⑤即为源泽：就形成水源和沼泽。　⑥不辛乃苦：指泽中气息酷烈。　⑦百兽莫能处：百兽不能在那里栖息。　⑧杀相繇：禹堵塞洪水，杀死相柳。　⑨其地多水：相柳的血流到地上化成了水。　⑩三仞三沮：大禹多次用土雍塞，多次又被水泡。　⑪群帝是因以为台：郭璞《注》：“地下宜积土，故众帝因来在此共作台也。”

【译】

共工氏的臣子名叫相繇氏，有九个头和蛇的身体，自相盘旋，盘踞在九土觅食。它的呕吐物化作了源泽，不是辣的就是苦的，百兽都无法在那里生活。禹治理洪水，杀了相繇，它的血气味腥臭，污染的土地不能种庄稼，那地方有许多水，不能居住。禹用土填，多次都没有成功，于是改成了水塘，天帝就在池塘边建了台。在昆仑的北面。

有岳之山，寻竹生焉[①]。

【注】

①寻竹：高大的竹子。《海外北经》有“寻木长千里”，寻竹即寻木。

【译】

有岳山，寻竹在这里生长。

大荒之中有山，名曰不句[①]，海水北入焉[②]。

【注】

①不句：不句山，或认为可能是阿尔泰山，此下海水指居延海。②海水北入：毕沅《新校正》曰："旧本脱'北'字，今据《藏经》本增。"

【译】

大荒之中有山，名叫不句，海水在这里流入。

有系昆之山者①，有共工之台，射者不敢北乡。有人衣青衣，名曰黄帝女魃②。蚩尤作兵伐黄帝，黄帝乃令应龙攻之冀州之野③。应龙畜水，蚩尤请风伯、雨师从大风雨。黄帝乃下天女曰魃，雨止，遂杀蚩尤。魃不得复上，所居不雨④。叔均言之帝，后置之赤水之北⑤。叔均乃为田祖⑥。魃时亡之⑦。所欲逐之者，令曰："神北行⑧！"先除水道，决通沟渎⑨。

【注】

①系昆之山：系昆山，可能是阴山。 ②魃（bá）：即"旱魃"。③冀州：传说中的九州之一。郭璞《注》："中土也。黄帝亦教虎、豹、熊、罴，以与炎帝战于阪泉之野而灭之。见《史记》。" ④所居不雨：所在之地旱气在，不下雨。 ⑤置之：流放到远方。 ⑥田祖：即农神，主田之神。 ⑦魃时亡之：旱神随时逃跑。 ⑧神北行：驱除旱神的咒语。郭璞《注》："向水位也。"郝懿行《笺疏》案："北行者，令归赤水之北也。" ⑨先除水道，决通沟渎：逐之必得下雨，故先疏通水道。

【译】

有系昆山，有共工台，射箭的人敬畏共工不敢向北射。有人穿青衣，名叫黄帝女魃。蚩尤兴兵讨伐黄帝，黄帝就命令应龙在冀州之野攻打蚩尤。应龙蓄水，蚩尤请来风伯、雨师，制造了大风雨。黄帝请下天女旱魃，雨就停了，于是杀了蚩尤。旱魃则回不到天上去了，她所住的地方干旱不下雨。叔均向天帝汇报，后来把她安置在赤水的北面。叔均成为田祖。旱魃常常轻易地逃跑。要驱逐她禳除旱灾的人，就念咒语下令："神向北走！"之后就会降雨，所以必须先清理水道，疏通沟渠。

有人方食鱼，名曰深目民之国①，昐姓②，食鱼。

【注】

①深目民：胡人。郭璞《注》："亦胡类，但眼绝深，黄帝时姓也。"　②昐（fēn）：郝懿行《笺疏》以为是黄帝时的姓。

【译】

（图上）有人正在吃鱼，名叫深目民国，姓昐，吃鱼。

有钟山者。有女子衣青衣，名曰赤水女子献①。

【注】

①钟山：在西北方。　②赤水女子献：吴承志《今释》以为居于赤水之黄帝女魃。"献"当作"魃"。

【译】

在西北方有一座钟山。有女子穿青衣，名叫赤水女子魃。

大荒之中有山，名曰融父山①，顺水入焉②。有人名曰犬戎③。黄帝生苗龙，苗龙生融吾，融吾生弄明④，弄明生白犬，白犬有牝牡[⑤]，是为犬戎，肉食。有赤兽，马状无首，名曰戎宣王尸[⑥]。

【注】

①融父山：即大马群山。　②顺水：滦河。　③犬戎：即犬封，春秋战国时戎族的一支，生活在北方。　④弄明：卞明。弄，一作“卞”。　⑤白犬有牝牡：白犬自为公母。　⑥戎宣王尸：犬戎之神名，这是盘瓠神话的早期版本。

【译】

大荒之中有山，名叫融父山，顺水在这里流入。有人名叫犬戎。黄帝生苗龙氏，苗龙氏生融吾氏，融吾氏生弄明氏，弄明氏生白犬氏，白犬自己交配，于是有了犬戎，犬戎人吃肉。有红色的兽，形状像马，没有头，名叫戎宣王尸。

有山名曰齐州之山、君山、鬵山[①]、鲜野山、鱼山。

【注】

①鬵（qín）山：本条所列诸山所在不详，大体方位应当也在北方。

【译】

有山名叫齐州山、君山、鬵山、鲜野山、鱼山。

有人一目，当面中生。一曰是威姓，少昊之子，食黍。

【译】

有人只有一只眼睛，长在面部正中。一本说是姓威，少昊的后裔，吃黍为生。

有继无民[1]，继无民任姓，无骨子[2]，食气、鱼[3]。

【注】

①继无民："继无"疑当为"无继"，即上文无继子也。　②无骨子：无骨国之子。郭注引《尸子》曰："徐偃王有筋无骨也。"　③食气、鱼：吸气兼食鱼。《大戴礼记·易本命》云："食气者神明而寿。"

【译】

有无继民，姓任，无骨国的后代，吸食空气和吃鱼。

西北海外，流沙之东，有国曰中辐[1]，颛顼之子，食黍。

【注】

①中辐（biàn）：国名，据上下文推断当在西域。

【译】

西北海外，流沙的东面，有国叫中辐，是颛顼的后代，吃黍。

有国名曰赖丘。有犬戎国。有神，人面兽身，名曰犬戎。

【译】

有国名叫赖丘。有犬戎国。其国中有神，长着人的面孔，兽的身体，名叫犬戎。

西北海外，黑水之北，有人有翼，名曰苗民[1]。颛顼生驩头，驩头生苗民。苗民釐姓，食肉。有山名曰章山。

【注】

①苗民：三苗之民。三苗国，又见《海外南经》。《史记·五帝本纪·正义》引《神异经》云："西荒中有人焉，面目手足皆人形，而胳下有翼不能飞，为人饕餮，淫逸无礼，名曰苗民。"郝懿行《笺疏》认为所引为此经文。

【译】

西北海外，黑水的北面，有人长着翅膀，名叫苗民。颛顼生驩头，驩头生苗民。苗民姓釐，吃肉。有山名叫章山。

大荒之中，有衡石山、九阴山、灰野之山[①]，上有赤树，青叶，赤华，名曰若木[②]。生昆仑西，附西极，其华光赤下照地[③]。

【注】

①灰野之山：原作洞野之山，据郝懿行《笺疏》校改。 ②若木：一种神树。 ③"生昆仑西"三句：原为郭璞注文，郝懿行《笺疏》以为正文，今据补入。

【译】

大荒之中，有衡石山、九阴山、灰野山，山上有红色的树，青色的叶子，红色的花，名叫若木。生长在昆仑山以西，近于西极，若木开花发出红色的光照耀大地。

有牛黎之国[①]，有人无骨，儋耳之子[②]。

【注】

①牛黎之国：即《海外北经》之柔利国，其人反膝曲足上，所以说“无骨”。此节原连上节“若木”句后，今据郭璞注改。　②儋耳之子：儋耳族的后裔。

【译】

有牛黎国，这里的人好像没有骨头，是儋耳族人的后代。

西北海之外，赤水之北，有章尾山。有神，人面蛇身而赤，直目正乘①，其瞑乃晦②，其视乃明③。不食，不寝，不息，风雨是谒④。是烛九阴⑤，是谓烛龙⑥。

【注】

①直目：纵目。四川广汉三星堆遗址出土纵目铜立人像即为纵目。正乘：徐显之《浅注》以为“正视”，“乘”“视”音近。　②其瞑乃晦：它闭上眼就形成黑夜。　③其视乃明：它睁开眼就形成白昼。　④风雨是谒：言能请致风雨。　⑤是烛九阴：照九阴之幽阴。　⑥烛龙：即烛阴。《楚辞·天问》曰：“日安不到？烛龙何耀？”《诗含神雾》曰：“天不足西北，无有阴阳消息，故有龙衔精以往照天门中。”《淮南子·地形训》曰：“烛龙在雁门北，蔽于委羽之山，不见天日也。其神人面蛇身而无足。”

【译】

西北海之外，赤水的北面，有章尾山。有神，长着人的面孔、蛇的身体，红色，眼睛竖立正视，它闭上眼就形成黑夜，睁眼便形成白昼。它不吃，不睡，不呼吸，能呼风唤雨。它能照亮九阴，所以叫烛龙。

卷十八　海内经

东海之内，北海之隅，有国名曰朝鲜[①]、天毒[②]，其人水居，偎人爱之[③]。

【注】

①朝鲜：即今朝鲜半岛。毕沅《新校正》云此似释《海内北经》之朝鲜。　②天毒：旧注皆以为是天竺，即印度，非是，依方位当是东北一带某部落。　③偎人：部族名，汪绂《山海经存》以为即“倭人”。爱之：袁珂《校注》校作“爱人”，当是。

【译】

东海之内，北海的角上，有国家名叫朝鲜、天毒，这里的人住在水里，对人仁爱。

西海之内，流沙之中，有国名曰壑市[①]。

【注】

①壑市：即居延海。郝懿行《笺疏》引《水经注·禹贡山水泽地》云：“流沙在西海郡北，又径浮渚，历壑市之国。”

【译】

西海之内，流沙之中，有部族名叫壑市。

西海之内，流沙之西，有国名曰泛叶[①]。

【注】

①泛叶：徐显之《浅注》以为碎叶。或以为在新疆东南部、甘肃西部库姆塔格沙漠之西一带。

【译】

西海之内，流沙的西面，有国家名叫泛叶。

流沙之西，有鸟山者，三水出焉[①]。爰有黄金、璿瑰、丹货、银、铁，皆流于此中[②]。

【注】

①三水出焉：三水同出一山。三水，可能是新疆阿尔金山的车尔臣河、若羌河、党河。　②皆流于此中：郭璞《注》："言其水中有杂珍奇货也。"

【译】

流沙的西面，有鸟山，三水在这里发源。这里有金、璇瑰、丹货、银、铁，都出产于此水域中。

又有淮山[①]，好水出焉[②]。

【注】

①淮山：可能是祁连山。　②好水：疏勒河，流经今宁夏、甘肃。

【译】

又有淮山，好水在这里发源。

流沙之东，黑水之西，有朝云之国[①]、司彘之国[②]。黄帝娶雷祖生昌意[③]，昌意降处若水，生韩流[④]。韩流擢首、谨耳[⑤]、人面、豕喙、麟身、渠股[⑥]、豚止[⑦]。取淖子曰阿女[⑧]，生帝颛顼。

【注】

①朝云之国：部族名，大概在今川、甘交界处。　②司彘（zhì）之国：猪图腾部族，所居之地亦在川、甘一带。　③雷祖：黄帝妻，亦作嫘祖。郭璞《注》引《世本》云："黄帝娶于西陵氏之子，谓之纍祖，产青阳及昌意。"　④韩流：黄帝之孙，颛顼之父。郭璞《注》："《竹书》云'昌意降居若水，产帝乾荒。'乾荒即韩流也，生帝颛顼。"毕沅《新校正》以为是形近致误。　⑤擢首、谨耳：长脖子、小耳朵。　⑥渠股：长着软体动物的屁股。渠，一种软体动物。　⑦豚止：猪的足。　⑧取淖子：娶了浊山氏之女子。郭璞《注》引《世本》云："颛顼母浊山氏之子，名昌仆。"

【译】

流沙的东面，黑水的西面，有朝云国、司彘国。黄帝的妻子雷祖生昌意，昌意居住若水，生韩流。韩流长着长脖子、小耳朵、人的面孔、猪的嘴巴、有鱼鳞的身体、软体动物的屁股、猪的脚。娶了淖山氏之女阿女，阿女生了帝颛顼。

流沙之东，黑水之间[1]，有山名不死之山[2]。

【注】

①黑水：可能是岷江。　②不死之山：不死山，长着不死树的山。郭璞《注》："即员丘也。"郝懿行《笺疏》："员丘山上有不死树，食之乃寿，见《海外南经》注。"

【译】

流沙的东面，黑水之间，有山名叫不死山。

华山青水之东[1]有山，名曰肇山[2]。有人名曰柏子高[3]，柏高上下于此，至于天[4]。

【注】

①华山：可能是四川青城山。青水：发源于青城山，故称青水。　②肇山：在青城山以东。　③柏子高：古时仙人。《管子·地数》有"黄帝问于伯子高"，据此则是黄帝之臣。　④至于天：升至天上。郭璞《注》："言翱翔云天，往来此山也。"

【译】

华山及青水的东面，有山名叫肇山。有人名叫柏子高，柏高从这里上下，到达天上。

西南黑水之间，有都广之野[1]，后稷葬焉。其城方三百里，盖天下之中，素女所出也[2]。爰有膏菽、膏稻、膏黍、膏稷[3]，百谷自生，冬夏播琴[4]。鸾鸟自歌，凤鸟自舞，灵寿实华[5]，草木所聚[6]。爰有百兽，相群爰处[7]。此草也[8]，冬夏不死。

【注】

①都广之野：杨慎《山海经补注》以为即成都，有的学者认为其具体地点在四川都江和甘肃武都之间。　②素女：即嫘祖，黄帝之妻，因发明蚕桑，身穿白色蚕丝服，故又称素女。　③膏菽、膏稻、膏黍、膏稷：都是味美好口感滑如脂膏的作物。郭璞《注》引《外传》曰："膏粱之子，菽豆粢粟也。"　④播琴：播种。郭璞《注》："犹播殖，方俗言耳。"　⑤灵寿：神树之名，似竹有枝节，茎、花、根、皮均可入药。　⑥草木所聚：草木在此丛生。　⑦相群爰处：群聚于此处。⑧此草：即冬虫夏草。

【译】

西南黑水之间，有都广野，后稷葬在这里。这里有膏菽、膏稻、膏黍、膏稷，百谷在这里生长，冬夏都能播种。鸾鸟自在地歌唱，凤鸟自在地起舞，灵寿开花结果，草木汇集丛聚。这里有百兽成群，和睦相处。这里的草，冬夏不死。

南海之内[①]，黑水、青水之间[②]，有木名曰若木，若水出焉。有禺中之国[③]。有列襄之国[④]。有灵山[⑤]，有赤蛇在木上，名曰蝡蛇，木食[⑥]。

【注】

①内：原作"外"，据毕沅《新校正》、郝懿行《笺疏》校本改。②青水：青衣江或长江。　③禺中之国：即渝州，今之重庆。　④列襄之国：部族名，亦在西南。　⑤灵山：或以为即巫山。　⑥木实：

以树木为食，即食草。郭璞《注》："言不食禽兽也。"

【译】

南海之内，黑水、青水之间，有树木名叫若木，若水在这里发源。有禺中部族。有列襄部族。有灵山，赤蛇挂在树上，名叫蝡蛇，以吃树木为生。

有盐长之国[①]。有人焉鸟首，名曰鸟氏[②]。

【注】

①盐长之国：郭郛《注证》以为可能是四川盐亭。 ②鸟氏：鸟图腾部族，即《史记·夏本纪》等所载之"鸟夷"。

【译】

有盐长国。有人长着鸟的头，名叫鸟氏。

有九丘，以水络之[①]，名曰陶唐之丘[②]、叔得之丘、孟盈之丘、昆吾之丘[③]、黑白之丘、赤望之丘、参卫之丘、武夫之丘[④]、神民之丘[⑤]。

【注】

①络：环绕四周。 ②陶唐之丘：帝尧之丘，陶唐是帝尧的号。③昆吾之丘：昆吾氏之丘，出产黄金。《大戴礼记·帝系》："陆终产六子，其一曰樊，是为昆吾。"郭璞《注》："此山出名金也。《尸子》曰：'昆吾之金。'"郝懿行《笺疏》以为，此经昆吾，乃古诸侯号。 ④武夫之丘：出产美玉的山丘。武夫，同珷玞，美玉。郭璞《注》："此山出美石。" ⑤神民之丘：出神仙的山丘。郭璞《注》："言上有神人。"

【译】

有九丘，以水围绕，名叫陶唐丘、叔得丘、孟盈丘、昆吾丘、黑白丘、赤望丘，参卫丘、武夫丘、神民丘。

有木，青叶紫茎，玄华黄实，名曰建木，百仞无枝，有九欘①，下有九枸②，其实如麻③，其叶如芒④。大皞爰过⑤，黄帝所为⑥。有窫窳，龙首，是食人⑦。有青兽，人面，名曰猩猩⑧。

【注】

①九欘（zhú）：树枝弯弯曲曲。 ②枸：树根盘错交叉的样子。 ③其实如麻：果实似麻栎树（山毛榉）的果实。 ④芒：棠梨树。 ⑤大皞爰过：伏羲氏曾经过。郭璞《注》："言庖羲于此经过也。" ⑥所为：袁珂《校注》以为是说建木天梯为黄帝所造。 ⑦是食人：会吃人。郭璞《注》曰："在弱水中。" ⑧猩猩：即黑猩猩，又作狌狌，能言。

【译】

有一种树，青色的叶子，紫色的茎，黑色的花，黄色的果实，名叫建木，高百仞却没有分枝，树枝弯弯曲曲，树根盘错交叉，果实像麻，叶子像芒。大皞在这里经过，黄帝看管着它。有窫窳，长着龙头，会吃人。有青色的兽，长着人的面孔，名叫猩猩。

西南有巴国①。大皞生咸鸟，咸鸟生乘釐，乘釐生后照，后照是始为巴人②。有国名曰流黄辛氏③，其域中方三百里，其出是尘土④。有巴遂山，渑水出焉。

【注】

①巴国：巴人建立的国家，其发祥地在今湖北长阳县一带。②始为巴人：为巴人之始祖。③流黄辛氏：巴人支系，郭璞《注》谓“即酆氏也”。④其出是尘土：外出所见是尘土。郭璞《注》曰“言殷盛也”。郝懿行《笺疏》曰“尘坌出是国中，谓人物喧阗也”。

【译】

西南有巴国。大皞生咸鸟，咸鸟生乘釐，乘釐生后照，后照开始成为巴人。有国名叫流黄辛氏，地域方圆三百里，外出所见是尘土。有巴遂山，渑水在这里发源。

又有朱卷之国[①]。有黑蛇[②]，青首，食象。南方有赣巨人[③]，人面长臂，黑身有毛，反踵，见人笑亦笑，唇蔽其面，因即逃也。

【注】

①朱卷之国：朱卷国，或以为即朱提国，在今云南昭通一带。②黑蛇：即巴蛇。亦见《海内南经》。③赣巨人：即枭阳。

【译】

又有朱卷国。有黑蛇，青色的头，吃象。南方有赣巨人，长着人的面孔，手臂很长，身体黑色有毛，脚跟反向而长，见人笑也跟着笑，嘴唇遮住面孔，借机逃跑。

又有黑人，虎首鸟足，两手持蛇，方啖之[①]。

【注】

①方啖（dàn）之：正在吞食蛇。

【译】

又有黑人，生的虎头鸟脚，两手拿着一条蛇，正在吃。

有嬴民[①]，鸟足。有封豕[②]。有人曰苗民[③]。有神焉，人首蛇身，长如辕[④]，左右有首[⑤]，衣紫衣，冠旃冠，名曰延维[⑥]。人主得而飨食之[⑦]，伯天下[⑧]。有鸾鸟自歌，凤鸟自舞。凤鸟首文曰德，翼文曰顺，膺文曰仁，背文曰义，见则天下和[⑨]。又有青兽如兔，名曰菌狗[⑩]。有翠鸟。有孔鸟[⑪]。

【注】

①嬴民：宋本作“羸民”。也是鸟图腾部族，袁珂《校注》以为即《大荒东经》之因民、摇民。　②封豕：体型很大的猪，此处亦为部族名。吴其昌《卜辞所见殷先公先王三续考》以为是“王亥”的讹误。　③苗民：即三苗之民。　④长如辕：郭璞《注》：“大如车毂，泽神也。”　⑤左右有首：即两头。　⑥延维：委蛇。　⑦人主得而飨食之：人主拿它祭祀。　⑧伯天下：称霸天下。　⑨和：言和平也。　⑩菌狗：菌鹤与短狗。《周书·王会解》载伊尹《四方献令》云：正南“以菌鹤短狗为献”。　⑪孔鸟：孔雀。

【译】

有嬴民，长着鸟脚。有封豕。有人叫苗民。有神，生的人头蛇身，长如车辕，左右有头，穿紫衣，戴旃冠，名叫延维。人主如用它来祭祀，可以称霸天下。有鸾鸟在歌唱，凤鸟在起舞。凤鸟头上的花纹是

“德”字，翅膀上的花纹是“顺”字，胸口的花纹是“仁”字，背部的花纹是“义”字，它的出现预示着天下太平。又有青色的兽像兔，名叫菌狗。有翠鸟。有孔鸟。

南海之内，有衡山[①]，有菌山，有桂山[②]。有山名曰三天子之都[③]。

【注】

①衡山：南岳。　②桂山：长着桂树的山。郭璞《注》：“或云衡山有菌桂，桂员似竹，见《本草》。”　③三天子之都：一本作“三天子之鄣山”。

【译】

南海之内，有衡山，有菌山，有桂山。有山，名叫三天子都。

南方苍梧之丘，苍梧之渊，其中有九嶷山，舜之所葬。在长沙零陵界中[①]。

【注】

①九嶷（yí）山：郭璞《注》曰：“今在湖南零陵营道县南，其山九溪皆相似，故云九疑。古者总名其地为苍梧也。”

【译】

南方苍梧丘，苍梧渊，其中有九嶷山，舜葬在这里。地在长沙零陵地界。

北海之内，有蛇山者，蛇水出焉，东入于海。有五采之鸟，飞蔽一乡[①]，名曰翳鸟[②]。又有不距之山，巧倕葬其西[③]。

【注】

①飞蔽一乡：飞起来能遮蔽一乡。郭璞《注》曰："汉宣帝元康元年，五色鸟以万数过蜀都。即此鸟也。"　②翳鸟：即凤凰。《离骚》曰："驷玉虬而乘翳。"翳即凤凰。　③倕（chuí）：帝尧时的巧工。

【译】

北海之内，有蛇山，蛇水在这里发源，向东流入大海。有五彩鸟，飞起来能遮蔽一乡，名叫翳鸟。又有不距山，帝尧时代的能工巧匠倕葬在山的西面。

北海之内，有反缚盗械、带戈常倍之佐[①]，名曰相顾之尸[②]。

【注】

①盗械：带着刑具的罪犯。　②相顾之尸：郭璞《注》以为是《大荒西经》中的贰负、臣危之类。

【译】

北海之内，被刑具反绑且带着戈而图谋叛逆的臣子，名叫相顾之尸。

伯夸父生西岳，西岳生先龙，先龙是始生氐、羌，氐、羌乞姓[①]。

【注】

①伯夸父：即伯夷父，据说为颛顼师，氐、羌的祖先。

【译】

伯夷父生了西岳氏，西岳氏生了先龙氏，先龙氏生了氐、羌，氐、羌人姓乞。

北海之内有山，名曰幽都之山①，黑水出焉。其上有玄鸟、玄蛇、玄豹、玄虎、玄狐蓬尾②。有大玄之山。有玄丘之民③。有大幽之国④。有赤胫之民⑤。

【注】

①幽都：地下世界。地下幽冥，故称幽都。　②玄虎：黑虎，名虪，见《尔雅》。玄狐蓬尾：大狐尾蓬蓬的黑狐。　③玄丘之民：玄丘上之人。　④大幽之国：即幽民，穴居无衣。　⑤赤胫之民：红色小腿的人。

【译】

北海以内，有一座山，名叫幽都山，黑水从这座山发源。山上有黑色鸟、黑色蛇、黑色豹子、黑色老虎，有长着毛蓬蓬尾巴的黑色狐狸。有座大玄山。有玄丘民。有个大幽国。有赤胫民。

有钉灵之国①，其民从膝已下有毛，马蹄善走②。

【注】

①钉灵之国：钉灵国，即丁零国，汉代为匈奴属国，居西域。②马蹄善走：生着马蹄般善跑的双腿。

【译】

有个钉灵国，这里的人从膝盖以下腿部有毛，长着马蹄般的双腿，善于奔跑。

炎帝之孙伯陵，伯陵同吴权之妻阿女缘妇①。缘妇孕三年②，是生鼓、延、殳③。始为侯，鼓、延是始为钟，为乐风④。

【注】

①同：犹“通”，有奸情。吴权：人名。　②孕：怀孕。　③鼓、延、殳（shū）：指缘妇之三子，分别名鼓、延、殳。　④为乐风：首创乐曲。

【译】

炎帝有孙子叫伯陵，伯陵和吴权的妻子阿女缘妇私通。缘妇怀孕三年，生了鼓、延、殳三个孩子。殳发明了箭靶，鼓、延首创了钟这种乐器，还创作了乐曲。

黄帝生骆明，骆明生白马，白马是为鲧①。帝俊生禺号，禺号生淫梁，淫梁生番禺，是始为舟②。番禺生奚仲，奚仲生吉光，吉光是始以木为车③。少皞生般，般是始为弓矢④。帝俊赐羿彤弓素矰⑤，以扶下国⑥，羿是始去恤下地之百艰⑦。帝俊生晏龙，晏龙是为琴瑟⑧。帝俊有子八人，是始为歌舞。帝俊生三身，三身生义均，义均是始为巧倕，是始作下民百巧。后稷是播百谷。稷之孙曰叔均，是始作牛耕⑨。大比赤阴⑩，是始为国⑪。禹、鲧是始布土⑫，均定九州。炎帝之妻，赤水之子，听訞生炎居，炎居生节并，节并生戏器，戏器生祝融[13]。祝融降处于江水，生共工，共工生术器，术器首方颠[14]，是复土壤，以处江水[15]。共工生后土，后土生噎鸣，噎鸣生岁十有二[16]。洪水滔天[17]，鲧窃帝之息壤以堙洪水[18]，不待帝命。帝令祝融殺鲧于羽郊[19]。鲧复生禹[20]，帝乃命禹卒布土以定九州[21]。

【注】

①鲧：即大禹之父。《世本》曰："黄帝生昌意，昌意生颛顼，颛顼生鲧。"与此不同。　②是始为舟：发明了舟。《世本》云："共鼓、货狄作舟。"　③吉光是始以木为车：吉光用木造了车。《世本》云："奚仲作车。"　④般是始为弓矢：般发明弓箭。《世本》载："牟夷作矢，挥作弓。"　⑤彤弓：朱弓。矰：带丝绳的箭。　⑥以扶下国：扶助下国。　⑦羿是始去恤下地之百艰：郭璞《注》："言射杀凿齿、封豕之属也。有穷后羿慕羿射，故号此名也。"　⑧是为琴瑟：发明琴瑟。《世本》载："伏羲作琴，神农作瑟。"　⑨始作牛耕：发明牛耕。　⑩大比赤阴：氏族名。　⑪是始为国：得封为国。　⑫布：布敷。《尚书·禹贡》："禹敷土，定高山大川。"　⑬祝融：火正高辛氏。　⑭首方颠：头顶平坦。　⑮以处江水：居江水，复祝融之所居。　⑯生岁十有二：十二子皆以岁名命名。　⑰滔：漫。　⑱息壤：郭璞《注》："息壤者，言土自长息无限，故可以塞洪水也。"　⑲羽郊：羽山之郊。　⑳鲧复生禹：即鲧死之后腹中生禹。郭璞《注》曰："鲧死三岁，不腐，剖之以吴刀，化为黄龙也。"　㉑定九州：划定九州。

【译】

黄帝生了骆明，骆明生了白马，白马就是鲧。帝俊生了禺号，禺号生了淫梁，淫梁生了番禺，番禺发明了船。番禺生了奚仲，奚仲生了吉光，吉光首创用木头造车。少皞生般，般发明了弓箭。帝俊赐羿朱红的弓和系着白丝的箭，用以扶助下国，羿于是用箭射杀猛兽去解除下界百姓的各种艰难。帝俊生晏龙，晏龙发明了琴瑟。帝俊有八个儿子，发明了歌舞。帝俊生三身，三身生义均，义均就是巧倕。他发明了农具、乐器和舟船等各种实用器械，又教给百姓各种技艺。后稷发明农耕，播种百谷。稷之孙子叫叔均，发明了用牛耕作。大比赤阴氏始建立国家。禹和鲧始划分天下疆土，定为九州。炎帝的妻子，赤水的女儿听訞生下炎居，炎居生节并，节并生戏器，戏器生祝融。祝融降临江水，便生了共工，共工生术器，术器的头顶是方平的，他恢复了祝融氏的领地，重驻江水。共工生后土，后土生噎鸣，噎鸣生了十二个分别以岁命名的儿子。洪水滔天，鲧偷窃天帝的息壤用来堵塞洪水，事先没有得到天帝的许可。天帝命令祝融把鲧杀死在羽郊。禹从鲧的遗体腹中生出，天帝便命令禹最终划定疆界，确定为九州。

附录：

上《山海经》表

侍中奉车都尉、光禄大夫臣秀领校秘书言：校秘书太常属臣望所校《山海经》凡三十二篇，今定为一十八篇。已定。

《山海经》者，出于唐虞之际。昔洪水洋溢，漫衍中国，民人失据，崎岖于丘陵，巢于树木。鲧既无功，而帝尧使禹继之。禹乘四载，随山刊木，定高山大川。益与伯翳主驱禽兽，命山川，类草木，别水土。四岳佐之，以周四方。逮人迹之所希至，及舟舆之所罕到。内别五方之山，外分八方之海。纪其珍宝奇物异方之所生，水土草木禽兽昆虫麟凤之所止，祯祥之所隐，及四海之外，绝域之国，殊类之人。禹别九州，任土作贡。而益等类物善恶，著《山海经》。皆圣贤之遗事，古文之著明者也。其事质明有信。

孝武皇帝时尝有献异鸟者，食之百物，所不肯食。东方朔见之，言其鸟名，又言其所当食。如朔言。问朔何以知之，即《山海经》所出也。孝宣帝时，击磻石于上郡，陷，得石室。其中有反缚盗械人。时臣秀父向为谏议大夫，言此贰负之臣也。诏问何以知之，亦以《山海经》对。其文曰："贰负杀窫窳，帝乃梏之疏属之山，桎其右足，反缚两手。"上大惊。朝士由是多奇《山海经》者。文学大儒，皆读学以为奇，可以考祯祥变怪之物，见远国异人之谣俗。故《易》曰："言天下之至赜而不可乱也。"博物之君子，其可不惑焉。臣秀昧死谨上。

建平元年四月丙戌

待诏、太常属臣望校治

侍中、光禄勋臣龚

侍中、奉车都尉、光禄大夫臣秀领主省

注《山海经》叙

郭　璞

东晋记室参军郭璞《注山海经叙》曰：

世之览《山海经》者，皆以其闳诞迂夸，多奇怪俶傥之言，莫不疑焉。尝试论之曰：庄生有云："人之所知，莫若其所不知。"吾于《山海经》见之矣。夫以宇宙之寥廓，群生之纷纭，阴阳之煦蒸，万殊之区分，精气浑淆，自相渍薄，游魂灵怪，触象而构，流形于山川，丽状于木石者，恶可胜言乎！然则总其所以乖，鼓之于一响；成其所以变，混之于一象。世之所谓异，未知其所以异；世之所谓不异，未知其所以不异。何者？物不自异，待我而后异，异果在我，非物异也。故胡人见布而疑黂，越人见罽而骇毳。盖信其习见而奇所希闻，此人情之常蔽也。今略举可以明之者。阳火出于冰水，阴鼠生于炎山，而俗之论者莫之或怪；及谈《山海经》所载，而咸怪之。是不怪所可怪，而怪所不可怪也。不怪所可怪，则几于无怪矣；怪所不可怪，则未始有可怪也。大能然所不可，不可所不可然，则理无不然矣。

案汲郡《竹书》及《穆天子传》，穆王西征，见西王母，执璧帛之好，献锦组之属。穆王享王母于瑶池之上，赋诗往来，辞义可观。遂袭昆仑之丘，游轩辕之宫，眺钟山之岭，玩帝者之宝，勒石王母之山，纪迹玄圃之上。乃取其嘉木艳草、奇鸟怪兽、玉石珍瑰之器、金膏烛银之宝，归而殖养之于中国。穆王驾八骏之乘，右服盗骊，左骖騄耳，造父为御，奔戎为右，万里长骛，以周历四荒，名山大川，靡不登济。东升大人之堂，西燕王母之庐，南轹鼋鼍之梁，北蹑积羽之衢，穷欢极娱，然后旋归。案《史记》说穆王得盗骊、騄耳、骅骝之骥，使造父御之，以西巡守，见西王母，乐而忘归，亦与《竹书》同。《左传》曰："穆王欲肆其心，使天下皆有车辙马迹焉。"《竹书》所载，则是其事也。而谯周之徒，足为通识瑰儒，而雅不平此，验之《史考》，以著其妄。司马迁叙《大宛传》亦云："自张骞使大夏之后，穷河源，恶睹所谓昆仑者乎？至《禹本纪》《山海经》所有怪物，余不敢言也。"不亦悲乎！若《竹书》不潜出于千载，以作征于今日者，则《山海经》之言，其几乎废矣。若乃东方生晓毕方之名，刘子政辨盗械之尸，王颀访两面之客，海民获长臂之衣，精验潜效，绝代悬符。於戏！群惑者其可以少寤乎？是故圣皇原化以极变，象物以应怪，鉴无滞赜，曲尽幽情，神焉廋哉！神焉廋哉！

盖此书跨世七代，历载三千，虽暂显于汉，而寻亦寝废。其山川名号，所在多有舛谬，与今不同。师训莫传，遂将湮泯。道之所在，俗之所丧，悲夫！余有惧焉，故为之创传，疏其壅阂，辟其弗芜，领其玄致，标其洞涉，庶几令逸文不坠于世，奇言不绝于今，夏后之迹，靡刊于将来；八荒之事，有闻于后裔。不亦可乎？夫翳荟之翔，叵以论垂天之凌；蹄涔之游，无以知绛虬之腾。钧天之庭，岂伶人之所蹑？无航之津，岂苍兕之所涉？非天下之至通，难与言《山海》之义矣。呜呼！达观博物之客，其鉴之哉。

《山海经》新校正序

毕　沅

《山海经》作于禹、益，述于周、秦。其学行于汉，明于晋，而知之者，魏郦道元也。《五藏山经》三十四篇，实是禹书。禹与伯益，主名山川，定其秩祀，量其道里，类别草木鸟兽。今其事见于《夏书·禹贡》《尔雅·释地》。及此经《南山经》已下三十四篇，《尔雅》云："三成为昆仑丘"，"绝高为之京"。"山再成，英"；"锐而高，峤"；"小而众，岿"。"属者峄；独者蜀；上正，章"；"山脊，冈"，"如堂者密"；"大山，宫；小山，霍；小山，别；大山，鲜；山绝，陉"；"山东曰朝阳"，皆禹所名。案：此经有昆仑山、京山、英山、高山、归山、峄皋之山、独山、章山、冈山、密山、霍山、鲜山、少陉山、朝阳谷，是其山也。《夏书》云："奠高山大川。"孔子告子张以为牲币之物，"五岳视三公，小名山视子男"。案：此经云：凡某山至某山，其祠之礼，何用何瘗，糈用何，是其礼也。《列子》引夏革云，吕不韦引《伊尹书》云，多出此经。二书皆先秦人著，夏革、伊尹又皆商人，是故知此三十四篇为禹书无疑也。《海外经》四篇，《海内经》四篇，周、秦所述也。禹铸鼎象物，使民知神奸。案：其文有国名，有山川，有神灵奇怪之所际，是鼎所图也。鼎亡于秦，故其先时人犹能说其图，以著于册。刘秀又释而增其文，是《大荒经》以下五篇也。《大荒经》四篇释《海外经》，《海内经》一篇释《海内经》，当是汉时所传。亦有《山海经图》，颇与古异，秀又依之为说，即郭璞、张骏见而作赞者也。刘秀之表《山海经》云："可以考祯祥变怪之物，见远国异人之谣俗。"郭璞之注《山海经》云："不怪所可怪，则几于无怪矣。怪所不可怪，则未始有可怪也。"秀、璞此言，足以破疑《山海经》者之惑，而皆不可谓知《山海经》。何则？《山海经·五藏山经》三十四篇，古者土地之图，《周礼·大司徒》用以周知九州之地域广轮之数，辨其山林、川泽、丘陵、坟衍、原隰之名物。《管子》："凡兵主者，必先审知地图。轩辕之险，滥车之水，名山、通谷、经川、陵陆、丘阜之所在，苴草、林木、蒲苇之所茂，道里之远近"，皆此经之类，故其书世传不废，其言怪与不怪皆末也。《南山经》其山可考者，惟䧿山、句余、浮玉、会稽诸山，其地汉时为蛮中，故其他书传多失其迹也。《西山经》其山率多可考，其水有河、有渭、有汉、有洛、有泾、有符禺、有灌、有竹、有丹、有楚、有洋、有弱、有洱、有辱、有诸次、有端、有生、有滥，是皆雍、梁二州之水见于经传，其川流沿注，至今质明可信者也。《北山经》其山皆在塞外，古之荒服，经传亦失其迹，而有泑泽及河原可信。《北次三经》以下，其山亦多可考。其水有汾、有酸、有晋、有胜、有狂、有修、有雁门、有聊、有教、有平、有沁、有婴侯、有淇、有黄、有洹、有釜、有欧、有清漳、浊漳、有涑、有牛首、有泜、有槐、有彭、有虖沱、有滋、有寇，是皆冀州之水，见于经传，其川流沿注，又至今质明可信者也。《东山经》其山水多不可考，而有泰山、有空桑之山，有泺水、有环水，是为青州之地也。《中山经》起薄山，是禹所都，故其山水之名尤著，水有渠猪、有涝、有潏、有少、有伊、有即鱼、有鲜、有阳、有蒸、有埠渚、有畛、有正回、有两滽滽、有甘、有虢、有浮豪、有荧洛之洛、有元扈、有户、有良余、有乳、有龙余、有黄酸、有交触、有俞随、有谷、有谢、有少、有瞻、有波、有惠、有涧、有豪、有共、有厌染、有橐、有谯、有苗、有湖、有门、有藉姑、有明、有狂、有来需、有合、有休、有汜、有器难、有太、有役、有沫，是皆豫州之水。《中次八经》起景山，有睢、有漳、有沲。《中次九经》有绵洛之洛、有岷江、南江、北江，有湍、有淯、有沅、有清冷渊、有涀、有汝、有杀、有澧、有沦、有澧、沅、湘、九江，是皆荆州之水，见于经传，其川流沿注，又至今质明可信者也。郭璞之世，所传地理书尚多，不能远引，今观其注释山水，不案道里，其有名同实异，即云：“今某地有某山，未知此是非。”又《中山经》有牛首之山及劳、潏二水，在今山西浮山县境，而妄引长安牛首山及劳、潏二水。霍山近牛首，则在平阳，而妄多引潜及罗江巩县之山，其疏类是。郦道元作《水经注》，乃以经传所纪、方土旧称考验此经山川名号。案其涂数，十得者六。始知经云“东西道里”，信而有征。虽今古世殊，未尝大异。后之撰述地理者多从之。沅是以谓其功百倍于璞也。然郦书所著，仅述水道所径，而其他山水纪传所称足为经证者，亦间有焉。《西山经》有女床之山，薛综云：“在华阴西六百里。”今山不可考，而道里则合于经也。《西次三经》云“洱水注洛”，《隋书·地理志》云“洛原县有洱水”，必其水也。《北次三经》云“泜水注彭水”，《隋书·地理志》云“房子有彭水”，亦必其水也。又《太平寰宇记》云：“保安军，有吃莫川注洛，其水不胜船筏，今在陕西靖边县。”案《西次三经》有弱水，注洛。其川流既同，又名弱水，合于不胜船筏之说。亦必其水也。《海内经》渎门之山，当即龙门之山，今陕西韩城是；杨汙之山，当即秦之杨纡，今陕西潼关是。而古今地理家疑其域外，是由汉魏以来，不知声转，斯为谬也。凡此诸条，皆郭璞所不详，道元所未取，又沅之有功于此经者也。又《山海经》未尝言怪，而释者怪焉。经说鸱鸟及人鱼，皆云人面。人面者略似人形。譬如经云：“鹦母狌狌能言，亦略似人言。”而后世图此，遂作人形。此鸟及鱼，今常见也。又崇武之山有兽焉，其状如禺而文臂，豹虎而善投，名曰“举父”。郭云：“或作夸父。”案之《尔雅》有“玃父善顾”，是既猿猱之属。举、夸、玃三声相近，郭注二书不知其一，又不知其常兽，是其惑也。以此而推，则知《山海经》非语怪之书矣。又经所言草木治疾，多足证发《内经》，沅虽未远，是知非后人所及也。《海外》《海内》经八篇，多杂刘秀校注之辞，详求郭意，亦不能照。郦道元注《水经》多连引其文，今率细书以别之。沅不敏，役于官事，校注此书，凡阅五年，自经传子史、百家传注、类书所引，无不征也。其有缺略，则古者不著，非力所及矣。既依郭注十八卷，不乱其例，又以考定目录一篇附于书。其云“新校正者”，仿宋林億之例，不敢专言笺注，将以俟后之博物也。

乾隆四十六年九月九日

《山海经》新校正后序

孙星衍

秋飒先生作《山海经新校正》，其考证地理，则本《水经注》。而自九经笺注、史家地志、《元和郡县志》《太平寰宇记》《通典》《通考》《通志》及近世方志，无不征也。自汉以来，未有知《山海经》为地理书。司马迁云："所有怪物不敢言。"班固云："放哉！"郑玄注《尚书》用《河图》《地说》《地理志》。班固著《地理志》，用《禹贡》桑钦说，而皆不征《山海经》。然则刘秀称"文学大儒，皆读学以为奇"，不过"以考祯祥变怪之物"耳。郦道元所称有《太康地志》《十三州记》《晋书地道记》等书，山名水源，多有自古传说合于经，证李吉甫诸人亦取诸此，以此显经，故足据也。先生开府陕西，假节甘肃，粤自崤、函以西，玉门以外，无不亲历。又尝勤民，洒通水利，是以《西山经》四篇、《中次五经》诸篇，疏证水道为独详焉。常言《北山经》泑泽、涂吾之属，闻见不诬。惜在塞外，书传少征，无容附会也。其《五藏山经》，郭璞、道元不能远引今辅，其识者，奚啻十五，恐博物君子无以加诸。星衍尝欲为《五藏经图》绘所知山水，标今府、县，疑者则缺，顾未暇也。先秦简策，皆以篆书，后乃行隶。偏旁相合，起于六代，六书之义，假借便亡。此书甚者，大菩山之"菩"，祓祓之"祓"，蒲鸛之"鸛"，遍检唐、宋字书，都无所见。今考"菩"即"苦"字，"祓""鸛"则未闻。后世字书，乃遂取经俗写，以广字例。其有知者，反云"依傍字部改变经文"。此以不狂为狂。先生若蚩鼠云当为鼱，涔水云当作淦，樗木云当作杼，其类引据书传改正甚多，寔是汉唐旧本如此，古今读者不加察核。又如凌门之为龙门，帝江之为帝鸿，举父之为玃父，此则声音文字之学直过古人。星衍夙著《经子音义》以辅陆氏德明《释文》，有《山海经音义》二卷。及见先生，又焚笔砚。若《海外经》以下诸篇，杂有刘秀校注之词，分别其文，降为细字。其在近世，可与戴校《水经》并行不倍。先生又谓星衍："孔子曰'多识于鸟兽草木之名'，多莫多于《山海经》。"《神农本草》载物性治疾甚详，此书可以证发，遇物能名，儒者宜了。惜未优游山泽，深体其原，以俟他时，案经补疏。世有知者，冀广异闻。然则先生勤学好问之心，又非星衍所能传已。

乾隆四十八年癸卯二月廿六日

阳湖后学孙星衍书于陕西节院长欢书屋

参考文献

《山海经》宋淳熙七年刻本，收文清阁编《历代山海经文献集成》，西安地图出版社2006年版。

［晋］郭璞《山海经注》，《四库笔记小说丛书》，上海古籍出版社1991年版。

［明］杨慎《山海经补注》，浙江古籍出版社影印扫叶山房《百子全书》本，1998年版。

［明］王崇庆《山海经释义》，明万历四十七年刻本。

［清］吴任臣《山海经广注》，清康熙六年崇文书院刻本。

［清］汪绂《山海经存》，中华书局影印清光绪本。

［清］毕沅《山海经新校正》，上海古籍出版社影印浙江书局《二十二子》本。

［清］郝懿行《山海经笺疏》，巴蜀书社1985年影印本。

［清］吴承志《山海经地理今释》，求恕斋刊本。

［清］陈逢衡《山经汇说》，清道光二十五年刻本。

［清］吕调阳《五藏山经传》，《丛书集成续编》本。

袁珂《山海经校注》，上海古籍出版社1980年版。

袁珂《山海经校译》，上海古籍出版社1985年版。

徐显之《山海经浅注》，黄山书社1995年版。

郭郛《山海经注证》，中国社会科学出版社2004年版。

张步天《山海经解》，香港天马图书有限公司2004年版。

袁珂《中国神话传说词典》，上海辞书出版社1985年版。

徐旭生《中国古史的传说时代》，科学出版社1960年版。

四川省社会科学院编《〈山海经〉新探》，四川省社会科学出版社1986年版。

[日]伊藤清司《〈山海经〉中的鬼神世界》，中国民间出版社1990年版。

常征《〈山海经〉管窥》，河北大学出版社1991年版。

徐显之《〈山海经〉探原》，武汉出版社1991年版。

李丰楙《神话的故乡——〈山海经〉》，三环出版社1992年版。

喻权中《中国上古文化的新大陆——〈山海经·海外经考〉》，黑龙江人民出版社1992年版。

叶舒宪《中国神话哲学》，中国社会科学出版社1992年版。

叶舒宪等《〈山海经〉的文化寻踪——“想象地理学”与东西文化碰撞》，湖南人民出版社2004年版。

王善才《〈山海经〉与中华文化》，湖北人民出版社1999年版。

张岩《〈山海经〉与古代社会》，文化艺术出版社1999年版。

吕薇《神话何为：神圣叙事的传承与阐释》，社会科学文献出版社2001年版。

王孝廉《岭云关雪：民族神话论集》，学苑出版社2002年版。

张春生《〈山海经〉研究》，上海社会科学出版社2007年版。

刘宗迪《失落的天书——〈山海经〉与古代华夏世界观》，商务印书馆2010年版。

安京《〈山海经〉新考》，中央编译出版社2010年版。

黄悦《神话叙事与集体记忆——〈淮南子〉的文化阐释》，南方日报出版社2010年版。

长卿《〈山海经〉的智慧》，大地出版社2010年版。

陈连山《〈山海经〉学术史考论》，北京大学出版社2012年版。

王红旗《〈山海经〉十日谈》，上海辞书出版社2012年版。

吴晓东《〈山海经〉语境重建与神话解读》，中国社会科学出版社2013年版。

薛国屏《中国古今地名对照表》，上海辞书出版社2010年版。

论文类

蒙文通《〈山海经〉写作时代及其产生地域》，《中华文史论丛》（第一辑），上海古籍出版社1962年版。

袁珂《〈山海经〉写作的时地及篇目考》，《中华文史论丛》（第一辑），上海古籍出版社1962年版。

谭其骧《论〈五藏山经〉的地域范围》,《中国科技史探索》，上海古籍出版社1982年版。

朱兆明《〈山海经〉和中华文化圈》,《东北师范大学学报》1994年第5期。

赵沛霖《中国神话的分类与〈山海经〉的文献价值》,《文艺研究》1997年第1期。

萧兵《〈山海经〉的乐园情结》,《淮阴师专学报》1997年第4期。

常金仓《〈山海经〉与战国时期的造神运动》,《中国社会科学》2000年第6期。

沈海波《略论〈山海经图〉的流传情况》,《上海大学学报》2000年第5期。

赵逵夫《形天神话源于仇池山考释》,《河北师范大学学报》2002年第7期。

韩高年《“夸父逐日”的仪式结构及其文化内涵》,《西北民族研究》2006年第2期。

韩高年《〈山海经〉西王母之神相、族属及其他》,《西北民族研究》2013年第2期。

黎阳《根据〈五藏山经·北次三经〉再现上古太行山川道里图》,《中国史研究》2015年第4期。

后 记

我对神话及《山海经》产生兴趣，完全是出于偶然。初中二年级时，因为参加中学生智力竞赛得了二等奖，奖品是一套钟毓龙的《上古神话演义》(四册)。课后阅读，其中的大禹治水、女娲补天、夸父逐日等神话故事深深地吸引了我。一次去同学家做客，看到他家客厅墙壁上挂着女娲补天、后羿射日等神话题材的四吊屏，还向同去的几个同学讲述画上的神话故事。现在想来，少年的我，真是有些不知天高地厚！但那时的我，还不知道《山海经》为何物。后来上了中师，有一年新华书店清仓处理积压图书，我用攒下的零花钱淘得一本袁珂先生的《中国神话词典》。因觉得有趣，就经常翻阅。也就有的问题向我的班主任郑福海老师请教，他指点并鼓励我自己去学校图书馆查阅有关书籍，由此知道了《山海经》一书，但读不太懂。再后来我保送上了大学，就读于西北师大中文系，大一时钮国平老师为我们讲授先秦文学，于神话部分涉及到《山海经》《庄子》《淮南子》等所选神话，激发了我的兴趣。大三时选修赵逵夫老师的《楚辞》研究课，他让我们读《楚辞补注》。

一读之下，发现凡涉及《楚辞》地名、神名和鸟兽名物等，洪兴祖的《补注》多据引《山海经》及郭璞《注》予以解说。我就找来袁珂先生的《山海经校注》等书阅读，以有助于读通《楚辞补注》。以前购得之《中国神话词典》也重新派上了用场，心里别提有多高兴了。我本科毕业留中文系古典文学教研室任教，攻读硕士、博士学位，均选择以先秦两汉文学为研究方向，也和那时对神话与《山海经》的产生兴趣有极大的关系。

多年来，手头虽然有其他工作，但我一直关注《山海经》的研究，发现《山海经》一书与《逸周书·王会解》《尚书·禹贡》《淮南子·地形训》《楚辞》《庄子》等典籍存在着文本上的"互文性"，其中包含着许多值得探索的问题。因此，就留意收集相关研究论著。在此基础上，我撰写了《山海经》神话研究的论文六篇，就某些问题提出了自己的看法，引起了师友和同道们的讨论。同时，也指导学生完成与《山海经》有关的硕士论文四篇，博士论文二篇。内容涉及《山海经》中的祭礼、经典神话文本、女神、神话思维，以及《山海经》神话文本与上古彩陶文化纹饰的关联等多个话题。在指导学生做论文的过程中，我和同学们一起阅读了《山海经》的十余个注本，以及数十种研究著作，并就产生的疑问进行讨论。虽说也时有收获，但仍觉得对《山海经》进行全面的研究有相当大的难度。

近年来，尤其是进入新世纪以来，《山海经》的研究呈现出热闹的景象。从一般读者到各领域的学者，都十分关注《山海经》这部特殊的经典。2016年夏天，中华书局聂丽娟老师来邮件提出要出一个《山海经》注译本，并希望我承担此工作。我对《山海经》兴趣不减，就答应了下来。中华书局历年所出“古代经典注译丛书”在社会上产生了很大的影响，为普及经典和学术起到很重要的推动作用。我深知此项工作之难度，不敢怠慢，积极准备资料，并着手进行此项工作。中间因承担其他的研究课题，《山海经》注译的工作总是时断时续。历时两年多，终于成稿。聂丽娟老师另有工作，书稿交梁皓老师编校，并收入“国民阅读经典”丛书。陈虎老师审读了校样，针对注译体例及具体的细节等提出了中肯的建议，纠正了书稿中存在一些错误，对提高稿件质量给予了很大帮助。在此对聂、梁、陈三位老师表示诚挚感谢！当然，现在呈现在读者面前的这个注译本，仍有许多不足之处，敬希读者同好批评指正！

韩高年

2019年8月15日于兰州

《国民阅读经典》（平装）书目

论语译注　杨伯峻译注

诗经译注　周振甫译注

楚辞译注　李山译注

孟子译注　杨伯峻译注

庄子浅注　曹础基译注

周易译注　周振甫译注

山海经译注　韩高年译注

大学中庸译注　王文锦译注

战国策译注　王延栋译注

道德经讲义　王孺童讲解

金刚经·心经释义　王孺童译注

人间词话（附手稿）　王国维著　徐调孚校注

唐诗三百首　蘅塘退士编选　张忠纲评注

宋词三百首　上彊村民编选　刘乃昌评注

元曲三百首　吕玉华评注

诗词格律　王力著

经典常谈　朱自清著

毛泽东诗词欣赏（插图本）　周振甫著

中国通史　吕思勉著

三国史话　吕思勉著

中国史纲　张荫麟著

中国近百年政治史　李剑农著

中国近代史（增订本）　蒋廷黻著　徐卫东编

乡土中国　费孝通著

中国哲学史大纲　胡适著

中国哲学简史　冯友兰著

东西文化及其哲学　梁漱溟著

世界美术名作二十讲（插图本）　傅雷著

谈修养　朱光潜著

谈美书简　给青年的十二封信　朱光潜著

朝花夕拾　鲁迅原著　周作人解说　止庵编订

查拉图斯特拉如是说　［德］尼采著　黄敬甫、李柳明译

蒙田随笔　［法］蒙田著　马振聘译

宽容　［美］房龙著　刘成勇译

希腊神话　［俄］尼·库恩著　荣洁、赵为译

物种起源　［英］达尔文著　谢蕴贞译

圣经的故事　［美］房龙著　张稷译

人类群星闪耀时　［奥地利］茨威格著　梁锡江、段小梅译

菊与刀　［美］鲁思·本尼迪克特著　胡新梅译

沉思录　［古罗马］马可·奥勒留著　何怀宏译

理想国　［古希腊］柏拉图著　刘国伟译

国富论　［英］亚当·斯密著　谢祖钧译

名人传（新译新注彩插本）　［法］罗曼·罗兰著　孙凯译

拿破仑传　［德］埃米尔·路德维希著　梁锡江、石见穿、龚艳译

君主论　［意］马基雅维利著　吕健忠译

新月集　飞鸟集　［印度］泰戈尔著　郑振铎译

论美国的民主　［法］托克维尔著　周明圣译

旧制度与大革命　［法］托克维尔著　高望译